CAREER DEVELOPMENT
AND PLANNING

职业生涯发展与规划

第二版

主编 张惠元

华东师范大学出版社
·上海·

图书在版编目(CIP)数据

职业生涯发展与规划/张惠元主编. -- 2版.
上海：华东师范大学出版社, 2024. -- ISBN 978-7
-5760-5349-4

Ⅰ. G647.38

中国国家版本馆 CIP 数据核字第 2024K3L933 号

职业生涯发展与规划(第二版)

主　　编　张惠元
责任编辑　皮瑞光
责任校对　周跃新　时东明
装帧设计　俞　越

出版发行　华东师范大学出版社
社　　址　上海市中山北路 3663 号　邮编 200062
网　　址　www.ecnupress.com.cn
电　　话　021-60821666　行政传真 021-62572105
客服电话　021-62865537　门市(邮购)电话 021-62869887
地　　址　上海市中山北路 3663 号华东师范大学校内先锋路口
网　　店　http://hdsdcbs.tmall.com

印 刷 者　上海市崇明县裕安印刷厂
开　　本　787 毫米×1092 毫米　1/16
印　　张　21.75
字　　数　400 千字
版　　次　2024 年 7 月第 2 版
印　　次　2025 年 5 月第 2 次
书　　号　ISBN 978-7-5760-5349-4
定　　价　49.00 元

出版人　王　焰

(如发现本版图书有印订质量问题,请寄回本社客服中心调换或电话 021-62865537 联系)

编委会

主　编：张惠元

副主编：程永强　穆晓芳　刘向军

编　委：张惠元　程永强　穆晓芳　刘向军　宋　燕
　　　　杜智萍　丛玉燕　郭　菲　黄永胜　郝根彦
　　　　高江川　张红娟　邵沁妍　刘　晖　陈庆彬
　　　　刘惠珍　李月娥　张　媛　李海星　张庆超
　　　　武佐君　陈井超　周童童　丁　娟

前 言
PREFACE

为人民幸福筑基石，为民族复兴办教育，为国家富强育英才，是大学的初心和使命。党的二十大报告明确了以中国式现代化全面推进中华民族伟大复兴的中心任务，擘画了全面建设社会主义现代化国家的宏伟蓝图，并特别强调了教育、科技、人才对于全面建设社会主义现代化国家的基础性、战略性支撑作用。党的二十届三中全会进一步要求深入实施科教兴国战略、人才强国战略、创新驱动发展战略，统筹推进教育科技人才体制机制一体改革，健全新型举国体制，提升国家创新体系整体效能。高校作为科技创新和人才培养的前沿阵地，应该将满足民族复兴对人才的渴求作为第一要务，为进一步全面深化改革、推进中国式现代化提供有力的教育支持、科技支撑和人才保障。本册书《职业生涯发展与规划》为"生涯导航"系列丛书之《我与职业》第二版，根据普通高等学校大学生成长成才特点和教育规律，按照中国特色社会主义大学之教育制度、政策和规定要求，以立德树人为根本，以引导大学生树立正确的成才观、就业观和择业观为基础，以"扣好人生第一粒扣子"，培养大学生生涯规划意识为目标，为青年学子导航健康向上的大学生活和生涯发展而精心编写。

生涯发展一直是大学生面临的重要课题，如何科学规划学习生活和职业生涯，使二者有机融合、相得益彰，是一件十分重要的事情。正如罗素所说，选择职业是人生大事，因为职业决定一个人的未来，选择职业就是选择将来。"生涯导航"系列丛书由太原理工大学、太原师范学院，以及北京理工大学、华东师范大学、中国传媒大学、山西大学、山西医科大学、山西师范大学、山西财经大学、太原科技大学、山西中医药大学、晋中学院、山西传媒学院、山西工程科技职业大学等多所高校的百余名长期奋战在高校教育管理和教学实践一线的教师、专职辅导员及干部潜心编写创作，其目的在于为大学生的生涯发展出谋划策，起到有高度、有温度的引领与指导作用。中国陶行知研究会副会长、丛书主编张惠元教授长期从事高等教育管理与思政教育研究，先后担任两所大学的领导，在多年的育人实践中，带领师生对标国家和社会人才培养的时代需求，坚持以人为本，挖掘"行知文化"的内涵，将生命教育、生存教育、生活教育紧密联系并融为一体，创新性地提出并践行大学生"生涯导航"育人体系（以下简称"生涯导航"），在实践中倡导一体化推进优良"政治生态""创新生态"和"育人生态"构建，在促进高等院校内涵发展、特色发展等方面进行了积极的探索和实践，为落实"三全育人"，更好地培养德智体美劳全面发展的社会主义建设者和接班人,探索切实有效的实践路径。张惠元教授先后在《光明日报》《中国教育报》等报刊发表多篇相关文章。以"生涯导航"教育实践为主要内容的"行知文化育人精品项目",先后被列入教育部首批高校思想政治工作精品项目、山西省高校思想政治工作文化育人协同中心项目等。全国政协副主席、中国陶行知研究会会长朱永新教授评价"生涯导航"说:"以专业认知和适应大学学习为重点,通过学业导航、职业导航和心理辅导等,引导新生顺利完成由中学到大学的角色转换,尽快适应大学生活,深入思考大学学业和职业发展,正确定位人生航向。"

"生涯导航"以马克思关于人的全面发展理论为基础,以习近平新时代中国特色社会主义思想为指导,在对新时代大学生全面发展的理论与实践深入把握的基础上,阐明"生涯导航"的核心为促进大学生综合素质的提升,其内容是帮助大学生认识自我、激发潜能、理性选择、主动发展,其目标是促进大学生个性的全面解放以及德智体美劳的全面发展。"生涯导航"将这一理念具体化到高校人才培养全过程,就是高等教育要以人为本,要紧紧围绕实践。教师与学生都是教学过程中的主体,只有充分发挥"双主体"的作用,才能取得良好的教学效果。基于此,"生涯导航"进一步将教学过程中的"双主体"扩展为教育过程中的"双主体",即学校与学生均为主体。"生涯导航"中的"导"与"航",就在于充分发挥办学者、学生个体"双主体"作用。"生涯导航"根据本科生从入学到毕业各阶段的不同发展需求,设计了"我与大学""我与职业""我与社会""我与未来"四个模块,在各个模块中分别融入知识学习、能力培养、价值塑造等方面的内容,涉及思想品质、专业内容、知识结构、学习方法、社团活动、科技创新、艺术熏陶等。"生涯导航"着力在育人生态和教与学的方法途径上寻求突破,具有较强的现实性、针对性和实效性。原中国教育学会会长、原北京师范大学校长钟秉林教授评价"生涯导航"说:"能深切感受到高校教育工作者强烈的使命感和'问题导向'意识,也能深切感受到编者们潜心育人、'授之以渔'的良苦用心。"

本册书紧密联系普通高校大学生的成长实际,本着"问题导向""授之以渔""同向同行"的原则,在研究和总结国内外相关领域最新成果的基础上,丰富了职业、职业价值观、职业环境、职业能力、职业适应、职业规划、自主创业等核心概念的内涵,完善了原有的基本理论、基础知识和基本方法,同时调整了教材的结构框架,强化了教材的逻辑性、系统性和完整性。本册书注重教育学、心理学、管理学、社会学等多学科交叉运用,凸显新理念、新结构、新内容、新路径、新形态的知识体系与能力体系,通过职业人生、职业探索、职业心理、职业规划、职业适应、求职技巧、自主创业、互联网创业、就业权益保障等九个篇章的职业教育引领，着力构建价值塑造、身心健康、职业发展、创新创业能力四大主线，拓展大学生全面发展、个性发展的广阔空间和舞台，旨在帮助大学生做好求职择业的思想准备、心理准备、能力准备和职业适应准备。希望本册书能被大学生所关注和喜爱，能为大学生开启成长成才之门提供帮助，也希望能为广大高校教育工作者提供有益的借鉴。

由于时间、篇幅及编者的学识和视野所限，书中的不足和疏漏在所难免，敬请读者指正和谅解。

编者

2024 年 6 月 28 日

目 录
CONTENTS

第一章　职业人生 …………………………………… 1
　第一节　人生新阶段 ………………………………… 3
　第二节　职业与人生 ………………………………… 19
　第三节　职业价值观 ………………………………… 26

第二章　职业探索 …………………………………… 35
　第一节　职业种类 …………………………………… 37
　第二节　职业环境认知 ……………………………… 46
　第三节　职业发展新趋势 …………………………… 58
　第四节　职业能力 …………………………………… 67

第三章　职业心理 …………………………………… 81
　第一节　个性与职业 ………………………………… 83
　第二节　职业选择 …………………………………… 94
　第三节　自我塑造 …………………………………… 101

第四章　职业规划 …………………………………… 109
　第一节　职业发展路径 ……………………………… 111
　第二节　职业目标确立 ……………………………… 119
　第三节　职业规划策略 ……………………………… 130
　第四节　职业规划设计 ……………………………… 136
　第五节　职业规划评估 ……………………………… 142

第五章　职业适应 …………………………………… 149
　第一节　职业适应的内涵 …………………………… 151

第二节　职场人际关系 ………………………………… 160
　　第三节　职业适应障碍与调适 …………………………… 166
　　第四节　职场情商 ………………………………………… 172

第六章　求职技巧 ………………………………………… 185
　　第一节　职业定位 ………………………………………… 187
　　第二节　求职策略 ………………………………………… 196
　　第三节　职业形象塑造 …………………………………… 206

第七章　自主创业 ………………………………………… 221
　　第一节　创业认知 ………………………………………… 223
　　第二节　创业策略 ………………………………………… 236
　　第三节　风险防范 ………………………………………… 269

第八章　互联网创业 ……………………………………… 277
　　第一节　互联网创业概述 ………………………………… 279
　　第二节　大学生与互联网创业 …………………………… 291
　　第三节　互联网创业的模式 ……………………………… 302

第九章　就业权益保障 …………………………………… 311
　　第一节　权利与义务 ……………………………………… 313
　　第二节　就业权益的保障 ………………………………… 318
　　第三节　违约责任与劳动争议 …………………………… 325

后记 ………………………………………………………… 338

第一章

职业人生

教学目标

知识目标：了解职业及职业人生的内涵，理解学业与职业的关系，明确职业决策的重要性，以及在大学阶段进行职业生涯规划的重要意义。

能力目标：能够对各种职业观念进行科学合理的分析并能够对职业观念进行反思，初步具备对学业和职业发展进行规划的能力。

素养目标：树立正确的职业观与终身学习理念，自觉进行职业生涯规划，立鸿鹄志，做新时代的奋斗者。

本章导语

　　大学,学名为普通高等学校,是一种功能独特的文化教育机构,是与国家的经济和政治机构既相互关联又鼎足而立的传承、研究、融合、创新高深学问的高等学府。回望古今历史,大学就像一盏不灭的航灯,照耀着奔腾不息的人类文明长河。对青年学子而言,大学是人生的航船,是知识的殿堂,也是精神的家园,更是增长才干、放飞梦想的地方。在大学,你可以尽情地遨游在知识的海洋中,品味人类优秀文化,倾情奋斗,打造属于自己的青春岁月,从而使大学时光成为人生的一道靓丽风景。

第一节 人生新阶段

一、认识大学

何为大学？大学（university）在其形成之初就包含了"普遍""整个""世界""宇宙"等文化内涵。大学的精、气、神、质就是海纳百川和多元文化的交融。大学正是在这种多元文化的相互交汇中不断地向前发展着。《辞海》注解"大学"，是实施高等教育的学校，分综合大学、专科大学和学院。大学也是一种功能独特的文化教育机构，是与社会经济、政治机构既相互关联又鼎足而立的传承、研究、融合、创新高深学问的高等学府。

中世纪大学

中世纪大学最早形成于11—12世纪的西欧。作为一种自治的教授和学习中心，中世纪大学一般由一名（或数名）在某一领域有声望的学者和其追随者自行组织起来，形成类似于行会的团体进行教学和知识交易。中世纪大学的基本目的是进行职业训练，培养社会所需要的专业人才。因此，中世纪大学的教育往往分文、法、神、医四科。中世纪大学产生后，迅速成为欧洲文化复兴和传播的中心，也成为文艺复兴、宗教改革和近代启蒙运动的重要阵地。中世纪大学不仅是一种新型教育组织，而且代表了一种新的教育思想和精神。中世纪大学追求和传播高深学问的宗旨、世俗化倾向、思想自由与学术独立的理想、组织原则、教学体系、学业考核制度、法律地位等，乃是近现代世界高等教育制度的直接先驱。但不可否认，其宗教性、保守性和落后性也非常明显。

大学的首要任务就是人才培养。大学要引领社会发展，就要不断适应人才需求的新变化。大学培养的人才是社会的未来。专业是大学人才培养的基本单元。近年来，我国持续推进高校专业的调整，不断推动专业优化升级，做好"服务支撑中国式现代化建设"这道必答题。伴随着高等教育学科专业结构调整工作的深入推进，高等教育人才自主培养质量，以及服务国家和区域经济社会发展能力的水平不断提高。普通高等学校人才培养既要面向世界科技前沿，也要面向经济主战场,满足国家和区域经济社会发展的现实需求。高校坚持以科技创新、产业升级、区域发展的人才需求为指引,推动传统专业升级改造,提升专业服务经济社会发展的能力。

(一) 现代大学精神

大学精神是一所大学的灵魂,是其生命力与发展力的重要体现,彰显了"学人"对大学价值和生存意义的关怀,同时以价值观念和行为规范的形式规范着大学的行为,显示着大学不同于其他机构的精神特质。大学精神不仅是高等教育自身发展的需要,同时也是社会进步的需要。守望大学精神,发扬大学精神,至关重要。

在纪念五四运动100周年大会上的讲话

1. 继承发展的人文精神

人文精神是大学文化价值的核心和灵魂,建立在自觉道德意识、关怀意识、悲悯情怀、大爱精神之上,是一种普遍的人类自我关怀,表现为对人的尊严、价值、命运的维护、追求和关切,对人类遗留下来的精神文化精髓的高度珍视,对全面发展的理想人格的肯定和塑造,诸如友好相处、和谐发展、学会感恩、孝敬父母、报效国家等。人文精神由人类优秀文化凝聚、积淀而成,也是人类文化最根本的精神,还是人类信念、理想和道德等精神品格的结晶。大学教育不仅要传授某种学科知识与专业技能,更要培养学生的品格、价值观和生活能力,教会学生懂得付出爱、感受幸福、承受挫折、相互支持,使学生能拥有个人尊严、心灵自由、人生梦想,对未来、对幸福敢于不懈追求。

2. 理性善思的学术精神

学术精神是对周围事物、感知对象、思想观点等敢于和善于反思、质疑、挑战和超越的科学态度和思维勇气,也是对人类认识活动与实践活动中的弊端(如盲从迷信、墨守成规、人云亦云、随波逐流等现象)的反思,还是以真理为唯一标准的价值观,以及在此基础上所形成的追求真理、批判错误、纠正错误的行为规范和精神气质。由于不同学科按照不同的内在科学逻辑发展,大学的根本价值追求首先应该是探究学问,追求真理。大学教师不仅仅是教授学科知识的"经师",更应该是塑造学生品格、品行及品位的"人师"。大学生不应只是单纯地接受知识,更应以发现新知识为目标,以探索未知为己任,养成理性思考、辩证思维的习惯,永远保持批判精神,不盲从权威,不随波逐流。

3. 探究未来的创新精神

创新是指能够综合运用已有的知识、信息、技能和方法,提出新方法、新观点,进行发明创造的思维能力、意志品质和生存智慧,是一种勇于抛弃旧思想旧事物、创立新思想新事物的精神。创新精神是一个国家和民族发展的不竭动力,也是大学生应该具备的能力素质。大学以人才培养为己任,而人才的核心特质是创造性与创新性,这既是大学生在社会有机体中的根本生命力,也是大学的价值所在。大学的创新精神有四个方面的含义:一是科学研究,通过鼓励开拓各个领域研究,取得大量创新性成果,培养大批科研人才;二是社会贡献,大学的新思想、新作为、新成果影响和改造着社会;三是培养人才,培养具有开拓创新精神的人才是大学人才培养的重要任务;四是大学自身发展,一代代师生不断创新,共同推动大学自身的发展,丰富大学精神的内涵,改造大学,发展大学,使大学成为时代精神的体现与标志。因此,组织开展开拓性、超前性、综合性的知识创新,培养学生的创新精神是大学在新时代的重大使命。

4. 自觉自律的道德精神

道德是每个人的做人之本、立足之根。孔子曰:"志于道,据于德,依于仁,游于艺。"短短四句话道出立己立人之精华,即做人要立志高远,也要依德而行,没有德,做事就会不择手段,失去良心。人一旦缺少社会公德、职业道德、家庭美德、个人品德,就难以在社会立足。大学是社会道德与理性思维的凝聚之所,不仅以自身的道德品质潜移默化地影响着社会,更是以积极的姿态投入改造社会、塑造道德的潮流中,是社会道德的捍卫者与提升者,引领着社会道德的发展方向。著名教育家陶行知先生说:"因为道德是做人的根本。根本一坏,纵然使你有一些学问和本领,也无甚用处。"因此,大学生都应当成为崇高道德的践行者和守卫者。

5. 民主法治的科学精神

《礼记·中庸》曰:"万物并育而不相害,道并行而不相悖。"此思想自由之通则,而大学之所以为大也。大学是具有高度自我调适能力的组织,这源于大学的自由、开放、民主与包容。每个人都能在大学找到自己喜欢做和想要做的事情,并在各自位置上实现自己的目标,体现自己的价值。好的大学不仅教授学生专业知识,也培养学生在服从真理标准的前提下自由探索和表达的精神。这种精神虽然无形,但它切实地体现在大学的教、学、做之中,体现在平等的人际关系里。

6. 改革开放的时代精神

时代精神是每一个时代特有的普遍精神实质,是一种超脱个人的共同的集体意识,是人们在文明创建活动中体现出的精神风貌和优良品格,是激励一个民族奋发图强、振兴祖国的强大精神动力,是构成时代精神文明建设的重要内容。时代精神反映一个时代人类社会发展变化的基本趋势,并已成为世界绝大多数国家和人民共同的心愿、意志和精神追求。大学,作为时代的智者聚集地,能够预见并感应到社会潮流的前奏,进而成为推动社会潮流的先行者,使社会潮流之声最终成为时代的最强音。大学正是紧紧扣住了时代的脉搏,才赢得了自身的持续发展和地位的逐渐提高。从中世纪大学的兴起到现代大学的发展这一历史演变轨迹可以看出,大学无疑是时代的产物,并代表着最进步的时代精神,驱动着社会向前发展。大学生的个人理想与中华民族伟大复兴、中国梦的实现休戚与共,息息相关。

7. 脚踏实地的奋斗精神

艰苦奋斗是中国共产党夺取革命、建设与改革胜利的精神力量,是中华民族的宝贵精神财富。新时代是风险和挑战并存的前所未有的时代,无论从新时代国家发展的大局看,还是从大学生的人生发展而言,国内外的社会环境和大学生的成长环境已经发生了巨大变化,现实中不仅仍有许多"雪山""草地"需要跨越,还有许多"娄山关""腊子口"需要征服。因此,奋斗精神在新时代大学的人才培养中仍具有十分重要的现实意义,培养大学生的奋斗精神成为大学开展思想政治教育的重要任务。同时,高扬奋斗精神也是新时代大学生的历史与时代使命。"我们的国家,我们的民族,从积贫积弱一步一步走到今天的发展繁荣,靠的就是一代又一代人的顽强拼搏,靠的就是中华民族自强不息的奋斗精神。当前,我们既面临着重要发展机遇,也面临着前所未有的困难和挑战……实现我们的发展目标,需要广大青年锲而不舍、驰而不息地奋斗。"①习近平提出:"要在培养奋斗精神上下功夫,教育引导学生树立高远志向,历练敢于担当、不懈奋斗的精神,具有勇于奋斗的精神状态、乐观向上的人生态度,做到刚健有为、自强不息。"②在以中国式现代化全面推进中华民族伟大复兴的新时代,大学生作为时代弄潮儿,更需要树立正确的奋斗观,以担当时代使命为责任,以为社会和国家作贡献为奋斗价值,用勤劳的双手和一流的业绩成就自己的精彩人生。

8. 追求真理的守正精神

如何解决好"培养什么人?怎么培养人?为谁培养人?"这个根本问题,如何在学生心里埋下真善美的种子,引导学生"扣好人生第一粒扣子"?守正,是大学立德树人的基石。守正,就是要始终坚持高等教育这一意识形态属性,坚持马克思主义信仰底色和社会主义核心价值观的价值亮色。习近平在全国高校思想政治工作会议上强调:"办好我们的高校,必须坚持以马克思主义为指导,全面贯彻党的教育方

---

① 习近平.习近平谈治国理政[M].北京:外文出版社,2014:52.
② 习近平.习近平在全国教育大会上的讲话[N].人民日报,2018-09-11(1).

针。要坚持不懈传播马克思主义科学理论,抓好马克思主义理论教育,为学生一生成长奠定科学的思想基础。"①要把坚持和巩固马克思主义作为一项长期重要任务来抓,努力把高校建设成为学习、研究、宣传马克思主义的坚强阵地。守正方能创新,守正孕育创新,守正催生创新,守正扬升创新。大学要始终围绕学生、关照学生、服务学生,把立德树人的根本任务贯穿全过程,用习近平新时代中国特色社会主义思想铸魂育人,用"四个自信"明心立志,用真理的光芒照亮前行的道路,引导莘莘学子把"爱国情、强国志、报国行"融入新时代的追梦征程之中,成长为中国特色社会主义事业的合格建设者和可靠接班人。

(二)大学的意义

> 孔子(公元前551年—前479年),名丘,字仲尼,春秋时鲁国陬邑(今山东省曲阜市)人,中国著名的思想家、教育家、政治家,儒家学派创始人,开创了私人讲学的风气。孔子最早提出"性相近也,习相远也";"有教无类""因材施教";"弟子入则孝,出则弟(悌),谨而信,泛爱众,而亲仁";"温故而知新""学以致用"等教育学说,为中国古代教育奠定了理论基础。他最重视的"仁"和"礼"为后世子孙所学习和景仰。孔子被联合国教科文组织评为"世界十大文化名人"之首。

大学承担着为党育人、为国育才的神圣使命,应当是教育情怀、教育价值观和教育信仰三者合一的教育,其本质是育人而非制器。韩愈说过:"师者,所以传道受业解惑也。"对于新时代大学生而言,来到大学自然就是为了悟道、受业以及释惑,而其中最重要的就是"悟道"的过程。

1. 悟道:用真理的光芒照亮前行的路

我国历史悠久,有着深厚的历史积淀和文化传承,儒家、道家、法家所推崇和探究的人与自然、人与社会、人与他人、人与自己之间辩证关系的生命智慧,是中华优秀传统文化宝库中的珍品,是我国先秦时期"大学之道"的灵魂。《易传·系辞上》讲:"形而上者谓之道。"朱熹言:"道者,事物当然之理。"道是事物最一般、最高层次的基本规律,而具体的定律和法则只是道的体现。

悟道,对大学而言,就是要领悟践验,培养全人。悟道是学习的最高境界,是在

---

① 习近平.把思想政治工作贯穿教育教学全过程 开创我国高等教育事业发展新局面[N].人民日报,2016-12-09(1).

独立思考的基础上领悟和发现真理的过程。道是事物之理,它是抽象的,我们不可拘执。"读死书""死读书""读书死",始终与道无缘,那是一种悲哀。更有甚者,将青年一代封锁在纸堆里,使其终日以课桌为圆心,不敢越雷池一步,不仅禁锢了思想,更脱离了社会实践,他们宣称"书中自有黄金屋""书中自有颜如玉""书中自有千钟粟"①,诱使不少学子读书只为求财做官,不事生产和劳动,最终成为四体不勤、五谷不分的畸形之人。大学悟道的重要内核,应该是让学生在不断思考和领悟中形成主导自己未来人生、服务未来社会发展的价值观。

今天的大学,悟道的价值核心就是有信仰。习近平指出:"人民有信仰,民族有希望,国家有力量。"②所谓信仰就是人为之努力的目标,一个国家及人民不能失去信仰,它是人的政治观念所在,是个人约束行为的内在机制。崇高的信仰能够引导个体开发潜能,不断超越自我,净化灵魂和升华人格。新时代大学生应坚定理想信念,树立正确的信仰,"扣好人生第一粒扣子"。坚持爱国、爱党与爱社会主义相统一,自觉践行社会主义核心价值观,永远听党话跟党走,紧密团结在党中央周围,将中国共产党的党性要求、宗旨意识、理想信念等内化为自身品格的有机组成部分。在没有外在约束与监督的情况下,也能严格要求自己,并将其变成一种自觉自愿的行为,增强"四个意识"、坚定"四个自信"、做到"两个维护",为崇高的党性修养、理想信念、道德水平而不懈努力,为民族的复兴而终生奋斗,为实现中国梦注入青春力量。

2. 受业:保持不断探索新知的学习力

大学是知识传播、运用和创新的摇篮。大学教育是生命的高级活动,其最终目的和内在灵魂在于促进生命的灵动,引领社会智慧。早在先秦就有"受业"的说法,即学生从师学习之意。《史记·仲尼弟子列传》中几次出现的"受业",都是讲孔子的学生,如"孔子曰:'受业身通者七十有七人',皆异能之士也","子游既已受业,为武城宰","子羔长不盈五尺,受业孔子,孔子以为愚"等。由此可见,"受业"是就学生的学习活动而言的。大学"受业"起于知识、启迪思想、渗透美育、行为互动、营造氛围、以悟导悟、以人为本、止于境界,深刻地揭示了科学与人文的关系——二者结合于知识,但不应停留于知识层面,更要在精神层面实现深度融合。

大学的教育智慧是大学通过历史积淀与自我成长过程所产生的包括教育

---

① 黄坚.详说古文真宝大全[M].长沙:湖南人民出版社,2007:14.
② 习近平.决胜全面建成小康社会 夺取新时代中国特色社会主义伟大胜利——在中国共产党第十九次全国代表大会上的报告[N].人民日报,2017-10-28(1).

认知、思辨、意志及教育伦理德性在内的整体活动中所体现出来的最佳心理结构、精神力量和行动能力。雅斯贝尔斯认为,教育应当帮助个人自由地成为他自己,即一个"全人",而不是培养具有某一方面的知识、能力的人①。《中共中央国务院关于全面加强新时代大中小学劳动教育的意见》指出,劳动教育是国民教育体系的重要内容,是学生成长的必要途径,具有树德、增智、强体、育美的综合育人价值。

此外,"受业"对于大学生而言,就是要亲近大师,亲近大师即亲近大学。正如清华老校长梅贻琦所言:"所谓大学者,非谓有大楼之谓也,有大师之谓也。"亲近大师的路径,一是直接的路径,那就是亲近师友,所谓"如切如磋、如琢如磨",真正的大学就在于与周围的老师、学友切磋和交流;二是间接的路径,那就是亲近书籍,特别是那些堪称人类文明的经典之作,阅读经典可谓启迪智慧、滋养人心的最重要的方式。这里特别值得一提的是,我们常说做学问是要踩在巨人的肩膀上,但巨人的肩膀不是那么容易踩上去的,唯有勤奋,孜孜以求,方有所成就。正如历史学家范文澜先生所言,"板凳要坐十年冷,文章不写一句空"。我们要踏踏实实地读书思考,悉心研讨,对话交流,既深耕学理,也植根实践。受业悟道明理,立鸿鹄志,做新时代的奋斗者。

3. 释惑:成为中华民族伟大复兴的奋斗者和追梦人

大学承担着追求真理、弘扬文化、引领社会发展方向的神圣使命。大学教育要纠正其工具化的倾向,让教育的观念与行为、过程与结果都紧紧围绕促进人的可持续发展这个核心价值。大学生读大学,接受大学教育,自然就是为了释惑。大学理应解答学生的思想疑惑,从理论和实践、历史和现实、国际和国内等各方面回答学生关心的热点难点问题,从远大理想与共同理想、个人理想与社会理想、个人与社会、小我与大我、青春梦与中国梦等多维视角提升学生的学习获得感。

大学生"释惑"的过程也是一种将知识传授、能力培养、人格塑造融为一体的教育。这种教育既要关注学生专业成长,也应注重对学生的心灵滋养和人格培育,焕发学生的精神,提升学生的人格魅力与精神品质,使人与自我、人与他人、人与自然的关系变得更加和谐。大学生接受教育的本质是通过学习科学文化探索未知,这决定了"大学应当坚守的文化品位和崇高理想",其基本要求是始终坚守大学作为人类文明的精神家园、人才养成的重要基地、人类社会的知识权威、最富有创造力的学术

---

① [德]雅斯贝尔斯.什么是教育[M].邹进,译.北京:生活·读书·新知三联书店,1991:55.

殿堂的历史地位,以及与之相应的以"致力于照亮人性的美"的人文关怀和以"为真理而献身"的独立精神为核心的价值精髓。

怀特海曾说:"教育从整体上说不过是使学生做好准备,去迎接生活中的各种直接经历,用有关的思想和恰当的行动去应对每时每刻出现的情况。"①当代大学生赶上了一个伟大的时代,从来没有哪一个时代像今天一样,赋予青年如此丰富而广阔的理想天地。"天行健,君子以自强不息。"生在这个时代的大学生,就要志存高远,胸怀理想,积极投身于新时代中国特色社会主义伟大实践,并为之终生奋斗。

总之,步入大学,意味着将开始忙碌而又快乐的新征程。大学生追求科学人文知识的目的是转识成智。诚如亚里士多德所言:"吾爱吾师,吾更爱真理。"若在大学悟得了这个"道",那么在离开的时候,不仅具备了专业知识,而且变得更加智慧、更有思想,如此才能不负重托,担当起新时代新使命的重担,在为人民利益奋斗和实现中国梦的生动实践中书写人生华章。

二、大学生活

纵观高等教育发展史,大学经历了多次改革,从知识传授到科学研究,到社会服务,到文化传承,大学的使命与职责随着时代的发展不断演进。大学影响时代,时代也影响大学。大学是大爱之学、大道之学、大德之学。如何开始新的大学生活?追求什么样的大学生活?这是决定大学生能否获得健全人格和全面发展的逻辑起点,值得每位大学生认真思考和对待,也是大学教育的初心和使命所在。

(一) 树立远大目标,学会统筹与规划

统筹是进行系统总体设计,规划是进行合理布局。大学生的成长、成才和成功是一个系统性工程。新时代青年学生进入大学,要明确前进方向,做好大学时期的科学统筹规划。精彩的大学生活首先要从树立清晰而明确的目标开始。美好人生的起点在于建立伟大的目标与下定实现目标的决心。目标是灯塔,指引人生的方向,有目标的人,不会因诱惑而迷失自我;目标是希望,能给人以激情,予人以力量,使人敢于直面挑战、铿锵前行;目标是阶梯,使人牢记使命,激励人不断攀登至生命的顶峰;目标是信念,源于内心对生命最纯粹的渴望、对未来最美好的向往,会指引人们走不同寻常的道路。

---

① [英]怀特海.教育的目的[M].徐汝舟,译.北京:生活·读书·新知三联书店,2002:65.

今天,我们比任何时期都更接近、更有信心和能力实现中华民族伟大复兴的目标。大学生更要紧紧把握难得的历史机遇,科学进行时间管理(见图1-1),早立大志,早谋大局,将个人成长发展融入推动国家发展、民族振兴的时代洪流中,为自己、为国家、为民族赢得光明的未来。因此,大学生要树远大之目标,立豪迈之志向,锐意创新,蓄积力量,追求卓越,落实好每学期每学年的行动规划,实现自身的不断进步,以学报国,在实现中华民族伟大复兴的进程中勇担历史重任。

相关链接

图1-1 时间管理四象限

(二)立足全面发展,提升修养与学识

大学的使命在于为时代造就杰出人才,其命运无时无刻不与国家民族血肉相连。齐家、治国、平天下,当以修身为始。作为新一代大学生,要注重品行的培养和内在人格的塑造,在不断修身的过程中走向成熟,实现人生价值。

有人说,"玩命的高中,轻松的大学",这种观点是不正确的。大学之所以称之为大,就是因为有大师在,有大学问在,更有大境界在。大学阶段的学习,绝不只是积累知识的过程,更是世界观、人生观、价值观选择与塑造的过程;绝不只是钻研知识的过程,更是深入探究真理,形成方法论、思维模式的过程;绝不只是书本知识的学习过程,更是向社会、向实践、向最广大人民群众学习的过程。

学识可以"教"出来,而修养必须"炼"出来。学识教会我们如何做事,修养告诫我们如何做人。只有做好人,才能做好事。"才者,德之资也;德者,才之帅也。"大学生全面发展是修养与学识相统一发展的过程。"修之于身,其德乃真",大学生应坚持德育与智育兼修、全面发展,处处涵养自己的性情和品格。

（三）重视创新意识，潜心思考和探究

今天，时代变革将越来越深刻地影响我们的生活、工作。生活从不眷顾垂头丧气者，从不等待坐享其成者，而是将更多机遇留给勇于开拓和创新的人们。毛泽东说："人是要有一点精神的。"朝气蓬勃是青年最宝贵的精神状态，敢于创新、敢于变革是新时代大学生必备的特质。创新是一个民族不断进步的灵魂，是一个国家兴旺发达的不竭动力，也是中华民族最深沉的民族禀赋。大学生要培养创新意识，首先要夯实基础，这包括学科的基础知识、理论与方法。毋庸置疑，所有的重大发明创造，其根源都在于基础理论的重大创新。而基础理论的创新，又来源于创新性的思考和探究。大学生一定要牢固掌握本学科的基础理论知识，充分利用学校丰富多元的学科资源和平台，重视学科交叉研究，聚焦学术前沿，培养创新意识，勇立创新潮头。

科技是国家强盛的根基，创新是民族进步的灵魂。创新意识的培养离不开潜心思考与探究，创新也需要与兴趣结合，与团队配合。一方面，要培养创新兴趣。兴趣来自好奇心，与生俱来的创新兴趣当然是最基础的。1931年，著名科学家钱伟长报考清华大学，物理只考了5分，中文和历史均满分，进入了清华大学历史系。同年，震惊中外的"九一八"事变爆发，钱伟长决定弃文从理，转学物理学专业，后来成为著名的航空航天专家，为我国导弹和航空事业作出了突出贡献。可见创新兴趣的本质是志趣，是可以基于志向加以培养的。另一方面，创新需要团队精神。团队精神的核心是协同合作，在一个团队中，全体成员的向心力、凝聚力反映的是个体利益和整体利益的统一，只有"劲往一处使"，才能确保组织的高效率运转。

（四）永远积极向上，坚守定力与动力

"永远积极向上"是一种奋斗者的姿态，是持续努力、执着追求的态度，更是一种价值观的体现。大学生要坚守立身处世的准则，保持久久为功的韧性。孙中山先生说："做人最大的事情，就是要知道怎么样爱国。"对国家和民族怀有赤子之心、报国之志，是实现我们人生价值的最大动力。只有具备这样的动力，才能为国家和民族尽到自己的一份责任，贡献一份力量。

与时代同频共振，与国家同心同向，才是一个人最大的幸福。人生的意义，只有在服务国家、贡献社会的奋斗中才得以彰显。青年的家国情怀，根植于对国家和民族历史文化的深刻理解；青年的担当作为，来自对国家和民族历史文化的深厚热爱。大学生要勇立潮头、敢为人先，做时代的先锋和楷模，为人民幸福、国家富强、民族复兴的历史伟业作出更大的贡献，从中实现自我的人生价值。

钟南山：我的事业在中国

中国工程院医药卫生学部院士、广州呼吸疾病研究所所长、呼吸内科教授、博士生导师钟南山，为了发展祖国的医疗、教育和科研事业，30多年如一日刻苦攻关，取得了累累硕果。1979年至1981年，他在英国爱丁堡大学附属皇家医院、伦敦大学圣·巴弗勒姆医学院学习。在英国进修期间，英国法律不承认中国医生的资格，导师不信任他，便把2年的留学时间限制为8个月。他暗下决心为祖国争口气，拼命工作，取得了6项重要成果，完成了7篇学术论文，其中有4篇分别在英国医学研究学会、麻醉学会和糖尿病学会上发表。他的勤奋和才干，彻底改变了外国同行对中国医生的看法，赢得了他们的尊重和信任。英国伦敦大学圣·巴弗勒姆医学院和墨西哥国际变态反应学会分别授予他"荣誉学者"和"荣誉会员"称号。当他完成学习后，爱丁堡大学和导师弗兰里教授盛情挽留他，但他回国报效祖国的决心已定，他说："是祖国送我来的，祖国正需要我，我的事业在中国！"

来源：人民网

（五）砥砺意志品质，塑造格局与胸怀

当今，中华民族正处在伟大复兴的关键时期，大学生大多是"00后"，格局和胸怀至关重要，这既取决于每一位青年学子的见识、经历和视野的开拓，也取决于其品格、德性的养成与修炼。从古至今，包容四海，从善如流，从来都是成就大器的关键。大学生要胸怀祖国，放眼世界，努力成就具有大志向、大视野、大胸怀的大器人生。

一个人格局视野的大小、胸襟气度的宽狭和认知的高低，决定了他发展的高度。视野拓宽了，格局也提高了，胸怀也有了，就要鼓起勇气行动起来，善于做事，敢于担当。管仲曰："人君唯优与不敏为不可。优则亡众，不敏不及事。"这体现的就是一种勇于变革、快速行动的勇气。大学是传播知识、探寻真理的场所，也是开拓视野、提升自我的地方。大学的人才培养不是某种谋生技能的培养，而是人格品质的全面培养。大学生要怀揣胸怀天下的梦想与信仰，把小我融入大我，把爱国之心化为报国之行。

三、面向社会

马克思认为，人是最名副其实的社会动物，不仅是一种合群的动物，而且是只有

在社会中才能独立的动物。从这个意义上来看,人的本质在其现实性上就是一切社会关系的总和。可以说,每个人、每个大学生都处于社会之中,对社会具有一定的依赖性,但同时又不可避免地"无往不在枷锁之中"①。正如哲学家托马斯·曼所说:"人不只是像单个个体那样经历着他个人的生活,而且也自觉或者不自觉地经历着他的时代及同时代人的生活。"因此,正确认识社会、适应社会、融入社会、服务社会是当代大学生成长成才、实现人生梦想的必由之路。

立木为信

战国七雄中,秦国在经济、军事等各方面都比中原各诸侯国落后。自从秦孝公继位后,他重用卫国人商鞅变法,使秦国一跃成为七国之中的最强者。商鞅在变法前,深知推行新法的困难,为了让老百姓相信自己,商鞅想出了一条妙计。

商鞅命人在京城南门立了一根三米长的木杆并发布公告:谁能把这根木杆扛到北门去,就赏十两黄金。这一举动引来了许多老百姓,他们围在一起议论纷纷。

其中一个人说:"这根木杆谁都能扛得动,哪儿用得着十两黄金呢?这其中一定有问题。"另一个人说:"大概是跟我们开玩笑吧,不会是真的。"围观的人都认为商鞅的立约不可信,所以,没有一个人去扛。

商鞅见状,便把赏金加大,说道:"如果有人能把这根木杆扛到北门去,我就赏给他五十两黄金。"商鞅的话音未落,百姓又开始哗然。有人嚷道:"大人真会开玩笑,这么简单的事哪会赏那么多黄金呢?"人们反而更加怀疑了,谁也不敢去扛那根木杆。

过了一会儿,人群中走出来一个人,抱着试试看的态度,说:"我可以把这根木杆扛到北门去。"只见那人蹲下身子,扛起木杆,迈开大步,向北门走去。围观的人们也尾随着他,想看个究竟。那人到达北门后,商鞅立即叫人拿了五十两黄金,交给了他。老百姓纷纷称赞商鞅是守信之人。

商鞅以诚信折服了秦国百姓,他制定的新法颁布后,得以顺利推行。

来源:司马迁《史记·商君列传》

---

① "人生而自由,却无往不在枷锁之中"出自卢梭的《社会契约论》。卢梭提出国家创建的理性逻辑:人类想要生存,个体的力量是微薄的,个人的权利、快乐和财产在一个有正规政府的社会比在一个无政府的、人人只顾自己的社会能够得到更好的保护,可行的办法就是集合起来,形成一个联合体,即国家。

（一）马克思主义社会观解读

马克思主义哲学从实践出发解读人类社会，主张社会生活在本质上是实践的，揭示社会有机体的结构和社会发展的规律。马克思主义社会观从关系角度、动态角度、生产角度来审视社会。

1. 社会的起源——社会是人们交互作用的产物

马克思认为，社会是人们之间交互作用的产物，人的第一个历史活动就是生产活动，必然存在两种关系：一种是人与自然的关系，一种是人与人之间的关系。"为了进行生产，人们便发生一定的联系和关系；只有在这些社会联系和社会关系的范围内，才会有他们对自然界的关系，才会有生产。"①

2. 社会的有机体性

马克思关于"社会有机体"的思想最初是在《哲学的贫困》中提出的。马克思在《资本论》中表明，"现在的社会不是坚实的结晶体，而是一个能够变化并且经常处于变化过程中的机体"。② 根据马克思的观点，社会各个部分之间存在着有机联系，是一种内在的、紧密的联系，每个部分都需要依赖于整体而存在。它们互为手段和目的，是一个从内部看高度分化，但又表现为服从于一个根本原则的统一整体。

3. 社会的主体——现实的人

动物和人根本的区别就在于是否具备主观能动性。人作为社会的主体，是社会的基础、载体，又主导着社会整体脉络的走向。马克思在对社会问题深入考察时，从现实的个人出发，从社会本身基础、社会向前的动力及其发展的最终目标等方面，用独特的视角对人这一社会主体作出独特的论断。马克思把人放到社会层面上剖析，认知人在社会中的本质即社会联系。所以，"人在积极实现自己本质的过程中创造、生产人的社会联系、社会本质"③。

4. 社会结构——交往活动的制度化

马克思认为，人们进行物质生活必须以一定的社会关系作为前提。他从人与社会的关系看待社会。因为社会关系表现的是人与人之间的整体关系，事实上，这才

---

① 中共中央马克思恩格斯列宁斯大林著作编译局.马克思恩格斯选集(第1卷)[M].北京：人民出版社,1972：362.
② 马克思.资本论(第1卷)[M].北京：人民出版社,1975：12.
③ 中共中央马克思恩格斯列宁斯大林著作编译局.马克思恩格斯选集(第42卷)[M].北京：人民出版社,1979：28.

是人的一般本性。但在社会生活中，人们往往要遵守交往活动中的规则，使社会秩序更加稳定，社会关系才能在这种动态稳定的状态下，保持物质生活的相对稳定，从而使社会关系结构稳定。制度化、规范化的交往活动是最理想的，因为人与人之间的精神互动来源于物质生产活动，而在一定发展水平上的物质生产生活，是以特定的形式存在的，并且不同时代的社会形式各异。

（二）社会角色认知

大学生在社会角色的扮演过程中，与实践角色存在诸多差异，而且随着时间或条件变化，其角色的期待与行为模式内容都会随之而变化。

1. 先赋角色和自致角色

先赋角色通常建立在血缘、遗传等先天的或生理基础之上，是个人与生俱来或在成长过程中自然获得的角色。先赋角色一般不经过角色扮演者的主观努力而由先天因素决定或由社会决定，分为先天性先赋角色与制度性先赋角色，比如种族、民族、性别、家庭出身等。

自致角色指个体经过后天活动和努力而获得的角色，体现了个体主观上的选择性。自致角色较为普遍，它包括个人职业选择、婚姻关系的缔结，还有些自致角色则要求个体具备某种独特素质，个体需进行相应的特殊训练，比如教师、工程师、特定专业技术人员、志愿者等角色。

2. 理想角色、领悟角色和实践角色

理想角色是符合社会期待的，是社会对某一特定社会角色而设定的理想的规范和公认的行为模式。理想角色属于"应该如何实施行为"的观念系统。

领悟角色是基于个体对其所扮演角色的行为模式的理解，不同个体间存在差异。理想角色是领悟角色的基础，但由于个体所处环境、社会经验与认知水平、价值观念以及自身思维方式的不同，使得不同主体对角色行为模式的理解不尽相同，该角色属于个体观念形态。

在具体实践过程中，个体根据自身对角色的理解在扮演过程中表现出的实际行为模式被认为是实践角色，领悟角色是实践角色的基础。实践角色与理想角色之间存在的差距，被称为"角色距离"。

3. 规定性角色和开放性角色

规定性角色是指对个体的行为规范、行为模式与行为标准有着较为严格界定与明确规定的角色。该角色需在履行角色义务的特定场合中按照规定进行，不能按照自身对角色期待的理解自行其是，比如外交官、警察、法官、党政干部、军人、党员、团员等。

开放性角色是指对个体的行为规范、行为模式与行为标准没有严格而明确的规定的角色,个体可根据自身对社会地位与角色期待的理解,较为自由地履行角色,拥有更多的选择性和灵活性,比如父母、子女、同学、亲戚、朋友、乘客等。人们在扮演此类角色时,具有较大的选择余地。

4. 支配角色和受支配角色

支配角色和受支配角色是德国社会学家达伦多夫关于冲突理论中的两个基本概念。他认为,只要人们聚在一起组成一个群体或社会,并在其中发生互动,必然有一部分人拥有支配权,而另一部分人则被支配。一般来说,作为支配角色的人总是极力维持现状以维护其既得的权力,而作为受支配角色的人必将设法改善受人约束和限制的现状以获得自己的权力。

5. 功利性角色和表现性角色

功利性角色以追求效益为目标,其价值取向是获取实际利益,如经理人、商人、企业家等。

表现性角色不以获取利益为终极目的,而是以表现社会制度与秩序、思想信仰、道德情操等为目的,比如学者、警察、教师、艺术家、志愿者等。

(三)大学生的基本权利和义务

从社会关系层面看,大学生社会角色是双重叠加的,既是普通公民,又是大学的受教育主体。所以,大学生同时享有公民与受教育者的权利(见表1-1),并应当履行相应的义务(见表1-2)。大学生既有法律关系框架内的权利和义务,也有法律关系框架外的作为大学生这一特殊社会角色的权利和义务。

表1-1 大学生享有的权利

角 色	享 有 的 权 利
大学生的公民角色	享有的宪法及其他法律规定的权利: 1. 平等权 2. 政治权利和自由 3. 监督权 4. 宗教信仰自由 5. 人身自由 6. 财产权 7. 提出批评建议权 8. 劳动权等

（续表）

角　色	享 有 的 权 利
大学生的受教育主体角色	在教育教学过程中所享有的权利： 1. 参加学校教育教学计划安排的各项活动，使用学校提供的教育教学资源的权利 2. 按照国家有关规定申请奖学金、贷学金、助学金的权利 3. 获得公正评价权 4. 对学校与学生权益相关事务的知情权、参与权、表达权和监督权 5. 对于学校处理或处分存在异议，依规提出申诉或诉讼权 6. 法律、法规及学校章程规定的其他权利，如学术研究权、参加社会活动权等

表1-2　大学生应履行的义务

角　色	应 履 行 的 义 务
大学生的公民角色	宪法及其他法律规定的义务： 1. 遵守宪法和法律 2. 维护国家的统一和各民族的团结 3. 维护祖国的安全、荣誉和利益 4. 保守国家秘密，爱护公共财产，遵守劳动纪律、公共秩序和社会公德 5. 依法服兵役、纳税 6. 劳动和接受教育等
大学生的受教育主体角色	在受教育过程中应尽的义务： 1. 遵守学校管理规定的义务：按规定缴纳学费及各种合法费用的义务；服从合法管理的义务；接受学校章程规定的其他义务 2. 道德义务：积极努力学习，追求进步，全面提高自身素质，实现个体发展的义务；遵守社会公共秩序与道德，尊敬师长，讲文明懂礼貌的义务 3. 集体内部义务：遵守校训，维护学校声誉和形象的义务；参加学校、学院及班级组织开展集体活动的义务 4. 遵守学术规则的义务：恪守学术道德，做到学术诚信的义务等

第二节　职业与人生

早在1835年，17岁的马克思在《青年在选择职业时的考虑》中写道："我们应当认真考虑：我们对所选择的职业是不是真的怀有热情？发自我们内心的声音是不是同意选择这种职业？我们的热情是不是一种迷误？""如果我们选择了最能为人类而工作的职业，那么，重担就不能把我们压倒，因为这是为大家作出的牺牲，那时我们所享受的就不是可怜的、有限的、自私的乐趣，我们的幸福将属于千百万人，我们的事业将悄然无声地存在下去，但是它会永远发挥作用，而面对我们的骨灰，高尚的人们将洒下热泪。"①"在选择职业时，我们应该遵循的主要指针是人类的幸福和我们自身的完美。"②可见，青年马克思通过对客观社会现实环境的冷静观察和深入思考，全面阐述了青年在职业选择时应该坚持的职业理想与求职标准定位。

职业生涯是每个人生命、生活的重要组成部分，选择了一份职业，就是选择了一种社会角色，选择了一种生涯道路。无论是上大学前的专业选择、毕业时的职业选择，还是人生的职业生涯规划，都要搞清楚"工作、职业和事业意味着什么"，都应建立起正确的职业意识，以及职业生涯规划、职业选择与职业适应能力提升的自觉意识。本节将带领大学生们开启职业世界的探秘之旅，一起认知职业，清楚地了解自己，树立正确的职业观。

砍树与人生

一、职业的内涵

谈及职业，每一位大学生都会充满期待和憧憬。什么是职业？这似乎是一个不言自明的问题。有的同学会列举出"士有墨子，农有贾思勰，工有蔡伦，商有计然，医有扁鹊"等古代"职业人"的杰出代表，有的同学会憧憬"职场达人"所从事的职业，有的同学会推崇"时代楷模"，也有的同学会追捧"财富英雄"……

---

① 马克思,恩格斯.马克思恩格斯全集(第一卷)[M].中共中央马克思恩格斯列宁斯大林著作编译局,编译.北京：人民出版社,1995：459—460.
② 马克思,恩格斯.马克思恩格斯全集(第一卷)[M].中共中央马克思恩格斯列宁斯大林著作编译局,编译.北京：人民出版社,1995：459.

对于职业的含义,国内外著名学者有着各自不同的见解与回答。

著名心理学家雪恩(E.H.Schein)认为,人的生命历程主要有三种旋律相互影响:工作、职业和事业;情感、婚姻和家庭;个人身心发展与自我的成长。其中,职业是人生的重要组成部分,影响着个人的事业发展,也影响着个人的家庭幸福指数和身心发展状况。

美国著名哲学家、教育家、实用主义的集大成者约翰·杜威认为,职业并不是别的,是可以从中得到利益的一种生活活动。

日本劳动问题专家保谷六郎认为,职业是有劳动能力的人为了生活所得而发挥个人能力,为社会作贡献的连续活动。

《荀子·富国》指出:"事业所恶也,功利所好也,职业无分,如是,则人有树事之患,而有争功之祸矣。"唐代杨倞注:"职业,谓官职及四人之业也。"这是史料记载的对"职业"较早的解释之一①。杨倞把"四人之业"与官职相提并论。所谓"四人",即士、农、工、商。"士"与"农、工、商"并列,体现了儒家文化中民主性的一面,并被新文化运动所认同,也符合社会主义"劳动只有分工不同,没有高低贵贱之分"的价值观。因此,"职业"一词的内涵在中国的新旧文化中具有一致性。

商务印书馆1983年编印的《辞源》对职业的释义有两条,一条把"职"和"业"分开解释:职,指官事;业,指士、农、工、商所从事的工作。这种解释实际上是对杨倞提出的"职业无分"观点所作的解释。另一条是把职业解释为"分内应做之事"。

《辞海》对职业的释义是"一种相对稳定的劳动和工作,是获得经济收入的主要来源,并具有一定的差异性和层次性"。这种"工作+收入"的定义,与西方职业概念"The jobs that they do to earn an income or a living"②意思相同,既没有英语中"职业"(profession)所包含的"等级性"和"专门化"的意涵,也没有occupation所包含的"雇佣"的意涵,同时也没有德语中的"职业"(Beruf)一词强烈的宗教色彩。从这个定义来看,职业只是一种特定的工作。这种解释只强调了职业是满足人基本物质需求的谋生手段及其存在的一定差异性和层次性,但忽视了职业在实现人的自我价值过程中的精神需求。

罗竹风1993年主编的《汉语大词典》综合了古今辞书对职业的释义所包含的五个方面:官事和士农工商四民之常业;职分应做之事;犹职务;职掌;犹事业;今指个

---

① 梁启雄.荀子简释[M].北京:中华书局,1983:118.
② Paulakramet, Jim Hinojosa, Charlotte Brasic Royeen. Perspectives on Human Occupation: Participation in Life[M].Lippincott Williams & Wilkins, 2003:5.

人服务社会并作为主要生活来源的工作。这种释义继承了《辞源》的解释,也把《辞源》中所蕴含的职业概念的现代性剥离出来,重新复归到杨倞的注释里。稍微不同的是,"四人之业"变成了"四民之常业"。

还有一些学者从"职业"的词义上进行了分析,认为"职"指职位、职责,包含着权利与义务的含义;"业"指行业、事业,包含着独立工作、从事事业的含义。那么,什么是工作呢?工作在动词意义上就是从事劳动①。

因此,"职业"这一概念,实质上就是揭示"作为社会一员的个人"与"作为生命赖以延续手段的劳动"之间的关系,是个体参与社会分工,利用专门的知识和技能,为社会创造物质财富和精神财富,获取个体合理报酬作为物质生活来源,并满足个体精神需求的工作。这样,我们就找到了一种探寻职业概念成因的基本脉络:劳动以及人们对劳动的认识。因此,职业不仅仅是大学生未来谋生的手段,也是大学生未来实现人生抱负、为社会作贡献的重要载体与途径。

二、职业人生的意义

功亏一篑与泰然处之

小刘与小王是同班同学,平时学习与思想考评都比较优秀,毕业时,两人同时接到一家外企营销部门的面试通知。面试时他俩被分在两个会议室。

主考官问了小刘一系列关于专业和职业的问题。小刘对答如流,并不时提出自己的见解,受到主考官的赞赏。在另一个会议室,小王的面试也进行得非常顺利,主考官对他也表示非常满意。

在面试就要结束时,主考官向小刘和小王提出了同样的问题:"对不起,我们公司的电脑出现了故障,参加面试的名单里没有你,非常抱歉!"当然,这是在不同的会议室里面发生的事情。

胜利在望的小刘,听了主考官的话后,立即变得没有了风度。他生气地质问主考官:为什么会出现这样的事?自己在学校时就非常优秀,总是前几名,这次居然不能进入面试,这是公司在成心耍人!这时主考官对他说:"你先别生气,其实我

---

① 中国社会科学院语言研究所词典编辑室.现代汉语词典(汉英双语)[M].北京:外语教学与研究出版社,2002:666.

们的电脑并没有出错,你以第一名的成绩进入了我们的面试名单,刚才的插曲是我们给你出的最后一道题。我们感到你的其他条件都不错,但心理承受能力实在是太差了。营销工作是要经历风险的,作为这个部门的高级人员,我们需要有良好心理素质的人才。我们希望你能找到更加合适的工作。"

小刘愣住了,没想到这也是一道考题。他前功尽弃了。

而在另一间会议室里,小王听了同样的问题后,面带微笑,十分镇静地说:"我对贵公司发生这样的失误十分遗憾,但我今天既然来了,就说明我和贵公司有缘分。我想请您给我一次机会,这次计算机失误对我来说是个意外,对贵公司也是个意外,它或许意外地使你们选择了一名优秀的员工。"主考官露出满意的神情:"你是一个不错的小伙子,我愿意给你这个机会!"

良好的心理素质,对成才和就业有着重要的影响,用人单位都很重视求职者的心理素质。如果心理十分脆弱,对突如其来的打击难以承受,抗拒挫折的能力差,即使专业成绩再好,也会失去良机。因此,大学生要不断地努力提高自己的心理素质。

来源:谭初春,马德坤,李伯枫《大学生职业发展与就业指导》

在人类社会发展过程中,职业活动可以使每个人得以发挥潜能、扮演社会角色、享受工作、实现个人理想。成功的职业生涯让人们拥有了远比经济价值更加丰富的收获,如人生理想的实现、才能的发挥、权力、地位、名誉的获得等。其意义主要体现在以下五个方面。

(一) 个人主观能动性的体现

马克思认为,人和动物有着根本的区别,这种区别就在于人能制造和使用生产工具从事生产劳动,具备自由选择职业的主观能动性。因此,"这无疑是开始走上生活道路而又不愿拿自己最重要的事业去碰运气的青年的首要责任"[1]。这是人的自由选择,但这种自由绝对不是盲目的。面对金钱名利的诱惑,依然不懈地去追求那个"共同目标",使"人类和他自己趋于高尚"。马克思认为,人能够从神、宗教的束缚中解放出来,发挥主观能动性进行职业选择。但"这同时也可能毁灭人的一生、破坏他的一切计划,并使他陷入不幸的行为"[2]。马克思呼吁青年要把"人类的幸福"与

---

[1] 马克思,恩格斯.马克思恩格斯全集(第一卷)[M].中共中央马克思恩格斯列宁斯大林著作编译局,编译.北京:人民出版社,1995:455.

[2] 马克思,恩格斯.马克思恩格斯全集(第一卷)[M].中共中央马克思恩格斯 列宁斯大林著作编译局,编译.北京:人民出版社,1995:455.

"我们自身的完美"相统一,作为职业选择的最高价值标准。因此,对于职业的选择,人除了要遵循自己内心对于自由的向往,还应时刻保持冷静严肃、认真慎重的择业态度,这也正是青年大学生在选择职业时所应有的正确态度。

(二) 实现人生理想的阶梯

习近平指出:"每一代青年都有自己的际遇和机缘,都要在自己所处的时代条件下谋划人生、创造历史。"[①]对新时代大学生而言,最大的历史际遇就是我们空前接近中华民族伟大复兴的梦想,国家民族"对科学知识和卓越人才的渴求比以往任何时候都更加强烈"[②]。在每一个时代,青年都肩负着推动社会向前发展的历史重任。职业恰好为青年大学生实现人生理想、推动社会发展提供了重要机会与平台,承载着青年大学生的人生向往、职业期许和美好理想。当代大学生只有在工作岗位上,将丰富的知识、熟练的技术出色地运用到职业活动中,才能创造出一定的效益来回报社会,才能让自己与社会有机融合,并最终实现自己的职业理想与人生价值。

(三) 满足个人基本需求的媒介

美国著名心理学家马斯洛将人的需求由低层次到高层次进行分层概括,即生理需要、安全需要、归属与爱的需要、尊重需要和自我实现需要,从而提出需求层次理论。马斯洛认为,生理需求属于最低层次的需求,但它是人们生活必不可少的一部分。职业为个人获得经济收入、满足生理需求提供机会与渠道。人通过职业活动来实现生存的需要,获得个人最基本的安全感和保障,在谋生的过程中,也需要通过一定方式的职业活动为社会创造物质财富和精神财富,为人类的繁衍以及社会的发展进步提供保障。

(四) 促进个人多方面发展的路径

国家职业标准描述了胜任各种职业所需的能力,反映了企业和用人单位的用人要求。这种职业标准将会长期影响从业者的生活方式,甚至可能影响其终身。在现实生活中,职业对人们的价值观念、生活方式、言谈举止等产生着一定的影响。一般情况下,人们可以通过对方的言谈、行为举止判断出对方从事的职业。在现实生活中,只有充分利用自己的职业,使个人的特长、个性得到充分发挥,成功才会越来越

---

① 习近平.青年要自觉践行社会主义核心价值观[N].人民日报,2014-05-05(02).
② 习近平.坚持立德树人 实现全程育人[N].人民日报(海外版),2016-12-09.

近。劳动创造了人，同时也为促进人类多方面的发展提供了机会和场所。

（五）连接个人与社会的桥梁

职业促进了人与人之间的社会交流与协作，使人得到相应的社会地位及社会的承认和尊重。随着人类社会的发展，职业的更新与变迁越来越多，职业服务的范围与对象越来越广泛。与此同时，人与人之间的交往越来越密切，协作的形式也越来越多样化。所以，职业不仅能激发从业者的聪明才智，促进从业者个人潜能的发挥与人生理想的实现，更能推动社会进步与发展，成为社会发展水平的重要"指示牌"。总之，个人是职业与社会的基础，职业是人与社会融合的桥梁与纽带，社会是人与职业发展的基本保障。

教育部办公厅关于建立高校毕业生毕业去向登记制度的通知

三、合理规划职业人生

职业生涯规划是指个人对职业的选择、职业的适应和职业的发展所进行的设计和规划。大学是人生承前启后的重要阶段，也是职业生涯的前期准备阶段，合理规划自己的职业生涯，不仅有益于明确目标、把握大学时光，而且能为自己的未来奠定坚实的基础，最大限度地实现自我价值。

（一）职业理想与职业目标

职业理想在职业生涯规划过程中起着调节和指引作用。一个人选择什么样的职业，以及为什么选择某种职业，通常都是以其职业理想为出发点的。任何人的职业理想必然要受到社会环境、社会现实的制约。

社会发展的需要是职业理想的客观依据，凡是符合社会发展需要和人民利益的职业理想都是高尚的、正确的，并具有现实的可行性。大学生的职业理想更应把个人志向与国家利益、社会需要有机结合起来。

（二）自我分析与职业分析

一方面，大学生应通过科学认知的方法和手段，对自己的兴趣、气质、性格、能力等进行全面认识，清楚自己的优势与特长、劣势与不足，避免职业规划中的盲目性，以达到职业设计高度适宜。另一方面，由于现代职业具有自身的区域性、行业性、岗位性等特点，大学生要对职业所在的行业现状和发展前景有比较深入的了解，比如人才供给情况、工资待遇状况、行业的非正式团体规范等，还要了解职业所需要的特殊能力等。

(三) 构建合理的知识结构

知识的积累是成才的基础和必要条件，但单纯的知识数量并不足以表明一个人真正的知识水平，人不仅要具有相当数量的知识，还必须形成合理的知识结构，这种知识结构能够适应现代社会职业岗位的要求，帮助个人在职业与发展中取得成功。所谓合理的知识结构，就是既有精深的专门知识，又有广博的知识面，具有自己所从事职业发展需要的最合理、最优化的知识体系。操千曲而后晓声，观千剑而后识器。个人只有根据当今社会发展和职业具体要求，及时准确地将自己所学到的各类知识科学地组合起来，才能不断适应变化的社会和职业要求。

(四) 培养职业需要的实践能力

实践能力是指对所学知识进行实际应用和创新的能力。随着社会的不断发展，竞争也愈加激烈，具备丰富的职业技能和实践能力，成为大学生适应不断变化的职场环境所必备的前提条件。大学生可通过实习、社会实践等方式，提高自身的实践能力，并不断培养解决问题的能力和团队合作精神。综合实践能力和广博的知识面是用人单位选择人才的依据。一般来讲，进入职场的新人，应重点培养满足社会需要的决策能力、创造能力、社交能力、实际操作能力、组织管理能力和自我发展的终身学习能力、心理调适能力、随机应变能力等。实践能力的提升，不仅能够使大学生更好地适应工作需求，还能增加个人的职业竞争力。

(五) 参加有益的职业训练

在如今竞争激烈的职场中，拥有强大的职业技能是成功的关键。无论是在新兴行业，还是传统行业，不断训练和更新技能，已成为求职者和用人单位共同关注的重点。职业训练包括职业技能的培训，对自我职业的适应性考核、职业意向的科学测评等。为此，大学生可以通过"西部计划""三支一扶""三下乡""青年志愿者"活动、毕业实习、校园创业，以及从事社会兼职、模拟性职业实践、职业意向测评等进行职业训练。

第三节 职业价值观

一、大学生职业价值观的常见误区

大学生是我国劳动力市场中拥有较多人力资本存量的高端群体，也是被期待能为社会和组织创造更多价值的群体。但是，在大学生择业过程中，我国劳动力市场却出现了"招工难""就业难"的两"难"困境，以及"卖方市场"与"买方市场"之间的"供需失衡"，这与大学生在职业取向、职业定位等方面出现的职业价值观错位相关。

大学生如何做出正确的职业选择

（一）"精英"思维导致的理想化职业价值取向

长期以来，受传统思想观念的影响，尤其是在我国"统包统分"的"精英教育"时代，"上大学＝成功＝社会精英"的观念已经在一定范围内形成共识，"大学生"被当作"天之骄子""社会精英"的代名词。近年来，仍然有不少大学生和家长依旧固守着"精英教育"时代的传统思维，追捧"万般皆下品，惟有读书高"的精英职业，进而"画地为牢"，将自己限定在进入政府部门、事业单位、科研院所和大型国有企业等理想的职业范围内，坚守着自身的"精英"定位，"精英"思维也因此成为大学生"就业难"的沉重注脚，这也就很容易解释为什么北大毕业学子陆步轩创业卖猪肉时，全网会一片哗然？再比如，国家某事业单位公开向社会招聘合同制工作人员拟聘人员的名单在网上遭到热议，之所以会如此，主要是因为其招聘的三名专职驾驶员均毕业于双一流高校。"公考热"和"考研热"以及"缓就业"在很大程度上就是受到这种观念的影响，使大学生热衷于选择编制内稳定的工作岗位。我国高等教育已经进入普及化阶段，接受高等教育已经成为多数普通人的权利，更多的适龄青年有权利、有机会走进大学。在此社会背景下，大学生的就业形势也随之发生改变，劳动力市场上的"精英"岗位变得更加抢手，大学生从事基层工作已经成为常态。大学生要摒弃"精英"思维，树立"大众化"的职业观念，以普通劳动者的心态参与职业竞争，将个人梦与中国梦结合起来，找准专业优势和社会发展的结合点，努力在民族复兴伟业中建功立业。

（二）"以自我为中心"心态导致的功利化职业价值取向

一些大学生在职业选择过程中出现了以自我为中心、只关注个人发展、仅强调自我价值实现的趋势。这种趋势片面追求个人利益、个人需求、个人价值，而在职业价值取向上表现为理想信念模糊、集体意识淡薄、功利思想严重，只想找地域好、待遇高、轻松体面的工作，而不顾国家和社会的现实需要。特别是"都市情结"根深蒂固，愿意选择热门行业就业，而不愿意选择冷门行业、到偏远地区或基层单位就业，导致热门行业就业竞争激烈，冷门行业降低门槛还是无人问津。在现实生活中，部分学生不愿意从基层做起，初入职场便幻想直接进入管理层；还有部分学生认为在内资企业就业得不到锻炼而只选外资企业，即便工作机会很少也只愿选择大企业而对小企业不屑一顾。这些都体现出"以自我为中心"的功利化职业价值取向。除此之外，近年来，部分大学生呈一种浮躁的职业成功心态，渴望成功但又缺乏完善的职业生涯规划，过分依赖于"成功学"理论和书籍、速学成功法则，更有甚者因此误入传销组织等，这种畸形的职业价值观，对大学生职业发展产生了非常严重的负面影响。

事实上，我国中西部地区发展依然相对滞后，偏远地区、农村地区在很多行业特别是地方行政、公共服务和文化教育甚至是现代商业方面，依然存在很大的发展空间，很多领域正方兴未艾。因此，国家相继实施了西部大开发战略、乡村振兴战略、东北老工业基地振兴战略、新型城镇化战略等，召唤有胆识、有激情和有毅力的青年大学生积极参与。

（三）"盲目从众心理"导致的平庸化职业价值取向

"从众"是在群体的引导和压力下，个体观念和行为主见倾向于与多数人一致的一种心理现象。心理学家把这种情况叫做模糊条件下的"从众效应"。"从众心理"导致大学生对有些行业和职业盲目推崇与认可。信息不对称导致大学生的职业决策趋同，相对于用人单位，大学生处在相对劣势的地位。在真实或想象的群体压力下，在对劳动力市场不是很充分了解的情况下，大学生择业更愿意进行"同群对照"，往往出现地域选择趋同、行业选择盲目、岗位选择跟风等，从而作出不符合自身实际的决策。这种心理在大学毕业生择业过程中较普遍地存在，从心理学角度看，是一种不健康的职业观念。

（四）"心理资本缺失"导致的消极化职业价值取向

由于受到社会上单一价值观的影响，一些大学生职业目标较为理想化，择业时倾向于选择经济较为发达的地区,尤其心仪收入水平高、发展前景好的行业,过于关注工作环境和待遇,不能正确评估自己的工作适应能力,导致职业目标与实际职业需求的偏差较大,产生了经济发达地区的就业压力与劳动力市场的分布失衡。

择业过程本身就是一种参与竞争的过程。面对从学校到社会的巨大转变,多数大学生不能很好地适应。有的大学生会因经验不足遭遇择业失败,心情烦躁,精神不振;有的大学生会因求职未果变得沮丧气馁,甚至产生焦虑、自卑、悲观、冷漠等不良情绪;有的大学生甚至会因遭遇挫败最终败下阵来;有的大学生会因薪资、岗位、工作地区等达不到期望而不愿意去择业;有的大学生会因能力的差异,失去追求职业成功的信心,沦为"考试族""啃老族"。近年"内卷"一词逐渐成为年轻人的口头禅,这不仅是大学生的一种自我调侃,也是大学生面对学业及自我发展的众多压力的真实写照。有的大学生甚至会因竞争失败引发内心的不平衡,这些表现的核心原因就是心理资本缺失。

当今时代社会分工逐渐细化,知识更新不断加快,各项工作的精准化、专业化程度不断提高。大学生需要开阔眼界,客观地认识市场,结合顺应时代发展的就业方向及自身优势,找准定位,适时调整自己的职业目标。实际上,大学生可以降低对薪酬的期盼和对大城市、大企业的热望,要敢于选择名气不大但又有发展前途的中小企业和私营企业,灵活地"先就业、再择业"。

二、树立正确的职业价值观

正确的职业观有助于引导新时代大学生形成正确的职业认知,进而对职业作出正确选择。新时代大学生需要把实现党和国家的发展目标变成自己的自觉行动,牢固树立科学成才观、理性择业观、正确就业观。那么,职业选择应遵循什么?选择什么?

(一)摒弃"精英"思维,择"为人类谋幸福"与"自身的完美"之业

马克思提出的所谓"完美"的职业,是指那种"能给我们提供广阔场所来为人类进行活动、接近共同目标的职业"①,这个共同目标就是马克思提到的最能为人类谋幸福的职业,也是中国传统意义的"孺子牛"。对于实现这一目标来说,所有职业只

---

① 马克思,恩格斯.马克思恩格斯全集(第40卷)[M].中共中央马克思恩格斯列宁斯大林著作编译局,北京:人民出版社,1982:6.

是分工不同,但都是实现目标的一种手段。"在选择职业时,我们应该遵循的主要指针是人类的幸福和我们自身的完美。"①这里"人类的幸福"与"我们自身的完美"既不矛盾,也不对立。"如果一个人只为自己劳动,他也许能够成为著名学者、大哲人、卓越诗人,然而他永远不能成为完美无疵的伟大人物。历史承认那些为共同目标劳动因而自己变得高尚的人是伟大人物;经验赞美那些为大多数人带来幸福的人是最幸福的人。"②马克思提倡,每个人应将自己的择业理想置于为全人类的幸福而奋斗的伟大事业之中,这样才能体现"自身的完美"。遵从这种职业选择的最高价值标准,可以帮助我们找到有尊严的职业,可以给我们带来获得感与幸福感。

人民情怀是干事、创业的基本要求。在我国,"人民是历史的创造者,是决定党和国家前途命运的根本力量。必须坚持人民主体地位,坚持立党为公、执政为民,践行全心全意为人民服务的根本宗旨……把人民对美好生活的向往作为奋斗目标,依靠人民创造历史伟业"③。"同人民一道拼搏、同祖国一道前进,服务人民、奉献祖国,是当代中国青年的正确方向。""当代中国青年要有所作为,就必须投身人民的伟大奋斗。同人民一起奋斗,青春才能亮丽;同人民一起前进,青春才能昂扬;同人民一起梦想,青春才能无悔。"④目前,为帮助大学生更好就业,国家多措并举,出台了一系列就业政策,比如"选聘高校毕业生到村任职""三支一扶""大学生志愿服务西部计划""农村义务教育阶段学校教师特设岗位计划""大学生应征入伍政策"等,并且给予经济补贴、升学机会、岗位选择等方面的优惠。作为新时代的青年,我们应该树立"为民服务孺子牛"的职业导向,树立"基层大有可为""到祖国需要的地方去"的报国志向,积极投身国家重点领域、重点行业,特别是信息技术、人工智能、航空航天、新能源、新材料、高端装备、生物医药、量子科技等战略性产业,以及其他新兴产业、乡村振兴、城乡基层和中小微企业,把握时机,珍惜机会,就业创业,努力在实现自我价值的过程中实现社会价值。

(二) 摒弃盲目跟风、攀比等倾向,完善自我,超越自我

马克思主义认为,劳动是使人生达到至美至善、达到彻底自由的必由之路。劳

---

① 马克思,恩格斯.马克思恩格斯全集(第40卷)[M].中共中央马克思恩格斯列宁斯大林著作编译局,北京:人民出版社,1982:7.
② 马克思,恩格斯.马克思恩格斯全集(第40卷)[M].中共中央马克思恩格斯列宁斯大林著作编译局,北京:人民出版社,1982:7.
③ 习近平.决胜全面建成小康社会 夺取新时代中国特色社会主义伟大胜利——在中国共产党第十九次全国代表大会上的报告[M].北京:人民出版社,2017:21.
④ 习近平.致全国青联十二届全委会和全国学联二十六大的贺信[N].人民日报,2014-07-25(01).

动不仅创造了社会物质财富,同时也是实现自我、超越自我,使劳动主体的人得到满足、快乐和实现自我价值的根本途径,更是通向客观世界与主观世界的媒介。

圣人之乐在于得其道,其忧在于失其道。在大学生从业之"道"的维度中,辛勤劳动、诚实劳动、创造性劳动的劳动精神是要坚守的最基本的"道",并要不断探索善于劳动、创新发展的劳动之"道"。对于劳动态度,习近平指出:"奋斗的道路不会一帆风顺,往往荆棘丛生、充满坎坷。强者,总是从挫折中不断奋起、永不气馁。"①"人类的美好理想,都不可能唾手可得,都离不开筚路蓝缕、手胼足胝的艰苦奋斗。""选择一种建立在我们深信其正确的思想上的职业"②,"全社会都要以辛勤劳动为荣、以好逸恶劳为耻,任何时候任何人都不能看不起普通劳动者,都不能贪图不劳而获的生活。"③

当前,我们更加清醒:征途漫漫,惟有奋斗。我国要在全面建成惠及14亿人口的更高水平的小康社会基础上,开启全面建设社会主义现代化国家新征程,向第二个百年奋斗目标进军。党的二十届三中全会明确提出健全因地制宜发展新质生产力体制机制。推动技术革命性突破、生产要素创新性配置、产业深度转型升级,推动劳动者、劳动资料、劳动对象优化组合和更新跃升,催生新产业、新模式、新动能,发展以高技术、高效能、高质量为特征的生产力。初心如磐,使命在肩。只有这样,才能在竞争激烈的国际化浪潮中激流勇进、勇往直前,推动"中华号"巨轮乘风破浪,行稳致远。

(三)摒弃观望等靠和怕担当的逃避态度,勇于拼搏,诚实劳动

"拓荒牛"精神,"闯"字当头,"创"字为先,"干"字贯穿,是深圳经济特区40年改革开放、创新发展积累的十条宝贵经验中的一条。实践反复告诉我们,自力更生是自立于民族之林的奋斗基点,自主创新是攀登世界高峰的必由之路。"素质是立身之基,技能是立业之本。"习近平多次阐述劳动和幸福生活之间的辩证关系,"人世间的美好梦想,只有通过诚实劳动才能实现;发展中的各种难题,只有通过诚实劳动才能破解;生命里的一切辉煌,只有通过诚实劳动才能铸就"④。"实现我们的奋斗目标,开创我们的美好未来……必须依靠辛勤劳动、诚实劳动、创造性劳动"⑤,"每一

---

① 习近平.在纪念五四运动100周年大会上的讲话[N].人民日报,2019-04-30(2).
② 马克思,恩格斯.马克思恩格斯全集(第40卷)[M].北京:人民出版社,1982:6.
③ 习近平.在庆祝"五一"国际劳动节暨表彰全国劳动模范和先进工作者大会上的讲话[N].人民日报,2015-04-29(1).
④ 习近平.在同全国劳动模范代表座谈时的讲话[N].人民日报,2013-04-29(1).
⑤ 习近平.在同全国劳动模范代表座谈时的讲话[N].人民日报,2013-04-29(1).

项事业，不论大小，都是靠脚踏实地、一点一滴干出来的。道虽迩，不行不至；事虽小，不为不成，这是永恒的道理"。①

一代人有一代人的长征，一代人有一代人的担当。改革开放已走过千山万水，但仍需跋山涉水，摆在新时代大学生面前的使命更光荣、任务更艰巨、挑战更严峻、工作更伟大。要把蓝图变为现实，当不驰于空想、不骛于虚声，脚踏实地躬身实干。大学生应摒弃观、望、等、靠的消极心理和不敢担当的逃避态度，学习廖俊波那种敢为人先的实干品质，学习黄大年那种争分夺秒的探究精神，学习钟扬那种跋山涉水的无畏品行。紧盯就业态势"风向标"，紧跟政策"指挥棒"，要以民为师，多体察民情、多了解民意，涵养一心为民的情怀，保持踏实肯干的作风，以一往无前的奋斗姿态、风雨无阻的精神状态，起而行之、勇挑重担，敢于突破新领域，在吃劲的平凡岗位上勤勉务实、拼搏进取，努力练就精湛的"创新发展拓荒牛"的职业技能，将远大理想落实在"跬步"之中，为提高经济质量效益和核心竞争力建功立业。

（四）摒弃"傍老族"与"啃老族"的思想，滴自己的汗，吃自己的饭

1918年，蔡元培在题为《劳工神圣》的讲演中指出，凡出劳力有益于自己和他人的都是"劳工"，自食其力的"工"（劳动）对个体人格养成、群体的强盛以及理想世界具有重要价值。蔡元培把"劳工"的地位提高到"神圣"化高度，"劳工神圣"思想倡导的自食其力、合群互助，对理解个体人格之培养、国家之强盛、世界之互助仍然具有现实意义，同时由此形成了"四民皆工"的思潮和观念。在蔡元培看来，"工"（劳动）对于个体而言，是独立人格之保证，是民本论的基础所在。西方社会曾经出现"垮掉的一代"，中国现今也存在着靠"啃老"生存的"傍老族"和"啃老族"。这些"傍老族"和"啃老族"依靠父母的过度资助和过度抚养，最终丧失劳动能力和自食其力的勇气，也因此错失了奋斗人生和职业成长所必须经历的过程。这种行为实际上是一种忘本与背叛。康德认为，人是唯一必须劳动的动物，必须先做许多准备，才能享有生活的保障。当有的同学被问到将来想从事哪方面的工作时，只会回答"不知道，一切由父母安排"，有的同学刚进入职场，便会感觉工作太累、薪酬较低，频繁跳槽，还会看到有些同学耳闻一些行业艰难困苦，就"怕就业""懒就业"，有的同学甚至索性待在家当起"啃老族"。

陶行知先生告诫青年，"滴自己的汗，吃自己的饭，自己的事情自己干，靠天靠地

---

① 习近平.在庆祝"五一"国际劳动节暨表彰全国劳动模范和先进工作者大会上的讲话[N].人民日报，2015-04-29(1).

靠祖上,不算是好汉"。自食其力是大学生的立身之本,也是成功职业生涯的基本要求。事实上,"天上不会掉馅饼""幸福更不会从天而降",幸福的真谛和意义就在于奋斗,唯有拼搏奋斗才能铸就梦想,唯有拼搏奋斗才能成为"好汉"。今天,历史的接力棒已经传递到当代大学生的手中,同学们要不辱使命、不负重托,要以时不我待、只争朝夕、不负韶华的紧迫感和舍我其谁的使命感,勇担时代赋予的历史重任,积极参与到新时代中国特色社会主义现代化建设和实现中华民族伟大复兴中国梦的生动实践中来,在实现中国梦的波澜壮阔的实践中书写人生出彩的篇章。

(五)摒弃"这山望着那山高"等心理,严守诚信守法的职业修为

孟子曰:"车无辕而不行,人无信则不立。"诚信不仅是个人成长的为人之基、从业之要,也是中华民族精神型塑中至关重要的一环,更是实现中华民族伟大复兴的关键所在。

诚者天道,至诚无息。近年来,随着就业压力的增大,有些同学在择业就业过程中,弄虚作假,随意毁约,破坏了正常的就业秩序;有的同学为赢得面试机会,不惜一切代价造假简历,自封学生干部、伪造奖励荣誉、涂改学习成绩等;有的同学"骑驴找马","这山望着那山高",签约后随意毁约,不按照签订协议办理相关违约手续,使得用人单位的招聘及后续工作难以开展,学校也难以及时掌握学生的就业信息;还有些同学在入职后,频繁跳槽。据统计,近几年来,应届毕业生毕业后前3年跳槽率达到70%。可见,大学生的诚信意识和责任意识不济的现象还比较普遍。在就业过程中,同学们需要树立诚信意识,严守基本的"诚信守法"的职业修为。同学们要严格遵守有关就业方面的法律法规和方针政策,切不可心存侥幸心理,触碰法律底线;要树立应有的诚信观,面试时应如实提供本人基本信息以及与应聘岗位相关的知识、技能、工作经历等情况;当拿到满意的应聘通知时,要及时赴约,若有变动应及时联系招聘方;签约后应按照双方签订的协议努力工作,切不可随意单方面毁约。

 案例导读

西少爷创始人:我为什么辞职去卖肉夹馍

袁某,大学毕业后顺利进入让人羡慕的互联网巨头公司。北漂三年间,他没日没夜地加班,每天和100万人挤地铁上下班。

当五道口成为"宇宙中心"那天,为了省钱,他被迫搬到昌平租房。虽然工资涨幅不大,他偶尔还能和女朋友出去吃火锅、看电影、喝咖啡,都市的精彩让他越来越觉得离不开首都。他开始憧憬在首都的未来:升职加薪,当上总经理,出任CEO,走上人生巅峰……但现实似乎离理想越来越远。

面对现实,他开始怀疑自己的价值:北漂到底是为了什么?真的要当一辈子的码农吗?写了上百万行的代码为什么一点成就感都没有?偶然的机会,在朋友推荐下,他看了《寿司之神》这部电影。年逾86岁的小野二郎终其一生都在做寿司,成为全球最年长的三星级大厨,"米其林指南"更是对其赞不绝口。他深深地被小野二郎决不妥协的信念所触动,他想亲手做出世界上最好吃的肉夹馍,创造属于自己的餐饮品牌。2014年,他下决心辞去了那份让人羡慕的工作,回到陕西老家开始拜师学手艺,学做最正宗的陕西肉夹馍。半年用掉5 000斤面粉和2 000斤肉料,他终于研制出了西少爷特有的配方和流程,利用电烤箱还原出肉夹馍的香酥口感。

从思维到理念,从产品到架构,西少爷将互联网思维引入,给顾客带来了全新的餐饮体验。据悉,西少爷的每个肉夹馍要经过十几道精细、标准的工序,尺寸误差不超过3毫米;高蛋白面粉误差不超过3克;面饼烤制温度误差不超过2℃,烤制时间误差不超过5秒……也正是对肉夹馍的极致化追求,西少爷迅速发展,公司成立仅一个月,就已经有近一亿的估值投资。

【思考题】

1. 如何理解现代大学精神?
2. 如何形成正确的职业价值观?
3. 如何认知大学生的社会角色扮演?
4. 请联系个人实际,谈谈你将如何规划大学生活,使之与未来职业发展相统一。

第二章

职业探索

教学目标

知识目标：了解职业分类的标准，了解职业与专业的关系，能够正确理解职业环境变迁和职业发展趋势的新变化，充分认识职业能力提升的重要意义。

能力目标：能够对职业环境变化及职业发展趋势进行预判，积极适应当前职业领域的新变化。

素养目标：培养爱岗敬业、克己奉公的职业道德及坚守职业操守、探索务实的创新精神，涵养正确的职业价值观。

本章导语

在纷繁复杂的大时代背景下,职业探索是一项极其重要的工作,是个体为了自我的发展和实现职业目标所采取的一系列心理或行为活动。在探索职业的过程中,无论是认识职业种类、认知职业环境,还是预判职业环境的发展趋势,其目的都在于探索适合自己的职业发展方向,并与未来扮演的职业角色达到更大程度的契合。大学阶段是大学生面临职业选择的关键时期,如何引导大学生进行合理、有效、科学的职业探索,树立正确的职业目标及健康的职业观念,是当下高校落实立德树人根本任务的重要内容。

第一节 职业种类

皮格马利翁效应

美国著名心理学家罗森塔尔和雅格布森通过研究发现,热切的期望与赞美能够产生奇迹:期望者通过一种强烈的心理暗示,使被期望者的行为达到他的预期要求,即心理学上的"皮格马利翁效应",又被称作"罗森塔尔效应"和"期待效应"。

皮格马利翁效应是说人心中怎么想、怎么相信就会获得如此成就。你期望什么,你就会得到什么。只要充满自信地期待,只要真的相信事情会顺利进行,事情一定就会顺利进行。相反,如果你相信事情会不断地受到阻力,这些阻力就会产生。成功的人都会培养充满自信的态度,相信好的事情一定会发生。这种积极期望的态度是赢家的态度。

在我们的日常生活中,尤其是在披荆斩棘地探索职业时,我们对自身能力的期待,对职业规划的期待,对职务职称升迁的期待,对领导同事的期待,都会对我们的生活与工作产生较大影响。假如你对自己有极高且积极的期望,每天早上对自己说:"我相信今天一定会有一些很棒的事情发生。"这个练习会改变你的整个态度与精神状态,使你在每一天的生活与工作中都充满自信与期望。

一、职业分类

(一)国际职业分类

职业是社会劳动分工的产物,有着不同的结构与功能。所谓职业分类,是依据一定的规则、标准和方法,对社会职业进行划分和统一归纳的过程。职业分类的目的在于把社会上纷繁复杂的、数以万计的工作类型,划分成规范统一和井然有序的层次或类别,以确定它的归属。职业分类对劳动力的管理具有直接的影响,同时职业分类的形成有助于增强人们的职业意识,促使从业者不断提高职业素质和能力。职业分类体系的科学化程度,对于挖掘开发、综合利用社会劳动力、促进社会健康发展具有重大的现实意义。

目前国内外职业分类的主要依据是:职业性质、职业活动方式、职业技术要求和职业管理范围,其实质在于区分精细的社会劳动分工,恰当地赋予劳动者角色,以利于促进劳动者积极性的发挥。国际上,最早对职业分类给予重视的是英国、美国等西方国家。1820年,美国在人口普查工作中列出了"职业统计"项目。1841年,英国将职业分列了431种。1850年,美国进行了专门的职业普查,划分了15大行业与323种职业,并于1860年增至584种职业。1965年,美国的职业种类又增至21 741种。1980年的《美国百科全书》认定,美国有25 000种职业。2018年版的美国标准职业分类体系包括23个大类、98个中类、459个小类、867个细类。

1982年,法国采用了新的职业分类方法,将职业分为8个大类、24个中类、42个细类。同年,《加拿大职业分类辞典》将职业分为23个主类、81个子类、499个细类。2016年,加拿大基于2011年的国家职业分类(NOC)将职业分类系统分为四级分层结构。第一级包含10种职业类别,第二级包含40种主要类别,第三级包含140种次要类别,最后一级包含500种单位类别。

1985年,日本的社会分层与流动调查将288种职业分成9大类。

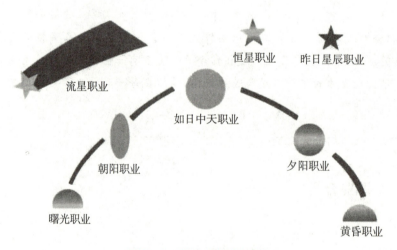

图 2-1 职业分类表述图

国际标准职业分类(International Standard Classification of Occupations,简称ISCO)是国际劳工组织制定的职业分类标准。早在1923年的第一届国际劳工统计学家会议上,统计学家提出了"制定职业分类国际标准"的需求。1949年,制定职业分类国际标准这一项目正式启动。1958年,《国际标准职业分类》初版发行,之后又经 1968 年、1988 年、2008 年三次修订,形成了目前最新版本《国际标准职业分类(2008)》(简称 ISCO-08)。ISCO-08 把职业由粗至细分为四个层次,即 10 个大类(见表 2-1)、43 个中类、133 个小类、436 个细类。几十年来,许多国家逐渐以 ISCO-08 为蓝本,建立了各自的职业分类体系,并依据其进行统计数据的收集、处理和对接,提升了职业分类信息的有效性和可靠性,提高了各国之间职业统计资料的可比性,促进了职业分类领域的国际交流。

表 2-1 ISCO-08 职业大类及其技能水平[①]

Occupational Categories(职业大类)	Skill Level(技能水平)
1. Managers(管理者)	3+4
2. Professionals(专业人员)	4
3. Technicians and associate professionals(技术员与专业人员助理)	3
4. Clerical support workers(办事员) 5. Service and sales workers(服务人员及销售人员) 6. Skilled agricultural, forestry and fishery workers(农业、林业和渔业技术人员) 7. Craft and related trades workers(工艺及有关人员) 8. Plant and machine operators, assemblers(机械机床操作员和装配工)	2
9. Elementary occupations(简单劳动职业者)	1
10. Armed forces occupations(军人)	1+2+4

(二) 中国现行职业分类

我国先后制定了《职业分类和代码》和《中华人民共和国工种分类目录》,并在此基础上制定了《中华人民共和国职业分类大典》(以下简称《大典》)。《大典》编制工作于 1995 年初启动,历时 4 年多,于 1999 年 5 月正式颁布,标志着适应我国国情的国家职业分类体系基本建立。随着社会经济发展、科学技术进步和产业结构调

---

① International Laboroffice International Standard Classification of Occupations:ISCO08. Volumel:Structure, Group Definitions and Correspondence Tables[Z]. Geneva:ILO,2012:14.

整,社会职业构成和内涵发生了较大变化,2010年底,国家启动职业分类大典第一次修订工作。历时5年,国家颁布了2015年版《大典》。为了适应当前职业领域的新变化,更好地满足优化人力资源开发管理、促进就业创业、推动国民经济结构调整和产业转型升级等需要,国家启动第二次修订工作。2022年版《大典》将职业分为8个大类、79个中类、450个小类、1 639个细类(职业)和2 967个工种(见表2-2)。

表2-2 我国国家职业分类大典职业分类体系(2022年版)

职 业 大 类	中类	小类	细类(职业)	工种
第一大类:党的机关、国家机关、群众团体和社会组织、企事业单位负责人	6	16	25	
第二大类:专业技术人员	11	125	492	
第三大类:办事人员和有关人员	4	12	36	24
第四大类:社会生产服务和生活服务人员	15	96	356	460
第五大类:农、林、牧、渔业生产及辅助人员	6	24	54	150
第六大类:生产制造及有关人员	32	172	671	2 333
第七大类:军人	4	4	4	
第八大类:不便分类的其他从业人员	1	1	1	
合 计	79	450	1 639	2 967

此次2022年版《大典》修订的主要变化,一是对分类体系进行了修订,经过调整之后,与2015年版相比,在保持八大类不变的情况下,净增了158个新职业,职业数达到1 639个。二是对相关职业信息描述做了修订,对两个大类职业的名称和定义做了调整,对30个中类、100余个小类名称和定义做了调整,对700多个职业的信息描述做了调整。三是对数字职业和绿色职业进行了标注。这次共标注了97个数字职业,占职业总数的6%。同时,延续2015年版《大典》对绿色职业标注的做法,标注了134个绿色职业,占职业总数的8%。其中既是数字职业也是绿色职业的共有23个,反映出数字经济和绿色产业带来的职业变化。

案例导读

"985 硕士农民"刘沈厅的创业故事

985大学硕士"学霸",公益团队创始人,获得过国家奖学金和国家专利大奖……

当你拥有这些光环的时候,你会选择什么职业?出国深造?还是进企业当工程师?这样一个出色的年轻人,他的选择让人有些意外:回乡当农民。他,就是刘沈厅,四川眉山第一个有985高校硕士学位的职业农民。

从"门外汉"到"土专家",他自主研发专利技术解决种植难题。在一望无际的柑橘园里,柑橘树长势正旺,他坚持在这片绿油油的田地中耕耘。2016年底,怀揣着在农业领域闯出一片天地的想法,他回到家乡承包了130亩土地,80亩地种猕猴桃、50亩地种晚熟柑橘。然而,由于技术匮乏,猕猴桃树被有机肥"烧"死。备受打击的他决心求新求变,通过技术培训、网上学习、线下交流等方式,快速掌握晚熟柑橘的种植技术,将80亩猕猴桃全部改种为晚熟柑橘。同时,他自主研发了"冬季晚熟农产品双层绝热防霜冻袋"和简易滴灌系统专利,还免费在四川省一个占地超过五千亩的果园里进行推广试用,年销售收入达百万元以上。

从"新农人"到"兴农人",他主动做职业农民的"领头羊"。要想走得快,一个人走;要想走得远,一群人走。小有所成的他积极传递自身微力量,担任大学劳育导师和乡村振兴学院农业专家,培训全省300余位新型职业农民。同时,他还与30余位返乡创业年轻人共同成立"微梦志愿服务队",不定期走访农户、宣传政策、提供资金及技术支持。全省每一个乡镇都留下了他们青春的足迹。

他及他的团队,回到充满希望的乡野,用双手改变自己和身边人的命运,也改变了中国广袤大地上的一座座村庄的面貌。

来源:央视新闻

总之,以国家标准《职业分类和代码》《中华人民共和国工种分类名录》《中华人民共和国职业分类大典》为标志,全面反映了我国现代职业分类的实际发展进程。

二、认识大学专业

(一)何为专业

从词源学角度,《辞海》中将"专"界定为"对某种学术、技能有特长",而将"专业"界定为"各级各类教育实施机构(主要为高等学校和中等专业学校)在其教育实践活动中,根据生产实践一线和各类社会领域分工的需要所进行的学业类别划分,不同的学业类别有其相应的专业教学计划,并在该计划中设置了不同类别专业相应的培养目标"①。在《现代汉语词典》中将"专"界定为"在学术、技能方面有某种特长"②,而将"专业"界定为:"当其作为名词时,主要指在学校系统中,通过分析生产实践的分工情况而设置的学业门类";当其作为形容词时,主要指主体具有专业知识和专业水平的程度。现有的主要研究中则将"专业"界定为相应课程体系的一种组织形式。从专业一词的外文含义来看,"专业"对应的英文单词为"major",其主要内涵是主修专业,相当于按照特定培养目标组成的一个课程体系或培训计划,在教学实践活动中主要由一系列的"课程组织"(program)按照特定逻辑关系组建而成。

除词源学关于"专业"的界定之外,在国内外也进行了多元专业分类探索,世界各国的教育主管部门和相关机构也发布了各自的专业分类目录。例如,美国在进行专业目录设置时主要基于职业维度、应用维度和基础维度进行相应专业的划分。

(二)专业设置

大学是实施专业教育的主要阵地,包括综合大学、专科大学和学院,与之相对应,大学也分为普通教育本科、职业教育本科、高职专科。而专业是大学学科的最小单位(即三级学科),它是高等院校根据国家建设需要、社会专业分工和学校性质设立的有独立教学计划和培养目标的学业类别。一般而言,大学专业分为三大类。第一类是基本专业,一般是指学科基础比较成熟、社会需求相对稳定、布点数量相对较多、继承性较好的专业;第二类是特设专业,是指为满足经济社会发展的特殊需求而设置的专业;第三类是国控专业,是指专业性强,但市场的人才需求不高,需要国家控制学生数量的专业。

进入大学后,专业的内容将决定今后的从业方向,也是大学生成才的关键。以高等教育为例,根据《普通高等学校本科专业设置管理规定》(教高〔2012〕9号)、《普通高等学校本科专业目录(2024年)》,高校设置和调整专业,应主动适应国家和区域经济社会发展需要,适应知识创新、科技进步以及学科发展需要,更好地满足人民群众接受高质量高等教育的需求;应遵循高等教育规律和人才成长规律,符合学校办学定位和办学条件,优化学科专业结构,促进学校办出特色,提高人才培养质量。根据本科专业目录,目前专业类达93种,专业达816种,其中法学类专业54种、工

---

① 辞海编辑委员会.辞海[M].上海:上海辞书出版社,1999:75.
② 中国社会科学院语言研究所词典编辑室.现代汉语词典(第7版)[M].北京:商务印书馆,2016:1718.

学类专业281种、管理学类专业63种、教育学类专业30种、经济学类专业24种、理学类专业90种、历史学类专业8种、农学类专业47种、文学类专业127种、医学类专业27种、艺术学类专业61种、哲学类专业4种。

《教育部关于公布2023年度普通高等学校本科专业备案和审批结果的通知》（教高函〔2024〕6号）显示，新增备案专业点1 456个、审批专业点217个（含国家控制布点专业160个，目录外新专业57个），调整学位授予门类或修业年限专业点46个。同时，对部分高校申请撤销的1 670个专业点予以备案。此外，电子信息材料、软物质科学与工程、大功率半导体科学与工程、生物育种技术、生态修复学、健康科学与技术等24种新专业正式被纳入本科专业目录。此次专业增设、撤销、调整共涉及3 389个专业点，其中，新增1 673个，撤销1 670个，数量基本持平。工学、教育学、经济学等学科门类的专业点增加数量位居前三，管理学、艺术学等学科门类的专业点数量相对减少。从学科门类看，工学所涉专业点数量最多，有1 322个，占比39%，这与工学作为第一大学科门类的基本情况相呼应；从区域布局看，涉及中西部高校的专业点有1 802个，占比53.17%。总的来说，专业结构和区域布局进一步优化，高校在专业设置上更趋理性。

专业设置和调整工作主要有以下四大特点：一是服务国家战略。想国家之所想、急国家之所急、应国家之所需，以服务经济社会高质量发展为导向，新增国家安全学、电子信息材料、生物育种技术、生态修复学等新专业，支持高校增设数字经济、集成电路设计与集成系统等一批急需紧缺专业点。二是瞄准区域需求。落实教育部党组提出的"高等教育要在服务区域经济社会发展、优化布局结构上做好先行先试"部署要求，强化省级统筹，引导地方高校增设智能制造工程、新能源汽车工程、智慧农业、智能采矿工程等区域重点产业发展急需专业。三是强化交叉融合。以新工科、新医科、新农科、新文科建设为引领，推进产教融合、科教融汇，新增交叉工程、健康科学与技术、智能视觉工程、工程软件等新专业，支持高校增设一批智能建造、网络与新媒体、虚拟现实技术等专业点。四是突出就业导向。进一步强化就业与专业设置间的联动，推动各省（自治区、直辖市）结合本区域产业发展实际，梳理报送就业率相对较低的专业223种，为高校调整专业结构提供重要参考。压实高校主体责任，明确要求高校对就业率过低、不适应社会需求的专业谨慎增设、及时调减。

三、专业与职业的关系

专业选择是大学生在进行职业选择时的重要依据，专业知识构成的不同导致大学生所具备的能力和属性也不尽相同。而职业选择又对大学生所学专业提出了相应的要求,不同的职业需要不同专业背景的人才。与此同时,随着交叉学科的发展,使得专业与职业"一对多"的情况更加普遍。因此,专业选择和职业选择是你中有我、我中有你,以及相互促进、相互影响、相互制约的关系。

(一)职业选择对专业选择的影响

一方面,专业是学校与社会的接口,学校通过相应的专业设置和专业人才培养,满足人们从事相应职业的需要。从这个角度讲,专业是实现从业的基础。另一方面,职业又是专业设置的依据之一,即高等学校和中等专业学校按学科分类或职业分工而设置的各种专业。不同的职业需要不同的专业人才,正如我国俗语所说的"隔行如隔山",学历史专业的大学生一般无法胜任软件开发的工作,学外语专业的大学生也无法胜任医生的工作。这就要求大学生在进行专业选择时要提前做好规划,根据自己未来想要从事的职业来选择自己的专业。同时,职业选择对专业选择也有能动的反作用。大学生通过对职业的选择,实现所学专业的学以致用,不仅能满足大学生生存这一根本需要,而且能促进大学生的长远发展和人生价值的实现。

(二)专业选择促进职业发展

《国富论》开门见山地提出,社会分工最大力度地提高了生产力的发展,提高了劳动技能、劳动熟练度和劳动判断力。随着我国经济的不断发展,社会分工越来越细化,"专业的人做专业的事"的观念深入人心。大学生在进行专业选择之后,在几年的专业知识学习阶段,如果能够掌握好专业知识,提高个人的专业技能,成为一个有知识、有技能的专业性人才,就会拥有个人的不可替代性和核心竞争力,为将来的职业选择奠定基础。通过专业的选择和学习,让个人在对应的职业领域可以有较高的劳动熟练程度,节约个人适应陌生环境的时间成本,有利于在个人熟悉的领域发挥聪明才智,进行创新。

第二次参加高考选择喜欢的专业

小刘曾经被央视等媒体多次报道。1998年,小刘参加高考,被浙江大学录取。2002年,被保送到清华大学化学反应工程专业,直接攻读博士学位。2003年3月,小刘却突然向清华大学申请退学。

原因很简单。化学反应工程专业是家人和老师建议填报的,并不是他真正喜欢的专业,而他内心真正喜欢的专业是建筑专业。2003年6月,他决定第二次参加高考,并如愿选择了自己最喜欢的建筑专业,最终被清华大学建筑专业录取。他在接受媒体采访时说:"1998年,我还是一名高三学生,对大学和专业的概念都很模糊,根本不知道自己以后想做什么。"小刘建议,高三的同学们在选择专业的时候要未雨绸缪,要找到自己的兴趣爱好,提前做好规划,不要像他这样"临渴掘井"。

小刘是一个幸运儿,虽然用了5年的时间才明白自己的内心,并能通过两次高考再次选择自己喜欢的专业。但现实生活中有多少人能够经得起这样的5年呢?因此,提前为自己做好职业规划至关重要。

(三)专业选择让职业选择拥有比较优势

比较优势理论(Comparative Advantage Theory)是1817年由英国著名经济学家大卫·李嘉图在对国际贸易问题的研究中提出来的。李嘉图认为,每个国家在国际贸易当中都应该出口本国具有比较优势的产品,进口本国处于比较劣势的产品,通过发挥自己的比较优势来实现进出口双方的合作共赢。大学生在进行职业选择时,自己专业知识和技能的储备会让自己在职业选择时具有一定的比较优势。经济学家杨小凯从专业化和分工的角度进一步对比较优势理论进行分析,认为通过专业化分工、学习或者技术上的革新,人力资本和知识能够不断积累,从而产生内生比较优势。大学生进行专业选择后进行的专业性学习,以及由此积累的人力资本使其拥有一技之长,是大学生在职业选择时的比较优势。

第二节 职业环境认知

一、职业环境

近年来,随着经济的高速发展、科学技术的日新月异,市场竞争日趋激烈,用人单位的要求变得越来越高。因此,大学生在了解职业环境的同时,还要对职业环境的发展趋势和影响因素等进行更多的了解和认识,逐步养成对职业环境进行探索和预测的习惯,最终确立与自身匹配度更高的职业发展方向。

(一)职业环境的含义

职业环境是指某职业在社会大环境中的发展状况、技术含量、社会地位和未来发展趋势等。环境影响着人的认识,这就要求个体在设计自身职业发展道路时,必须从现实环境出发。职业环境分析是做好职业生涯规划的必要条件,也是求职定位的前提。大学生进行职业环境分析是为了弄清职业环境对职业发展的要求、影响及作用,从而综合各方面的影响因素加以衡量评估,并作出正确的反应和判断。

(二)职业环境的要素

对职业环境的探讨,归根结底是对经济形势的把控,进而对人力资源市场和用人单位的发展趋势进行前瞻性的考量。职业环境主要包括社会环境、行业和地域环境、企业和岗位环境、学业环境、家庭环境、朋辈环境等。

1. 社会环境

社会环境主要包括政治环境、经济环境、文化环境、教育环境四个方面。一是政治环境,主要是指国家的方针、政策和相关制度,如政治体制、经济管理体制、教育体制、人才流动的政策、人事制度和社会保障制度等。二是经济环境,主要是指社会经济发展状况与职业发展相关的经济形势、劳动力市场的供求状况等。三是文化环境,是社会成员基本信念、价值观念和行为规范的集中体现,包括对各类职业提出的新要求,也包括科技发展所带来的理论更新、观念转变、思维变革等,这些变化将对职业生涯规划和职业发展产生重要影响。四是教育环境,在进行职业生涯规划时应多角度考虑教育环境的变化与影响,选择与自身特质和能力相匹配的职业,并充分利用有利于自己职业发展的教育条件。

2. 行业和地域环境

行业环境主要包括拟选择的职业所属行业的历史发展过程、行业的发展状况、前景及发展趋势、行业人才需求状况、行业规范及标准、行业知名企业与代表人物、国家政策对该行业的影响、行业的社会地位等,这些因素均会直接影响到个体的职业发展。

地域环境主要包括国家所实施的区域协调发展战略、不同区域的不同发展特色以及人才引进方面的优惠政策等。我国幅员辽阔,各地区自然经济和社会条件差别很大,因此国家大力发展区域经济,加大力度支持革命老区、民族地区、边疆地区、贫困地区快速发展,出台了针对不同地区的扶持政策来缩小地域差距。

许多地区在人才引进方面有着更大的力度和更多的优惠政策。关注区域经济的发展,可以捕捉到有利于职业生涯发展的机会,也可以验证个人发展目标是否符合经济社会的发展需要。无论当地的经济和社会条件如何,只要积极地了解当地的区域经济特色并加以利用,就一定能为自己找到合适的职业之路。

要对一个行业进行环境分析,较好的方法就是寻找该行业中的代表性企业或标杆人物进行调研,并对这个行业的一般员工进行职业访谈,了解该行业的核心竞争力是什么、其发展前景如何、国家对此有无政策性的扶持、如果要进入该行业需要具备哪些素质和从业资格证书、职工的薪酬待遇如何、有无自我发展的机会、内部竞争是否公平等问题。

3. 企业和岗位环境

企业环境是大学生进入职业领域的重要考量因素,主要包括企业的基本状况、企业的发展目标、企业领导人、企业文化、企业制度等。

企业的基本状况是指企业的创业历史、现阶段的运行状况和规模、未来的竞争优势与发展前景、产品或服务、组织机构、经营战略、核心竞争力、资金和技术实力等。

企业的发展目标是企业获得发展的生命线,既包括企业的长期发展目标、阶段性发展目标及当下所处的发展阶段,还包括为了实现发展目标所采取的相关措施,以及企业实现目标的可能性。企业领导人是企业的掌舵人,其抱负和能力对企业的发展有着决定性影响。

企业主要领导人的管理风格和管理能力是企业环境的重要方面。

企业文化是指一个企业在生产经营实践中逐步形成的、为全体员工所认同并遵守的具有企业特色的价值观和经营理念,包含生产经营实践、管理制度、员工行为方式与企业对外形象等。若员工的价值观与企业文化有冲突,那么其也很难在该企业得到较大发展。

企业制度是企业运营的基本管理规范,包括企业的基本管理制度、人力资源管理制度、员工培训制度、薪酬福利制度等。良好的企业制度有利于员工未来的发展,且能激励员工不断前行。

岗位环境是根据多数任职者在一定劳动时间内完成的任务而设置的。岗位环境是职业环境最具体化的部分。简单地说,岗位环境就是职位即岗位的定义、工作内容、权责范围和基本任职要求、需要具备的素质和能力、在企业部门中的地位和作用、工作的同事、晋升的渠道等。

对岗位的信息有了详细的了解之后,一方面可以评估自己是否喜欢该岗位,另一方面也能为就业提前做好心理准备,避免上岗之后产生较大的心理落差,以至于影响职业发展。

4. 学业环境

学业环境主要是指大学生所在学校的性质、优势和所学专业的特色。学校的性质不同,培养目标与方向就会不同,其所指向的职业类型也会因此不同。比如师范类院校和工科类院校的学生会因为学校培养的目标差异而在能力素养上具备不同优势。师范类院校的学生获得更多的是专业理论知识、人际交往、言语表达等方面的教育,更擅长从事和人打交道的教学工作。工科类院校可能更注重对学生的动手操作能力和逻辑推理能力的培养,因此学生的实践操作能力较强,更擅长从事和物打交道的工作。另外,用人单位在选聘人才时也往往会提出专业的要求。大学生应立足于自身的专业,结合学校的优势,综合分析,做好自我精准定位。

• 全球领先的电信设备供应商 •

华为,世界财富500强,团队拥有二十多万人,敏锐执着、开拓创新,为全球通信行业的发展作出了积极贡献。

回首华为的发展历程,其内涵丰富、动态调整的企业文化也是其成功的关键所在,从创建初期的"坚守创新""客户至上""自我驱动""团队协作"的企业理念,到后期的"追求卓越""客户至上""持之以恒""担当精神"的企业文化,帮助华为公司建立了高度合作的团队,推动了技术创新,使华为能够在全球市场取得竞争优势。华为的自我驱动文化激发了员工的创造力,帮助公司不断提高产品和服务质量。

华为不仅在中国取得了成功,还在全球市场上崭露头角。公司的产品和服务在全球范围内受到了广泛的认可,使得华为成为全球领先的电信设备供应商之一,其5G技术和设备已成为全球标杆。

5. 家庭环境

父母自身的职业类型和对孩子的职业期望往往会影响孩子对职业的选择,每个人的人格面貌不可避免地会打上家庭的烙印。从小的时候开始,父母都会教导孩子要好好读书,期望孩子长大后能够找到一份好工作,而这里的"好"有很多的含义,可能是有声望、有地位、有好待遇,也可能是继承父母的衣钵,进入相同的行业,还有可能是进入家族企业。在进行职业生涯规划时,大学生要根据自己的成长经历,分清楚哪些是父母期望的,哪些是自己想要的,哪些是自己擅长的,从而对自己的职业规划进行修正和调整,确立合理的职业目标。

6. 朋辈环境

大学生的职业生涯发展,有时会因为父母、兄弟姐妹、同学、朋友、师长、同事等"重要他人"的偶然事件影响而发生转折。其中,朋友、同学、兄弟姐妹等朋辈群体的影响更为直接和明显。朋辈群体是指年龄与社会地位相接近者的结合体。朋辈群体活动及与朋辈之间的交往,不仅可以获得丰富的社会信息,促进知识与能力的提升,也会帮助彼此积累社会经验。朋辈群体之间因其易沟通、共鸣多、安全感强等特点,容易对不同的价值观相互理解包容并逐步形成共同的价值认同。在此过程中,随着朋辈之间价值观层面的接纳和认同,朋辈群体的相互影响也进一步增强。如在毕业生择业时,如果有师兄师姐代表用人单位回母校招聘人才,往往会取得较好的招聘效果。但是,有一部分大学生选择走差异化的发展道路,也是情理之中。如,同一个宿舍中只有一人不准备考研,那么这名学生就有可能反复被宿舍中考研群体的价值观所冲击,继而在相互比较分析之后越发坚定不考研的选择。

二、职业环境的变迁

职业环境变迁是指职业行为的新定位、职业知识的日益更新、职业类型的不断变化,以及就业市场的市场化。随着经济建设的繁荣发展,我国的职业已经远远超过"三百六十行"。从职业环境看,职业岗位的范围、面向的服务对象也越来越广泛,职业岗位和劳动力市场的变化也越来越大,主要呈现出以下特征。

(一)"流动的中国"充满活力

"流动的中国"是对中国发展状态的一个形象表述。"流动的中国"有利于进一步解放和发展社会生产力,实现经济持续健康发展,有利于释放和增强社会发展活力,促进社会公平正义和保障社会大局的长期稳定,有利于创造更多个人职业发展和价值实现的机会,增强个人通过努力奋斗改变命运的动力,实现人的全面发展。

党的二十大报告要求健全宏观经济治理体系,体现了我国宏观调控的制度建设由点到面的逐步扩展、一脉相承并不断完善的改革路线。我国改革开放以来的经济增长奇迹,与社会性流动的放开密不可分。实行家庭联产承包责任制极大解放了农业生产力,释放出大量农村剩余劳动力。同时,随着就业市场打开和社会管理松绑,城乡二元结构的分割逐步被打破,农民外出务工成为常态。在价格等市场机制引导下,劳动力、技术、资金纷纷向劳动生产率高的地区集聚,促进了我国东南沿海地区的率先发展,进而有了整个中国的经济腾飞。加入世界贸易组织使我国进入了经济全球化条件下的国际大循环,市场和资源"两头在外",形成"世界工厂"发展模式,这对我国抓住机遇快速提升经济实力、改善人民生活产生了重要作用。随着外部环境和我国发展所具有的要素禀赋的变化,市场和资源"两头在外"的国际大循环动能明显减弱,经济安全风险增大、关键核心技术受限、产业转型升级压力大等问题均逐步显露。特别是近年来经济全球化遭遇逆流,单边主义、保护主义上升,国际经济政治格局复杂多变,不稳定性和不确定性明显增加。尽管当今世界正经历百年未有之大变局,但和平与发展仍然是时代主题,人类命运共同体理念深入人心,各国相互依存、加深、加强交流合作的动能依然强劲,经济全球化不可逆转。

面对更加激烈的国际竞争,今天的中国正以前所未有的开放心态面对世界,推动经济高质量发展。党的二十大报告提出:"把实施扩大内需战略同深化供给侧结构性改革有机结合起来,增强国内大循环内生动力和可靠性,提升国际循环质量和水平,加快建设现代化经济体系,着力提高全要素生产率,着力提升产业链供应链韧性和安全水平,着力推进城乡融合和区域协调发展,推动经济实现质的有效提升和量的合理增长。""加快建设制造强国、质量强国、航天强国、交通强国、网络强国、数字中国。"这是在新的国际环境下党中央准确分析判断世界经济发展大势、我国当前面临的挑战与机遇,基于中华民族伟大复兴的战略全局所作出的重要战略决策,有利于"在危机中育新机,于变局中开新局"。

(二) 关键核心技术攻关的新型举国体制日益健全

我国是世界上唯一拥有联合国产业分类中全部工业门类的国家,制造业规模居全球首位。改革开放以来,短短几十年时间,我国走完了发达国家几百年的工业化历程,取得了举世瞩目的发展成就,并成为世界第二大经济体、第一制造大国和货物贸易大国。然而,我国的工业化所需要的产业基础存在着明显短板,现代信息产业的产业基础比较薄弱,产业基础不牢、地基不稳问题仍相当突出。我们的关键装备、核心零部件和基础软件等还存在"卡脖子"问题,特别是在核心基础零部件(元器件)、关键基础材料、先进基础工艺、产业技术基础等方面对西方国家的依存度高,成为制约我国工业发展的最大短板,制约着产业链现代化水平的提升。从产业看,石化、钢铁、建材等行业存在大量的"僵尸企业",低水平产能过剩问题突出,而高端产业发展不够和产业价值链高端环节占有不足,许多产业面临"缺芯""少核""弱基"的窘境,亟待通过加快实施产业基础再造工程,全力补齐行业所存在的短板。

实施产业基础再造工程,实质上是抓住了供给侧结构性改革的"牛鼻子",不仅意味着这项工程的任务艰巨,更意味着要寻求更加"革命性"的变革。聚焦产业基础能力方面的薄弱环节,聚焦关系我国产业链现代化和制造强国建设全局的核心领域、关键问题、重点任务,加快社会主义市场经济条件下关键核心技术攻关的新型举国体制建设,必然会彻底改变我国产业基础能力薄弱现状,夯实产业基础高级化、产业链现代化的根基。

(三)"一带一路"促进了国家及区域间战略对接

党的十一届三中全会开启了我国改革开放的历史征程(见表2-3)。不可否认,外资企业和外国资本对于推动我国经济发展、技术进步和管理的现代化起到了很大作用。深圳等5个经济特区、14个沿海港口城市和上海浦东新区,13个沿边、6个沿江和18个内陆省会城市,建立了众多的特殊政策园区。广东、福建、江苏、浙江、上海等东南沿海省市,成为"领头羊"和最先的受益者,而广大中西部地区始终扮演着"追随者"的角色,我国东、中、西部的区域失衡态势也逐渐显现。"一带一路"借用古代丝绸之路的历史符号,高举和平发展的旗帜,积极发展与沿线国家的经济合作伙伴关系,起始于我国西部,主要经过我国西部通向西亚和欧洲,由我国中西部地区作为新的牵动者,承担着开发与振兴占国土面积三分之二广大区域的重任,与东部地区共同承担着中国"走出去"的使命。同时,东部地区正在通过连片式的"自由贸易区"建设进一步提升对外开放的水平,依然是我国全面对外开放的重要引擎。

"一带一路"建设促进了国家及区域间的战略对接,同时也是我国新一轮高水平对外开放、推行互利共赢原则的重要平台。我国与"一带一路"国家和地区通过政策沟通、设施联通、贸易畅通、资金融通、民心相通这"五通",将中国的生产要素,尤其是优质的过剩产能输送出去,让沿"带"沿"路"的发展中国家和地区共享我国发展的成果。截至2023年1月,我国已经同世界151个国家和32个国际组织签署了200多份共建"一带一路"合作文件,一系列部门间合作协议覆盖"五通"各领域。在此基础上,我国与哈萨克斯坦、埃及、埃塞俄比亚、巴西等40多个国家签署了产能合作文件,与东盟、非盟、拉美和加勒比国家共同体等区域组织积极对接,借助多边舞台推动产能合作,已发布《中国—东盟产能合作联合声明》《澜沧江—湄公河国家产能合作联合声明》等文件。除此之外,我国还与法国、韩国等10多个国家建立了第三方市场合作机制,有效对接我国优势产能、发达国家的先进技术以及广大发展中国家的发展需求,还与多国及多个国际组织在数字经济、标准化建设、知识产权保护等领域开展务实合作。

"一带一路"是一个宏伟的构想,它的建设过程不仅涉及众多国家和地区,也涉及众多产业和巨量的要素调动,其间产生的各种机遇不可估量。可以说,"一带一路"倡议落地的十余年,同时也是中国参与国际经贸往来发生重心和结构改变的十余年。

表2-3 我国改革开放40年国民经济主要指标①

指 标	绝对量单位	1978年绝对量	2017年 绝对量	2017年 比上年增长(%)	2013—2017年平均增速(%)	1979—2017年平均增速(%)
国内生产总值	亿元	3 679	827 122	6.9	7.1	9.5
人均国内生产总值	元	385	59 660	6.3	6.5	8.5
全社会固定资产投资	亿元	—	641 238	7.0	11.7	—
社会消费品零售总额	亿元	1 559	366 262	10.2	11.3	15.0
货物进出口总额	亿元	355	278 101	14.3	2.6	18.6
就业人员	万人	40 152	77 640	0.05	0.2	1.7
全国居民人均可支配收入	元	171	25 974	7.3	7.4	8.5
城镇居民人均可支配收入	元	343	36 396	6.5	6.5	7.3
农村居民人均可支配收入	元	134	13 432	7.3	7.9	7.7

① 国家统计局.经济社会发展统计:改革开放40年辉煌成就(经济篇)[J].求是,2019(1):80.

(四) 劳动标准正在从生存型向质量型转变

习近平在视察山西时强调，要大力加强科技创新，在新基建、新技术、新材料、新装备、新产品、新业态上不断取得突破。"六新"所代表的精神就是创新精神，是新时代引领发展的第一动力。伴随着经济体制转型、产业结构升级以及技术进步，我国劳动力市场也逐渐从制度性分割、工作场所分割以及线上线下分割趋向兼容并包。2023年，中共中央、国务院印发的《数字中国建设整体布局规划》制定了推动数字产业高质量发展的措施，旨在推动数字技术和实体经济深度融合，在农业、工业、金融、教育、医疗、交通、能源等重点领域，加快数字技术创新应用，加快数字化绿色化协同转型，打造具有国际竞争力的数字产业集群，强调推进数字技术与经济、政治、文化、社会、生态文明建设"五位一体"总体布局深度融合，通过数字技术的赋能，产生功能性溢出效应，整体推进"五位一体"布局的协同高质量发展，数字经济在中国国民经济中的地位进一步凸显。

2023年11月20日，中国5G+工业互联网大会上发布的《中国城市数字经济发展报告(2023)》显示，我国数字经济规模超过50万亿元，总量稳居世界第二，占GDP比重提升至41.5%，数字经济与实体经济融合愈发紧密。随着数据要素价值日益凸显，我国数字产业在向更高层次发展，数据要素、未来产业、数字产业集群、数字政府正在成为城市数字经济未来发展的重点领域（见图2-2和图2-3）。

图2-2 2019—2023年国内生产总值及其增长速度

数据来源：国家统计局《中华人民共和国2023年国民经济和社会发展统计公报》

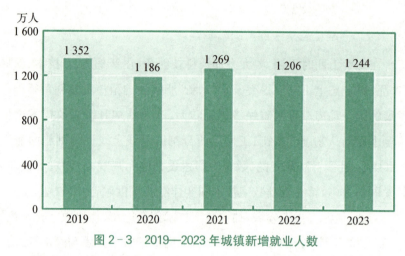

图 2-3　2019—2023 年城镇新增就业人数

数据来源：国家统计局《中华人民共和国 2023 年国民经济和社会发展统计公报》

（五）实施就业优先战略

就业是民生之本，是最大的民生工程、民心工程、根基工程。当前，我国每年毕业的大学生超过 900 万名，就业形势严峻，就业总量压力不减。据统计，2024 届高校毕业生规模达 1 179 万人，再加上还有不少往届未就业的毕业生还在求职，就业的结构性矛盾突出，"就业难"与"招工难"并存，制造业、服务业普工难招，技术工人短缺。

面对严峻的就业形势，我国政府高度重视大学生就业工作，持续出台政策组合拳，实施就业优先战略，将就业置于政府工作的突出位置。2024 年《政府工作报告》指出，要多措并举，稳就业，促增收；要突出就业优先导向，加强财税、金融等政策对稳就业的支持，加大促就业专项政策力度；要落实和完善稳岗返还、专项贷款、就业和社保补贴等政策，加强对就业容量大的行业企业的支持；要强化促进青年就业政策举措，优化就业创业指导服务；要分类完善灵活就业服务保障措施，扩大新就业形态就业人员职业伤害保障试点；要维护劳动者合法权益，适应先进制造、现代服务、养老照护等领域人才需求。以上这些举措，表现出国家对于就业工作的重视程度，显示出就业在经济社会发展中的优先地位。在党和国家的号召下，各地各部门也相继出台相关政策（见表 2-4），一些地方政府通过发放招聘、创业补贴、增加见习基地，以拓宽高校毕业生就业渠道，实现稳就业、保就业。

作为新时代的大学生，应客观认识我国当前的职业环境，认真分析当前就业形势，结合自身情况及市场需求，平衡就业心态，树立正确的价值取向，理性选择适合自己的职业。

表 2-4 毕业生相关就业政策

出 台 时 间	出 台 部 门	出 台 政 策
2017.12.01	教育部	关于做好 2018 届全国普通高等学校毕业生就业创业工作的通知
2018.03.16	人力资源和社会保障部 国务院扶贫办	关于做好 2018 年就业扶贫工作的通知
2019.04.01	人力资源和社会保障部 共青团中央	关于实施青年就业启航计划的通知
2019.07.12	人力资源和社会保障部 教育部 公安部 财政部 中国人民银行	关于做好当前形势下高校毕业生就业创业工作的通知
2019.12.18	教育部	关于做好 2020 届教育部直属师范大学公费师范毕业生就业工作的通知
2020.07.15	人力资源和社会保障部 教育部 国务院扶贫办	关于进一步加强贫困家庭高校毕业生就业帮扶工作的通知
2020.08.31	中共中央组织部 人力资源和社会保障部 教育部 科技部 民政部 财政部 共青团中央	关于实施高校毕业生就业创业推进行动的通知
2021.03.10	人力资源和社会保障部	关于做好 2021 年全国高校毕业生就业创业工作的通知
2023.06.09	教育部	大学毕业生就业去向信息登记的通知

三、新旧职业的区别

 相关链接

• **未来最抢手的七大新兴职业** •

第四次工业革命正在给就业市场带来天翻地覆的变化。世界经济论坛（World Economic Forum）发布的《未来就业报告》指出，有七大职业种类正在迅速兴起，其中包含 96 个工种。未来三年，这些新兴职业将在全球范围内提供 610 万个就业机会。

> 这七大职业种类分别是：护理经济领域，报告预计有37%的新兴就业岗位将出现在这里；销售、营销内容领域，将贡献17%的新兴岗位；数据和人工智能领域，贡献16%的新兴岗位；工程和云计算领域，贡献12%的新兴岗位；产品开发领域，贡献8.1%；人文领域，贡献8%；绿色经济领域，贡献1.9%。
>
> 报告指出，从数据来看，对"数字化"和"人"这两大因素的需求，是推动未来职业增长的关键。一方面，新技术的应用，加大了对某些门类岗位的需求，如绿色经济、数据和人工智能、工程和云计算，以及产品开发。另一方面，新经济中人际互动的重要性依然未减，这使得对医疗护理，营销、销售和内容生成，以及人文领域等方面的职业需求显著增加。
>
> 报告指出，增速较快且体量较大的就业岗位包括人工智能专家、医疗记录员、数据科学家、客户成功专家（Customer Success Specialists）和全栈工程师。另外，填埋场沼气生成系统技术员、社交媒体助理、风力发电机组服务技术人员、绿色营销人员和增长黑客（Growth Hacker）等虽然就业体量不大，但也将有较快增长。
>
> 来源：界面新闻

不同时期的职业，有着独属于特定时代的烙印。随着社会经济、思想观念、产业结构等发生变化，职业也在不断呈现出新挑战、新趋势与新需求。一般来讲，传统职业以人类生存为目的，以解决温饱为基本要求，现代职业则既有分工又讲究合作共赢。

（一）就业方式的变化

在过去中国人的话语中，基本上没有择业、下岗、失业等词汇。但是随着现代思想的革新、产业革命的发展，这一切发生了翻天覆地的变化，中国人开始逐渐面对自主择业、竞聘上岗、下岗裁员、跳槽失业等一系列现象。如20世纪70年代末的知青回城找不到工作，90年代末的国企职工下岗，现在白领被炒鱿鱼、"海龟"变"海带"……由传统的"统包统配"到现在的"自主择业"，人们在职业发展的过程中有时会感到迷茫和无助，也越来越关注自己的职业命运，自我意识和自我责任感不断增强。

（二）职业地位获得途径的变化

在今天的职场上，个人的职业发展、职业地位的获得，越来越多地依赖于知识、技能、态度、观念等自身条件，而不是家庭出身、社会背景等外在因素。这可看作是中国由封闭社会转向开放社会的一项重要标志。在封闭社会中，"龙生龙、凤生凤、老鼠的儿子会打洞",社会成员所获得的职业社会地位很大程度上靠出身,靠家庭。如果没有一个好的社会家庭背景,单靠个人努力出人头地是十分困难的。而在现代社会,只要个人有足够的能力、付出足够的努力,通常就可以获得社会声望高、经济收入好的职业,就可以改变自己的职业命运。

新职业为残疾人拓宽就业渠道

听力残疾人小花坐在电脑前,轻点鼠标,几秒钟就做好了一张图片的标注工作。她是天津创美助残基地的一位人工智能训练师,从事这一行业一年多来,她已经承担了数十个项目的汽车标注项目任务。

通过标注图片中的车辆,可以判断行车过程中往来车辆的体积大小,识别路面障碍,从而帮助自动驾驶系统更好地掌握车辆间距和行车安全。经过训练,她和多位听力残疾人已经能够与人正常沟通。小花介绍,助残基地中的人工智能训练师有五十多位,大部分都是听力残疾人。经过训练,每个人都能熟练使用专业软件进行图片标注。团队从成立至今,处理过的图片已超过200万张,工作效率和成绩得到了广泛认可。

(三)职业流动方式的变化

在传统的职业模式中,一个人的职业一生较少发生变动,即使有变化也是在组织内部,通常与一位雇主保持长期的雇佣关系,职业发展路径和阶段比较标准化,可以预期,可以看得见、摸得着。在新的组织环境中,由于上升的空间受到限制,职员更加频繁地在组织的不同部门间流动、在不同组织和不同专业间流动,流动模式更加多样化,不稳定因素也越来越多。

(四)职业成功标准的变化

传统的职业生涯成功的标准是沿着金字塔式的组织结构向上发展,担任更高的职位,承担更多的责任,获得更多的物质财富。但是,人们越来越感到这种职业生涯目标的实现,不仅受个人自身努力的影响,还受到组织发展的制约。职场上成长起来的新一代,其职业成功的标准发生了很大的变化,他们更多地强调职业生涯的目标是心理成就感,对地位并不十分看重,但希望工作丰富化,具有灵活性,并渴望从工作中获得乐趣。与传统职业生涯目标相比,心理成就感更大程度上由自我主观感觉认定,而不仅仅指组织对个人的认可(如晋升、加薪等)。

第三节 职业发展新趋势

科技革命促进和加深了信息时代和经济全球化的发展,也给职业结构的交替变化带来了巨大的飞跃。知识已成为生产要素中一个最重要的组成部分,知识经济已成为一种经济产业新形态。从职业环境发展趋势看,国际职业与我国职业呈现了不同的发展趋势。

一、国际职业发展趋势

(一)传统行业模式逐渐被打破,新兴职业趋向高科技产业化

国务院关于印发"十四五"数字经济发展规划的通知

纵观人类社会历史,从农业革命到工业革命经历了数千年,而从工业革命到新的产业革命仅200余年,并且在这200多年的时间里,新行业不断涌现。如今,在新兴技术的发展浪潮影响下,一些传统行业走向衰退乃至消亡,而在第一产业、第二产业中由于生产知识和技术密集程度的提高,出现了一些新的职业和职业群。例如第一产业中的基因和转基因工程师、细胞工程师、遗传工程师、生态农业技师和技工、节水灌溉技师和技工、生化实验技师和技工;第二产业中的加工中心工程师和技师、环境监测工程师、纳米材料生产技师和技工、计算机辅助设计(CAD)工程师和技师、计算机辅助制造(CAM)技师和技工,以及航天材料技师和技工等。2023年,全球化智库和腾讯青年发展委员会联合发布《新就业形势下中国新职业青年发展报告》,以2019年至2022年6月人社部发布的六大新职业为基础,重点分析新就业形态下新职业青年职业发展现状、存在的问题和发展需求。新职业青年紧跟科技前沿,在人工智能、物联网、大数据和云计算等新技术领域创新发展。该报告预测,至2025年,互联网营销师、企业合规师、人工智能训练师等20种新职业人才缺口将接近1.2亿人。

(二)第三产业成为迅速崛起的新兴行业,技能型、服务型职业所占比重上升

伴随现代工业社会的发展,第三产业成为迅速崛起的一类新兴行业,包括信息产业、交通运输业、邮电通信业、服务业、金融保险业、文化体育业等。其中,信息产业是发展最快的产业。有学者提出,信息产业已经从第三产业领域独立出

来,被称为第四产业。国际欧亚科学院院士、中国社会科学院生态文明研究所党委书记杨开忠提出:"第四产业,未来已来,新的主导产业的诞生,必将开辟人类历史又一个崭新时代。"与信息产业相关的职业也是发展速度最快的职业群。同时,咨询管理业成为第三产业领域中另一个发展较快的职业群。金融分析师、投资咨询师、人力资源管理师、保险评估师、保险精算师、税务代理师、理财代理师等已成为最新的热门职业。家政服务、旅游、康乐、健身、医疗以及其他生活服务领域都有许多新职业涌现出来。

第三产业成为吸纳社会劳动力的重要渠道,行业内相关职业所占的比重不断上升。国家统计局 2024 年发布的《中华人民共和国 2023 年国民经济和社会发展统计公报》显示:规模以上服务业中,战略性新兴服务业企业营业收入比上年增长 7.7%(见图 2-4);高技术产业投资比上年增长 10.3%,制造业技术改造投资增长 3.8%;电子商务交易额 468 273 亿元,比上年增长 9.4%;网上零售额 154 264 亿元,比上年增长 11.0%;全年新设经营主体 3 273 万户,日均新设企业 2.7 万户。

图 2-4　2019—2023 年服务业增加值及其增长速度

数据来源:国家统计局《中华人民共和国 2023 年国民经济和社会发展统计公报》

(三) 文化、科技与经济互相渗透、互相交融,人文资源和文化优势成为新的职业发展增长点

文化创意产业本质上是以创意和知识为核心的产业,是文化、科技与经济互相渗透、互相交融、互为条件、优化发展的经济模式。它注重人的主体地位和主导作用,强调的是以文化为核心的发展经济理念,依靠的是文化资源优势,既可以在发达国家发展,也可以在发展中国家发展,甚至在经济欠发达地区也可以通过发展文化创意产业,使人文资源和文化优势成为新的经济增长点。

当今世界,跨国公司是国际文化贸易的重要主体。美国、西欧和日本的跨国公司涵盖了全球国际文化贸易量的较大份额,大型跨国文化企业是分享全球分工收益的主要抓手。目前,中国经济崛起夯实了文化"走出去"的现实基础,亟待培养一批具有世界眼光的翻译、营销、国际合作制作等行业优秀人才。华为、百度、腾讯、京东等企业不断进行国际化拓展和跨国经营实践,已经成长为参与国际分工体系的跨国企业。文化企业不间断地实施生态位宽度的延展以及生态位的优化与跳跃,最终会推动文化产业结构的升级,成为人文资源和文化优势领域新的职业发展增长点。

(四)新的职业要求呈现自由职业化趋势,越来越多的岗位正在被自我管理的自由职业者所代替

自由职业化是指原本可以终身依附一个组织的固定职业被不断削弱或取代,而独立的、不依赖于任何组织的自由职业不断产生。在日新月异的高科技信息时代,固定职业已不再是完成各种任务的最有效模式。越来越多的职业因新的工作设备和职业环境变化,亟需受过良好教育、掌握最新技术的技术职员,传统的单纯的体力劳动或机械操作类职业将逐步减少。未来职业的分工会越来越细,专业性会越来越强,科技含量会越来越高。事实上,许多成功的组织在实现其目标的过程中,对固定职业的依赖性已经大大减少,传统的固定职业中有相当一部分正在被临时性工作、项目分包、专家咨询、交叉领域的合作团队或者自我管理的自由职业者所替代,从事计时、计件或临时性职业的人会越来越多。

二、我国职业变化发展趋势

让"文化动能"助力经济增长

国家统计局数据显示,2023年上半年,全国规模以上文化及相关产业企业(以下简称"文化企业")实现营业收入59 357亿元,同比增长7.3%,增速比一季度快3.3个百分点。其中,二季度实现营业收入同比增长达到10.7%,自2021年三季度以来,首次实现营业收入单季两位数增长。

从2012年到2022年,我国文化产业增加值从18 071亿元增长到44 945亿元,年均增速12.1%,占同期GDP的比重从3.36%上升到4.43%,文化产业已经成为经济增长的新动能和新引擎。现实发展的亮眼成绩充分表明,让"文化动能"更好拉动经济增长不仅有底气、基础和能力,也蕴藏着无限广阔的挖潜空间。

（一）传统服务业比重有所降低，生产性服务业向专业化和价值链高端延伸增势强劲，满足人民群众对美好生活需要的生活性服务业蓬勃发展

第四次全国经济普查结果①显示，2018年末，全国第三产业传统服务业比重有所降低，企业法人单位共有1688.6万个。在第三产业中，传统服务业中的批发和零售业有649.9万个，占第三产业企业法人单位的38.5%，比2013年末增长131.2%。交通运输、仓储和邮政业，住宿和餐饮业，房地产业企业法人单位比重也分别比2013年末增长126.2%、115.5%、119.5%。相反，新兴生产性服务业增势强劲，以信息传输、软件和信息技术服务业为引领的新兴生产性服务业市场主体迅猛增长，从业人员和产业规模大幅扩张，比重持续提升。从企业法人单位数量看，以互联网信息技术为主的信息传输、软件和信息技术服务业有92万个，比2013年末增长316.2%；科学研究和技术服务业有127.6万个，其中企业法人单位119.5万个；租赁和商务服务业有250.6万个，比2013年末增长207.5%。从就业情况看，2018年末，信息传输、软件和信息技术服务业企业法人单位从业人员995.1万人，比2013年末增长84.5%；租赁和商务服务业2236.8万人，比2013年末增长84.0%；科学研究和技术服务业从业人员1182.9万人。同时，与人民群众对美好生活追求密切相关的文化、体育和娱乐业，居民服务、修理和其他服务业市场主体大量增加。国家信息中心正式发布《中国共享经济发展报告（2023）》显示，2022年我国全年共享经济市场交易规模约38320亿元，同比增长约3.9%。不同领域共享经济发展的不平衡性凸显，生活服务和共享医疗两个领域市场规模同比分别增长8.4%和8.2%，增速较上年分别提高了2.6个百分点和1.7个百分点，呈现出持续快速发展的良好发展态势。

（二）传统产业走向高端化、智能化、绿色化，新型科技、人工智能和信息化、数字化相关的行业和职业已经启航，与社会经济发展相适应的职业结构逐渐形成

随着我国战略性新兴产业的发展，新一代信息技术、生物技术、新能源、新材料、高端装备、新能源汽车、绿色环保，以及航空航天、海洋装备等产业逐步兴起，互联网、大数据、人工智能等同各产业深度融合，推动先进制造业集群发展，一批各具特色、优势互补、结构合理的战略性新兴产业增长引擎正在形成，新技术、新产品、新业态、新模式逐渐形成。从目前招工、就业的情况分析，职业岗位的要求和劳动方式逐

---

① 资料来源：第四次全国经济普查公报（第二号、第四号、第五号）(2019.11)。

步由简单向复杂方面转化,对从业者有了更高更新的要求,如行政工作人员,在以前只要求其具备较好的组织协调能力、分析问题和解决问题的能力、文字能力、口头表达能力等,但现在除要求他们具备上述能力以外,还要求他们具备社会交往及计算机辅助管理、办公自动化操作及网络社交媒体处理等能力。《数字中国发展报告(2023年)》显示,2023年数字经济核心产业增加值估计超过12万亿元,占GDP比重10%左右,电子信息制造业增加值同比增长3.4%;电信业务收入1.68万亿元,同比增长6.2%;互联网业务收入1.75万亿元,同比增长6.8%;软件业务收入12.33万亿元,同比增长13.4%。

(三) 乡村建设行动战略全面推进,城乡联动的发展格局开始构建,有利于人尽其才的培养支持机制、有利于广纳贤才的引进流动机制、有利于竞相成长的激励保障机制正在形成

"谁来兴村"一度成为困扰我国农村发展的大问题。《中共中央关于制定国民经济和社会发展第十四个五年规划和二〇三五年远景目标的建议》第七部分的一大亮点,就是"十四五"时期全面推进乡村振兴的重点任务。服务于国家工业化、城镇化的需要,长期以来我国基础设施建设的重心在城镇,乡村建设严重滞后,导致城乡基础设施和公共服务水平差距较大。同时,我国农村劳动力总体素质不高,青壮年劳动力留农务农内驱动力总体不足,引才难、留才难成为制约农村发展的突出短板。进入21世纪以后,特别是党的十八大以来,乡村建设全面提速,农村生产生活条件明显改善,城乡建设差距扩大的趋势得到有效遏制。但总的来看,我国农村基础设施和公共服务能力还不能适应实施乡村振兴战略、推进现代化国家建设的需要。

面对乡村人才短缺的困境,近年来,国家不断加大对农村实用人才、新型职业农民、科研杰出人才、大学生村官、"第一书记""三支一扶"等人才计划的扶持力度,汇聚全社会力量,打造强大的乡村振兴人才队伍,鼓励高校毕业生到乡村工作或提供服务。乡村建设行动战略全面推进,城乡联动的发展格局开始构建,有利于人尽其才的培养支持机制、广纳贤才的引进流动机制、竞相成长的激励保障机制的形成,为加快农业科技创新提供了重要支撑。

(四) 文化贸易的国际竞争已经成为文化产业链与国家文化创新能力的竞争,国家在全方位协同推进文化贸易发展,文化产业将会成为大有前途的朝阳产业

与我国经济体量相比,我国的文化贸易总量还不大,但借助互联网技术应用与

草根力量的弥散性，我国网络文学已经悄然走进海外主流消费群体，《步步惊心》《甄嬛传》等网文改编剧在东南亚地区已经几轮热播，《从前有座灵剑山》《全职高手》等动漫作品已输出日韩主流市场，成为与美国好莱坞电影、日本动漫、韩国影视剧等相匹配的"现象级"文化景观。文化贸易的国际竞争，不再单纯是文化产品之间的文化博弈，而是文化产业链与国家文化创新能力的竞争。党的二十届三中全会从增强文化自信的高度，提出建设社会主义文化强国，建设面向现代化、面向世界、面向未来的，民族的科学的大众的社会主义文化，优化文化服务和文化产品供给机制的重要部署。实践表明，文化产业的提质增效发展、文化贸易竞争力的有效提升，既可以不完全依赖新技术，也可以在发达国家发展，更可以在发展中国家发展，甚至在经济欠发达地区也可以通过发展文化创意产业有效提升贸易竞争力。世界文化思潮的相互激荡和文化价值观的博弈，使得提升文化贸易质量的战略要求愈加迫切。但无论如何，文化产业更强调人的主体作用，以及以文化为基础发展经济的理念，亟待能够增强文化产业发展"内生动力"的大批优秀人才不断涌现，文化产业也将会成为大有前途的朝阳产业。

（五）"加快实施创新驱动发展战略"成为国家倡导的发展战略，创新引领创业、创业带动就业、多渠道灵活就业的新就业形态将会成为增强国家实力的必然选择

创新创业是国家发展之基，是民族振兴之魂。党的二十大报告对加快实施创新驱动发展战略作出重要部署，"坚持面向世界科技前沿、面向经济主战场、面向国家重大需求、面向人民生命健康，加快实现高水平科技自立自强"。近年来，我国基础研究和原始创新不断加强，一些关键核心技术实现突破，战略性新兴产业发展壮大，载人航天、探月探火、超级计算机、深海深地探测、卫星导航、核电技术、量子信息、大飞机制造、生物医药等取得重大成果，进入创新型国家行列。大学生正是推进"加快实施创新驱动发展战略"的重要力量，创业机会从何而来？2022年版《大典》首次标识了97个数字职业，占职业总数的6%。同时，延续2015年版《大典》对绿色职业标注的做法，标注134个绿色职业，占职业总数的8%。除此以外，还增设了密码工程技术人员、碳管理工程技术人员、金融科技师等29个新的职业。这些新增的职业坚持面向世界科技前沿、面向经济主战场、面向国家重大需求、面向人民生命健康，紧跟时代发展步伐，为新兴领域、新兴职业的从业人员提供了更大的职业发展空间。在新征程上，新时代大学生要抢抓新一轮科技革命和产业变革的重大机遇，努力担当，奋发有为，牢牢

把握创新驱动发展战略要求，为以中国式现代化全面推进中华民族伟大复兴作出积极贡献。

三、职业环境的新变化

职业环境的变迁既反映客观现实，顺应市场需求变化，又体现了创新、协调、绿色、开放、共享的新发展理念。尤其是被列入 2022 年版《大典》的 29 个新职业备受关注。其中，数字经济、绿色经济等新兴职业折射社会发展新趋势。这对于劳动者而言，意味着职业发展方向将有更多选择。

（一）第一产业、第二产业的社会职业以消亡变动和重组为主，第三产业迅猛发展

交通运输业、邮电通信业、商业、服务业、金融保险业、信息咨询业、租赁广告业、卫生、体育、教育培训和文化艺术等，尤其是信息产业，潜力更为巨大，被称为第四产业。崭新的职业类型大多数出现在第三产业，但同时由于新技术、新成果在第一产业、第二产业的不断推广应用，又为传统行业提供了新的发展机遇。比如农业，由于新技术的应用，新的生产方法和发展思路给农业这一传统产业带来了前所未有的职业选择机会，体现出数字经济发展对人才新需求。此外，还出现了机器人工程技术人员、增材制造工程技术人员、数据安全工程技术人员、数字化解决方案设计师、数据库运行管理员、信息系统适配验证师、数字孪生应用技术员、商务数据分析师、农业数字化技术员等职业，体现出对数字技术的新需求。

（二）终身依附一个组织的固定职业不断削减，独立的、不依赖于任何组织的自由职业不断产生

职业随时代变化而发生变化，依附于一个组织的固定职业是工业革命时代的产物。工业社会组织的特征是：比较稳定的外部环境和内部组织结构，易于分割的流水线工作流程，易于分解的职能和责任范围。与此特征相适应，终身雇佣制就成为那个时代完成各种生产活动的最为有效的方式。但是，今天这种传统的固定职业中有相当一部分正在被临时性工作、项目分包、外部专家、多领域的合作团队或者自由职业者所代替。在知识经济条件下，越来越多的工作包含了对知识的加工而不是对物质的处理。较之制造业，知识和服务业更有可能需要跨行业的团队活动，其工作任务更有可能交由外部的顾问或独立的专家完成。因此，现在很多企业的工作正在由那些并没有在相关公司拥有固定职位的人来完成。他们通常是自我雇用的

自由职业者,在需要时以顾问或独立专家的身份提供上门服务,或者受雇于承担了分包任务的公司。灵活多样的用工形式与新兴职业的出现,在很大程度上丰富了职场环境。

上门代厨

三菜一汤68元、四菜一汤78元,仿佛一夜之间,各大平台都出现了"上门做饭"的内容。厌倦了外卖又嫌自己做饭麻烦的年轻人,开始从社交媒体上请人上门代厨,因为它比下馆子更实惠,又比预制菜更新鲜。

上门的厨师也不是专业的大厨或家政阿姨,而是一群热衷厨艺的"95后""00后"。每次上门做饭前,他们会事先与客户沟通需求,并确认做饭条件,在约定的当天到菜场购买新鲜食材并上门做饭。与传统家政做饭不同,上门代厨"火"起来归功于"网络快",除了"发帖交友式"获客,在下厨时遇到食材或者调料不足的情况,也可以马上在电商平台下单解决。当客户想尝试新的菜式,代厨们也能马上搜索食谱,现场复刻。

"做菜其实不难,难的是前期与客户的沟通,及对其需求的洞察。"代厨小王介绍道,很多时候,客户也会邀请代厨们一起吃饭、交流。"后来,和有的客户成了朋友。"他说。由于上门做菜的年轻团队大量涌现,一些家政平台也推出了类似的"做饭钟点工"服务,力求给更多人提供家常口味。不过,对于长期处于快节奏、高压力环境下的都市青年来说,也许需要的不只是上门的美味饭菜,而是与同龄人之间的轻松交流。

(三)新职业的知识含量、技术含量越来越高

新时代的新兴职业中,与信息产业、管理、咨询服务业相关的新职业,如计算机系统分析师、金融分析师、投资咨询师、心理咨询师、保险精算师、收益精算师、税务代理师、理财师等,对从业者的教育背景、知识技能的要求很高。即使是那些"灰领"职业,也要求从业者具有良好的专业知识与操作技能。如数字视频策划制作师除了需要掌握数码、策划等方面的专业知识之外,他们还需要掌握视频节目策划、视频拍摄、视音频编辑合成、剪辑、DV影片输出与刻录等方面的技能。当今社会是以知识、技术为王的时代,职业的知识化、技术化的趋势愈加明显。进入职场后,更需要从业者不断地更新自己、充实自己、提高自己,以活到老、学到老的态度,积极主动学习,主动适应不断变化发展的职场挑战。

人社部多措并举促就业

针对 2024 届毕业生，人社部以高校毕业生等青年就业服务攻坚行动为抓手，加力冲刺、加密服务，凝心聚力促进高校毕业生顺利就业。主要分为以下几点：

政策落实再提速。推进"就业政策在身边"滚动宣传，实施补贴政策"直补快办"，落实社保补贴、吸纳就业补贴、税费减免等支持政策，激励市场主体吸纳就业。同时，提前安排 2024 届毕业生招录招聘工作，稳定公共部门就业岗位。

实名服务再加力。用好"家门口"就业服务站等力量，主动联系离校未就业毕业生，提供"1131"实名服务，即向离校未就业毕业生至少提供 1 次政策宣介、1 次职业指导、3 次岗位推荐、1 次技能培训或者就业见习机会。向未就业的 2023 届高校毕业生发送手机短信，告知求职登记渠道、岗位信息、政策服务查询渠道等。

岗位推送再加密。推进"职引未来"大中城市联合招聘高校毕业生秋季专场，提供一大批适合毕业生的就业岗位。实施金秋招聘月，面向登记失业青年和未就业毕业生，集中开展线上线下招聘。同时，还会同国资委等部门，组织中央企业面向西藏青海新疆高校毕业生开展专场招聘。

见习培训再提质。深入实施百万就业见习岗位募集计划，加大就业见习组织力度，目前已募集见习岗位超过 100 万个。引导鼓励有需求的青年参加就业技能培训、创业培训、新职业培训，持续提升青年的就业能力。

困难帮扶再强化。对脱贫家庭、低保家庭、零就业家庭以及身有残疾和长期失业等困难毕业生进行重点帮扶，实施"一人一档""一人一策"帮扶举措，优先推荐岗位，优先落实政策，优先组织培训见习，帮助他们实现就业。对 2024 届在校的困难大学生，发放一次性求职创业补贴，切实减轻他们的求职负担。

第四节　职业能力

若想在当下赢得竞争,获得理想的工作岗位,提升个人职业能力就显得尤为重要。本节从职业能力认知、职业能力提升两个方面进行探讨,重点强调职业能力中专业知识能力、可迁移能力和自我管理能力的提升路径,以期为大学生认识和提升职业能力提供指引。

 案例导读

纪昌学箭

甘蝇,古之善射者,彀弓而兽伏鸟下。弟子名飞卫,学射于甘蝇,而巧过其师。纪昌者,又学射于飞卫。飞卫曰:"尔先学不瞬,而后可言射矣。"

纪昌归,偃卧其妻之机下,以目承牵挺。三年后,虽锥末倒眦,而不瞬也。以告飞卫。飞卫曰:"未也,必学视而后可。视小如大,视微如著,而后告我。"

昌以牦悬虱于牖,南面而望之。旬日之间,浸大也;三年之后,如车轮焉。以睹余物,皆丘山也。乃以燕角之弧,朔蓬之簳射之,贯虱之心,而悬不绝。以告飞卫。飞卫高蹈拊膺曰:"汝得之矣!"

来源:《列子》

这个故事告诉我们:只有通过勤学苦练,提高自己的能力,才能真正应对考验。

一、职业能力认知

所谓"职业能力",实际上是一种"综合职业能力",是一个人在现代社会中生存和生活,从事职业活动和实现全面发展的主观条件,其内容主要包括职业知识和技能、分析和解决问题的能力、信息接受和处理能力、业务管理能力、社交能力和持续学习的能力。

职业能力与职业发展关系

(一)职业能力的内涵

在国内职业教育界,对"职业能力"给出了各种定义。其中,多数学者认为"所谓职业能力,是指从事职业活动所需要的综合能力",是成功进行职业活

动所必须具备的能力，一般分为职业特定能力、行业通用能力、核心能力三个层次。

1. 职业特定能力

职业特定能力的最大特性在于其是为每一种职业自身而定，而且它的适用面很窄，只适用于该职业的工作岗位。但其特定能力的总量最大，因为每一种职业分别对应一种特定的能力。

2. 行业通用能力

行业通用能力是指从一般职业活动中抽象出来的可通用的基本能力，以社会各大类行业为基础。与职业特定能力相比，行业通用能力可以适用于这个行业内的各种职业或项目。因此，它的适应面相对较宽。因其按照不同行业或者专业性质来分类，行业通用能力的总量要比职业特定能力小。

3. 核心能力

核心能力是指从事各种职业的人员获得成功必须具备的能力，超越了具体职业，并在人的终身发展中发挥重要作用。具体而言，核心能力是一种人们在教育或工作等各种不同的环境中所能培养出来的可迁移的、是任何职业都必不可少的跨职业的技能，是个人获得就业机会、事业发展的重要保障。

（二）职业能力与职业发展

个人职业选择和职业成功的基础是职业能力。如果一个人不能很好地评估自己的职业能力，错误地选择职业，将无法发挥自己的潜能，难有成就。那么，职业能力和职业之间的关系到底是什么？我们将从以下四个方面（见图2-5）来进行说明。

1. 适配

根据工作的性质、内容和环境，我们可将职业划分为不同的类型，不同类型的职业对人的职业能力类型有不同的要求，不同层次的职业对人们的职业能力水平有不同的要求。因此，职业能力和职业的适配问题尤为关键。

图2-5 职业能力与职业发展的关系

概括来讲，职业规划指导就是建立一种行为取向的思维模式，其核心即 who（我是谁）、where（我要到哪里去）、how（我怎么去）。对于大学生来讲，他们正处在建立这种思维模式的黄金时期，也处在职业能力提升期的开始阶段，在之后的大学学习中,要知己知彼,即他们不仅要知道自己需要拥有哪些职业能力,还要知道时代对自己的期待是什么。此外,就业时大学生还可以根据意向职业的入职条件倒推"我要怎么办",这叫"以终为始"。具体来讲,例如考公务员就以公务员的入职条件为终,出国深造就以出国留学的条件为终,考研究生就以目标学校专业的录取条件为终,找工作就以目标职位的入职条件为终。

2. 行动

如果真的出现能力和职业不能匹配的问题应该怎么办?如果就业达不到期望值怎么办?为避免以上情况的发生,大学生首先要采取行动去适应工作的需要,即适应为先。到底如何去适应,如何有意识地发展自己的技能?一方面,要克服自卑,相信自己;另一方面,去学习、去练习、去思考。在现实生活中,有很多人的自我效能感不高却用各种表演加以掩饰,浪费了他们太多的精力和时间。因此,我们在强调行动、强调学习时,就必须要知道学习是什么。

学习分三个层次:学习知识为第一个层次;练习排在第二;内化为最后一个层次,即达到自动化输出程度,就是不断把学习的知识与自己原来已有的知识体系融为一体。学习有三个阶段是必须经历的:专业化,主要通过专业课程学习的方法并以此提升专业知识技能;职业化,主要通过练习实践的方法并以此提升可迁移技能;事业化,主要通过领悟和修炼的方法并以此提升自我管理技能。努力可能不会成功,但不努力一定距离成功越来越远。

3. 平衡

痛苦的源头是不平衡,一个人如果对于现状有过多希冀或为此付出过多,当收获无法与付出成正比时,就会产生不平衡。当你在工作中无法获得成就感,就应该把工作当作生活的工具,成就感可以从兴趣爱好中去获得。总之,获得成就感的满足才是最重要的,从哪里得到满足是无所谓的。

无法在工作中得到的成就感可以在其他地方获得,此谓平衡。我们知道,爱因斯坦不仅是一个科学研究工作者,同时还是一个好老师。他在高校教书,并利用业余时间搞科学研究,最终成为家喻户晓的科学家。爱因斯坦八小时理论(见图2-6)揭示了人一生的重点是处理三个八小时:由工作、睡觉、业余各占八小时所组成的每一天,以及如何将这一天平衡安排。

图2-6 爱因斯坦八小时理论

4. 接纳

当今世界发展速度太快,竞争日益激烈,身边优秀又努力的人很多,面对这样的情况我们不要手足无措。每个人都有适合自己的路,每个人都有自己的生长曲线,要面对真实的自己。工作中羡慕别人,不停地攀比和抱怨是无法获得成功的,应不断调整自己的心态,接纳自我,努力改变现状,完成由小及大的每一个人生目标。

(三)职业能力的种类

美国著名心理学家辛迪·梵(Sidney Fine)和理查德·鲍尔斯(Richard Bolles)将职业能力分成三类:专业知识能力、可迁移能力和自我管理能力。这三种能力在一个人的职业发展过程中都会起到很大的作用。

1. 专业知识能力

专业知识能力是指能够运用专业知识解决职业活动中相关专业问题的素质能力。专业知识能力包括两个方面,一个是对专业知识的掌握,另一个是对专业知识的应用。

一方面,专业知识能力存在于所学的专业中,因为专业知识能力的第一个内容就是对专业知识的掌握。无论是何种专业,都应当对专业知识有全面、系统的掌握。全面,是指了解掌握的知识多;系统,是指掌握知识的精确度高。如果我们掌握的知识全面、系统,那么知识利用起来就会相对方便。在大学校园里,只为拿文凭而高呼"六十分万岁"的大学生,他们不重视全面和系统地学习知识,所学知识杂乱无章,只有在临近找工作的时候,才能认识到专业知识能力非常重要,但为时已晚。

另一方面,专业知识能力存在于社会实践中,不论大学生掌握多么扎实的专业知识,如果无法应用于实践,则很难适应社会的需要,所以专业知识能力关键还在于把专业知识应用于实践的能力。

不同职业的专业知识能力之侧重点是不同的。如对技术性岗位而言,专业知识能力主要体现在他的操作水平上。比如一个车工,最基本的要求是能够看懂图纸、会磨刀具、能够按图纸要求加工零件;对于一个大学教授而言,专业知识能力主要体现在教学、科研与育人上;对于一个企业工程师而言,专业知识能力体现在产品研发、工艺设计和生产活动出现的一些技术问题上。

2. 可迁移能力

可迁移能力是指大学生在不同情境下,能够运用并掌握的知识、技能和态度。

毕业生在掌握扎实的理论知识、出色的专业技能的同时，还应拥有能够在社会上生存的多种可迁移能力。英国高等教育基金委员会与中国21世纪教育研究院先后发布了调查报告，均反映出一个至关重要的现象：大学教育仅仅重视学业而忽视学生实践能力的培养。正因如此，全世界高校和事业单位现今最稀缺的即为实践能力强、深谙人情世故的人才，提高大学生实践动手能力将是新时代高等教育改革和发展的重中之重。

可迁移能力是一种受益一生的能力。20世纪末，"职业行动能力"概念中的核心"可迁移能力"在德国初具雏形。在同一时期，德国高等教育也慢慢开始将这一理论运用到实践中。方法能力、社会能力、个人能力是德国高等教育中可迁移能力的一部分。组织、解决问题、独立工作、时间管理、分析、批判性思维等是方法能力的显著组成，合作、协调谈判、领导、交流、书面表达、口头表达、危机管理等是社会能力的重要构成。个人能力包括细致认真、负责、适应环境、全力以赴和自律等倾向于个人态度的内容。因此，在一个地方学习到此种能力，并将此种能力灵活地运用到各处，即称之为可迁移能力。

3. 自我管理能力

一个人工作时表现出来的特征和品质即称为自我管理能力。通过认同、模仿、内化等途径，人们往往会获得自我管理能力。自我管理能力可以影响职业生涯是否会走向成功，有时被称为适应性能力或者职业素养（professional quality）。

关于大学生的自我管理，学界表现出不同的观点。有的学者认为，大学生自我管理是在适应学校主环境的条件下，充分发掘自身和学校以及社会资源，以便最大限度地把自己培养成一个既适应社会发展，又满足个人生存需要的优秀人才。还有的学者称，大学生主动调整自己的心理活动和行为，积极控制不良冲动并自我发展，最终取得良好心理品质的活动才是自我管理。另有学者认为，在一定的历史条件下，具有自我意识、自主意识、自主能力的大学生主体，在能够科学认识自身的基础上，通过科学的自我设计、自我协调和自我控制，从而获得自我实现和全面发展能力的活动，此为大学生的自我管理。

学者们所达成的共识是，大学生个体为了全面发展而进行的自我认识、自我评价、自我约束和自我激励的活动，是大学生个体充分调动自身主观能动性，有效利用并整合自我资源，并运用科学的管理方法，同时展开自我学习、自我教育、自我发展、自我完善的活动。

> **相关链接**
>
> ● 学而不倦 ●
>
> 在一个漆黑的晚上,老鼠首领带领着小老鼠们外出觅食,在一家人的厨房内,垃圾桶之中有很多剩余的饭菜,这对于老鼠来说,就好像人类发现了宝藏。
>
> 正当一大群老鼠在垃圾桶及附近范围大块朵颐之际,突然传来了一阵令它们肝胆俱裂的声音,那就是一只大花猫的叫声。它们震惊之余,更各自四处逃命,但大花猫绝不留情,穷追不舍,终于有两只小老鼠走避不及,被大花猫捉到。正在两只小鼠将被吞吃之际,突然传来一连串凶恶的狗叫声,令大花猫手足无措,狼狈逃命。
>
> 大花猫走后,老鼠首领从垃圾桶后面走出来说:"我早就对你们说,多学一种语言有利无害,这次我就因此救了你们一命。""多一门技艺,多一条路。"

二、职业能力提升

(一) 提升专业知识能力

完成必修课程是系统地学习专业知识的基础。高校教学计划是专门用以培养高级人才专业知识能力的教学指导纲领。教学计划所设计的教学环节,包括上课、上机、实验、实习和毕业论文或毕业设计等内容,是一个完整的系统。通过认真落实教学计划,可以系统地掌握专业知识。所以,大学生在校期间应当认真完成教学计划所规定的课业任务,切不可因个人喜好而有所偏废,如此方能形成较为完善的专业知识体系。同时,教学计划的完成度是评判大学生能否顺利毕业的依据。学位证书和毕业证书是大学生专业水平的基本证明。大学生如果不能很好地完成教学计划所规定的课业任务,就可能不能获得大学学位证书,甚至不能获得毕业证书①。

大学生在提高专业知识能力的同时,也要不断丰富自己的人文知识,提高人文素养,包括文学、艺术、历史、哲学等方面的知识。否则,一个只具备一定的专业素质

---

① 《普通高等学校学生管理规定》第三十二条规定,学生在学校规定学习年限内,修完教育教学计划规定内容,成绩合格,达到学校毕业要求的,学校应当准予毕业,并在学生离校前发给毕业证书。符合学位授予条件的,学位授予单位应当颁发学位证书。学生提前完成教育教学计划规定内容,获得毕业所要求的学分,可以申请提前毕业。学生提前毕业的条件,由学校规定。第三十三条规定,学生在学校规定学习年限内,修完教育教学计划规定内容,但未达到学校毕业要求的,学校可以准予结业,发给结业证书。结业后是否可以补考、重修或者补作毕业设计、论文、答辩,以及是否颁发毕业证书、学位证书,由学校规定。合格后颁发的毕业证书、学位证书,毕业时间、获得学位时间按发证日期填写。对退学学生,学校应当发给肄业证书或者写实性学习证明。

而欠缺人文素质的大学生,最终可能会成为人们常说的"工具人""机器人"。一个人的专业知识能力与人文素养是相互影响的,自然科学的思维方式往往是确定的、缜密的,主要通过逻辑思维去探索,而人文社会科学则主要依靠形象思维去得出发散性、多元性的结论。培养良好的人文素养,可以促进大学生不同思维方式的交叉、互补,形成更为全面的知识结构。

(二)提高专业实践能力

提高专业实践能力是学习与发展的核心目标,关键在于理论联系实际,坚持问题导向、真抓实干。在大学学习过程中,学校通过课程设计来提高大学生相关专业知识的运用能力。同时,大学生应积极参加各类专业竞赛和参与专业性社会实践来提高自身专业知识的综合运用能力,转化为解决实际问题的能力。

1. 学科竞赛

学科竞赛是培养大学生综合素质和创新精神的有效手段和重要载体,在培养学生的创新精神、合作精神和实践能力,以及激发学生兴趣和潜能等方面发挥重要作用。学科竞赛主要侧重于考查大学生的实际分析、解决问题的能力。这就要求学生利用自身现有的知识来分析问题、构建思路、选择方法以及验证解决方案,进而完成从掌握理论知识到切实解决问题的跨越。学科竞赛通常采用半开放形式,参赛者可以通过网络、书籍、各种文件资料等多种方式收集信息。学科竞赛通常持续数天,对大学生的探索精神、团队协作精神等都是一个全面的考验。所以,通过参与学科竞赛可以大大提高学生的专业知识能力。对大学生来说,每次学科竞赛都是一次锻炼自己、提高专业知识能力的机会。

2. 专业性社会实践

专业性社会实践是指大学生根据自己的职业生涯规划和所学专业的特点所进行的社会实践活动。专业性社会实践有两大特点,一是要结合自己未来将要从事的职业;二是结合自己所学专业。结合所学专业的社会性实践,能够增加学生感性认识,可以在实践中深化对所学理论的理解。现在各高校都拥有一定数量的专业性实践基地,为大学生专业性的社会实践提供了便利,大学生应当利用好这个平台,通过专业性社会实践提高自身的专业知识能力。

(三)丰富可迁移能力

1. 适应社会能力

大学生走出校门之前大都有"海阔凭鱼跃,天高任鸟飞"的想法,想要在精彩纷呈的社会生活中创造一番宏伟业绩。但在现实生活中奋勇前行时，有些人可能会发现自己想象中的社会与真正接触的社会相差甚远。其实深究一下，不难发现这一情况的真正原因可能是对真实社会生活的简单或片面估计。

适应社会能力的强弱与一个人的思想道德、知识技能、活动能力、创造能力、人际交往能力和健康状况等密切相关。适应社会并不是要被动等待并屈服于困难，更不是要在没有任何原则的情况下去苟同消极和落后的事情，甚至与之同流合污。适应社会应是要以积极主动的态度去接受现实，并有勇气和决心去消除生活中的消极现象，弘扬主旋律，承担应有的责任。

2. 人际交往能力

与他人交流沟通是增长知识和能力的重要方式。在完成好学习任务的同时，大学生要注意提高自己的人际交往能力。培养自身的人际交往能力时，应注意以下几点。

（1）大胆参与

人际交往能力是人们实践和经验的结晶，是无法从教科书中学到的。因此，要培养人际交往能力，大胆参与社交非常重要。目前，学校的学生社团都非常活跃，社会实践活动很多，大学生应抓住机遇，大胆参与。

（2）心理相容

相容就是宽宏大量。有人将相容等同于懦弱，实际上，它们二者之间是有本质区别的。懦弱的人，胆小怕事，是因为本身没有力量而害怕被欺负；而能与他人相容的人则是指那些有宽阔胸怀，有自信心，有坚定意志，有崇高理想，开朗、豁达，对人谦和的人。心理学研究证明，自信心越强，相容的程度就越高。当然，相容并非没有原则。能相容人的人，心中自有自己的见解，原则性也强，他们的容人正是把原则性和灵活性有机地结合起来。

（3）诚实守信

"精诚所至，金石为开""人无信而不立"，这些古老的谚语蕴含的道理千古不变。一个虚伪寡信的人在人际交往中无法占据主动。如果大学生在选择工作的过程中，提供了一份虚假的证书，很可能就会失掉一份本应得到的工作；在处世过程中一次"精明"的失信，很可能导致一生不被信任。

（4）平等互利

人际交往的平等有政治平等、法律平等和人格平等。作为一种能力品质在这里强调的是人格平等。人格平等是指要尊重他人的自尊和感情，不干涉他人的私生活，不践踏他人的人身权利。在人际交往中，没有平等待人的观念，就无法与他人建立密切的人际关系。当然,良好的人际关系也应注意把握好互利原则。互利形式主要包括物质互利、精神互利、物质—精神互利三个方面。就精神互利方面而言,在与他人交往的过程中,我们自然而然地希望得到对方的关心和爱护。因此,我们需要彼此之间相互关心和相互激励,必须要考虑到对方也具有相同的心理需求。

3. 组织管理能力

大学生毕业之后就将步入社会,虽然不可能每一个人都被分配到管理岗位并从事和管理相关的工作,但是组织领导的能力或多或少都会在每一个人今后的工作当中有所体现,这是当代社会对于人才培养所提出的要求。大学期间入党或者担任过学生干部的毕业生是用人单位优先考虑的目标,主要原因是他们比较看重应聘者的组织管理经验。在大学学习生活当中培养自身的组织管理能力应当注意以下两点。

(1) 学会把握时机

有许多大学生当过学生干部,大到一班之长,小到宿舍长,还有众多的社团管理者等,他们以服务同学为主要任务,肩负着众多的责任和使命。然而也有部分同学根本瞧不上学生会干事、宿舍长一类的职务,这是一种错误的认知。我们可以观察到,其实每一个学生干部职位都是对个人组织管理能力的锻炼,如果有幸被同学选上或者被老师选中,应当积极参与,部分学生干部职位即使没有同学愿意担任,自己也应当主动请缨要求进步,这将是一段刻骨铭心的回忆和难得的锻炼时机。

(2) 学会取长补短

担任学生干部的机会十分有限,如果不幸落选,也可以通过学习别人的成功经验来培养自己的组织管理能力。尽管我们没有机会管理其他人,但是我们也一定会被其他人管理,在这个时候,我们一定不能消极对待,而应该以积极的态度去配合管理者,从他人的优点中学习,并设想如果由自己组织这项活动该如何安排。如果有机会,我们还应当积极地筹办一些活动,如组织学术讨论、读书会、朗诵比赛、体育竞赛等活动。这也是对自身组织管理能力的一种锻炼。

4. 表达能力

表达能力是指一个人用语言、文字、图形、表情和动作等清楚地把自己的思想、情感、想法和意图等表达出来,并使他人易于理解、体会和掌握的一种能力。它主要包括口头表达能力、文字表达能力、数字表达能力、图示表达能力等。由于数字表达能力和图示表达能力属专业领域的基本技能,因此这里我们主要讨论口头表达能力和文字表达能力。

口头表达能力就是我们通常所说的"辩才"。一个人的"辩才"不好,"才美不外见",对其未来的发展是极为不利的。"说话"是大学生在求职过程中最先展露的才能，因为面试单位抛出的第一个问题很有可能是："为什么选择我们单位？谈一谈你的想法。"若是无法有效地表达自己的思想，那么，即使有满腹经纶，也无济于事。培养良好的口才，需要做到以下几点：第一是要做到敢言。敢于在公众面前表达自己的思想，是培养"口才"的必要前提。有的人不善于向公众表达，其主要原因在于自身心理素质不佳导致信心不足，害怕说错话，遭人讥笑。因而，练就良好的"口才"，就势必要养成良好的心理素质，正确审视自己："别人行，我也一定行，别人可以做好，我通过自身的努力也一定会比他做得更好。"第二是要明白自己要说什么，怎么说。这需要表达者具有丰富的表达素材和内容。这是锻炼"口才"的基本功。第三是要在学习之余多读书看报，多了解时政热点，时刻心系天下，掌握更多的信息，在和别人交谈中才能更好地明白自己要说哪些内容，怎样表达这些内容。第四是要做到善于言谈，即如何以最简练生动的方式表达自身的观点，让对方信服，接受自己的观点和建议。这是练好"口才"的关键之所在。

文字表达能力更是个人综合素养的重要体现。文字表达能力欠佳的人在科学研究方面的成就或许会大打折扣。虽然自荐信之类的文书可以事先打好底稿，从容不迫地反复斟酌，也可以请人代为修正，但即使顺利通过了求职，在之后的日常工作中也会因为功底不足而失误频频。作为一名大学生，文字表达能力便是他们冲锋陷阵的"矛"，丢失了武器，战场上即使再怎么勇敢也只会是双拳难敌四手。大学生应当充分认识到文字表达能力的重要性，应当果断瞅准时机，勤奋努力，多加练习。即使学校还未开设相关的课程，无法提供相应的实习机会，也应当有意识地去学习文字表达相关内容，学以致用，努力提升自身的文字表达能力。

5. 开拓创新能力

开拓创新能力是一种综合事务能力，是集智力与能力于一体、以智力为基础、具有科学依据的一种创新再发展能力。著名物理学家、"两弹一星"元勋钱学森说过："我们不能人云亦云，这不是科学精神，科学精神最重要的就是创新。"创新永远不是少数人的特异功能，而是每一个人都可以具备的一种能力。陶行知先生说："处处是创造之地，天天是创造之时，人人是创造之人。"创造学研究表明：具有正常思维之人，均具有发明创造的潜能。人与人之间创造力的差异主要是后天培养和是否具有主动创造的意识所造成的。大学生培养开拓创新能力应注意以下几点。

（1）扩充学识

培养创新能力不仅需要超人的胆略，还需要广博的学识和卓越的能力。缺乏专业的知识和必要的才能，就难以开拓创新的事业。知识渊博、经验丰富的人不会担忧创新能力的不足。只有拥有丰富的知识和经验，才能获得卓越的才干、超人的勇气；才能更好地接受新事物,吸收新知识,并把握好机会,奋力开拓创新。

(2) 培养想象力

不单单是文学和艺术,任何职业都需要丰富的想象力。狄德罗说,想象是人的一种特质。爱因斯坦在总结自己的经验时指出:"想象力比知识更重要,因为知识是有限的,想象力概括着世界上的一切,推动了进步,并且是知识发展的源泉。"美国科学家斯彭塞在做雷达实验时,偶然发现雷达所产生的微波可以使胸前口袋里的巧克力融化,正是这一件小事让他突发奇想,发明了微波炉。对于需要发展和开拓创新能力的大学生来说,培养自己的想象力就显得尤为重要。

(3) 培养发散性思维

发散性思维又称创造性思维、求异思维,是不断拓展自身思维的广度、深度,全方位、多领域地寻找问题的最佳解决方案。它通常具有三种形式:反向思维、侧向思维和多向思维。这种思维能力的培养对个人创新意识的培养是有百利而无一害的。

6. 竞争能力

竞争的目的是使人们不断地在危机感中寻找拼搏前进的新的制高点,从而充分发挥每个人的才能。对于大学生而言,培养个人的竞争能力显得尤为迫切。只有遵循这个目标,才是所谓的真正意义上的竞争。因此,竞争是一种对人格的考验,是共同发展的一种结果,使胜利者奋力向前,使失败者重拾信心。同时,保持健康的心态也是竞争的必备条件之一。竞争是指许多人为争取有限的资源或机会而各自努力、相互比较,不能达到目标也是一种非常正常的现象。即使竞争失败,也要重整旗鼓,继续寻找新的目标不断前行。因为成功有先后,胜利有迟早,只要目标符合客观实际,加上自己的顽强努力,每个人都可以取得成功。因而,努力提高自身的综合能力是培养竞争意识的重要前提,这不仅仅是优胜劣汰的抽象形态,更是提高自身能力的实体形态。

7. 分析判断和解决问题能力

分析判断和解决问题能力就是对客观世界间接的、概括的反应能力,需要通过对感性材料的研究、分析,找出事物的本质规律,形成科学的概念和结论。分析判断是一种重要的思维活动,任何问题的解决,都离不开科学的分析。分析判断和解决问题的能力是大学生必备的基本能力。

8. 动手能力

动手能力是将创造性思维转化为实践成果的能力,通过生动的实践过程,展现创造性思维转化能力,也被称为实验操作能力,这种能力对于大学生来说非常重要。现实工作中,尤其是在生产服务第一线,要求的是理论上要懂、实践中会干的人才,要求讲能讲出科学道理来,动手能干出样子来。有些大学生对于工作中遇到的问题,理论上懂,道理也讲得出来,但要亲自动手来解决这些问题时,往往就显得能力欠缺。因此,大学生在学校不仅要积累知识,还要通过参加实践活动、申报科研项目等,着力培养和提高实际动手能力,以满足今后工作的需要。

(四) 优化自我管理能力

1. 树立自我管理能力提升意识

大学与中学的学习方式截然不同,老师不再时刻督促学生的学习,也很少详细分配具体的学习任务,由此导致许多学生对于开放、自由的大学生活无所适从而焦虑迷茫。事实上,克服焦虑的最好办法就是充实生活,大学生要想在未来职业生涯中赢得竞争,终身学习是必不可少的。

(1) 树立终身学习的意识

终身学习是21世纪的生存理念,即通过持续支持的过程发挥人的潜能,激励和赋予人们获得生活所需的一切知识、价值观、技能和理解的权利,并自信地、创造性地运用于任何领域的任务、形势和环境。首先,要改变自己的认知。青年大学生对社会和生活的认识和思考尚未完全定型,仍处于不断变化和重塑的过程中。可以多阅读认知、思维等方面的书籍,了解优秀人士的思维方式,借鉴他们的做事方法,从而改变自身观念。特别是进入职场后,一定要注意把学生思维转化为职场思维,不能做"思想的巨人,行动的矮子"。其次,要扩充信息来源。对于大学生来说,现代社会早已不是凭借一纸文凭就可以"仗剑走天涯"的时代。现代社会越来越需要同时拥有多种技能的复合型人才。如一个律师,即使其专研领域为婚姻家庭,也不仅仅是掌握婚姻家庭方面的法律法规就能满足客户需求的,还需要具备心理学、社会学等方面的学科知识。终身学习意味着大学生不仅要积累本专业相关的知识技能,还要关注自身行业的发展,了解行业前沿和最新动态,要具有国际化视野。最后,要保持对成长的追求。无论你有什么目标,又或者想要为什么奋斗,但只要你想拥有还未拥有的东西,这就是追求成长的表现。保持对成长的追求,事实上就是保持一种想要持续学习的心态,为"明天会更好"而不断努力。每个人的工作旅途都不会是一帆风顺的,总会遇到各种各样的困难和挑战。但只要保持对成长的追求,一定会找到正确的路,只要坚持下去,总有一天黎明会到来。

(2) 树立职业规划意识

在现代教育发展的今天,大学生都应转变思想,更新观念,增强主体意识,认清自己的定位,确立自己的目标,增强自我管理意识和适应社会发展的潜能。在大学初期就应着重培养自我管理意识,学会分配时间和精力,并逐渐开始培养职业兴趣。同时,还应尽快确定恰当的学习目标。例如,大一与大二学生有许多基础科目要学,应先学好数学和英语,打好基础,通过英语四六级考试;大三学生应制订职业规划,进一步了解自己和就业环境,初步确立正确的就业方向,并做好合理规划;大四学生应明确职业发展方向。如若准备就业,就要强化专业知识能力,储备就业技能。如若准备研究生入学考试,就应制订合理的学习计划,科学合理地安排自己的时间,提高学习效率。

2. 掌握自我管理能力提升办法

(1) 养成良好习惯

良好的习惯对于大学生的成长和成功起着重要的作用。大学生在一定程度上记录下每天的日常行为,通过建立自我控制和自我约束的平台进行自我管理,主要从上网习惯、作息习惯、消费理财习惯、学习习惯、运动饮食习惯、文明礼仪等方面进行自我约束和控制。大学生记录自己的行为,定期进行自我评估,久而久之,在日常的学习生活中融入自我管理的理念,并真正使良好素质的养成成为一种习惯。

(2) 依托自控平台

大学生应积极参加各种社团、学生会,利用课余时间,培养业余爱好,从而拓宽视野,锻炼能力,提高自我。此外,可以在活动中充分表达自己,强化自我管理意识,增强成就感,最终形成良性循环。闲暇时间,大学生应该走出宿舍,进入实验室或加入教学研究团队,学会亲自动手实践,学会团队合作;还要走出校园,通过参与课外活动、学科竞争的实践教学模式,提高综合素质和自我管理能力。

(3) 组建科学研究或社会实践兴趣小组

培养自我创新创业意识和能力,还可以自行组建科学研究或社会实践兴趣小组,建立高年级大学生对低年级大学生"传、帮、带"的自我管理机制,营造良好的学习氛围。通过专业兴趣的培养来提升创新能力,进而提升一系列自我管理能力,包括自我学习管理、自我生活管理、自我发展管理、自我人生管理等。

【思考题】

1. 谈一谈你对"只要有志向就会有事业,只要有本事就会有舞台"这句话的理解。
2. 如何理解大学专业与未来职业的关系?
3. 你认为应该如何科学、有效地进行职业探索?
4. 你认为如何提升自己的职业能力?
5. 如何在不断变化的环境中找到适合自己的职业?

第三章

职业心理

教学目标

知识目标：了解自己的气质、性格和兴趣，理解不同个性与职业的匹配度，明确进入职场前应做好的心理准备。

能力目标：能够熟悉职业选择的四种策略并且根据自己的个性选择适合的职业，初步具备在找准职业发展方向的基础上进行全方位自我塑造的能力。

素养目标：增强职业选择意识，把握自我塑造的真谛，在高尚追求的引领下，不断超越自己，为"华丽"进入职场做好充分准备。

本章导语

职业是人生的重要组成部分,是一个人安身立命的资本。职业不仅能养家糊口满足人的物质需要,更能带给人精神上的愉悦,激发人的潜能,使人找到生活幸福感,达到自我实现的目标。因此,选择适合自己的职业,是每一位大学生在将所学专业变成"饭碗"的过程中必须思考的问题。一份理想的职业应该是从业者喜欢、感兴趣并愿意为之奉献的职业。如何寻求理想职业,怎样在认识自我的基础上,寻找职业兴趣,进行职业选择与决策,最终通过自我塑造实现人职匹配是本章探讨的主旨。

第一节　个性与职业

职业个性与职业匹配

某大学计算机专业大四学生小杨同学,临近毕业陷入求职困惑中,在辅导员的劝导下来到学校心理咨询中心,心理老师张老师热情地接待了他。下面是小杨同学和张老师的对话。

张老师:你好!小杨,很高兴能和你聊聊关于求职方面的困惑。首先,能告诉我你目前感到最迷茫的是什么吗?

小杨:老师您好!我最近真的挺迷茫的。眼看就要毕业了,大家都在忙着找工作,可我却不知道自己到底适合做什么。我对自己的个性、气质、性格还有兴趣都有点模糊,不知道这些怎么和自己未来的职业联系起来。

张老师:理解你的感受,很多学生在毕业前都会经历这样的迷茫期。首先,我们来聊聊你的兴趣吧。你平时喜欢做些什么?有没有什么事情是你特别享受,甚至愿意投入大量时间做的?

小杨:嗯,我喜欢阅读科技类的文章,也喜欢动手尝试一些编程项目。每次解决一个编程难题,我都觉得特别有成就感。

张老师:那很好,兴趣往往是职业选择的重要指引。你提到的编程和科技阅读,都指向了IT或相关领域。接下来,我们再来谈谈你的性格和气质。你觉得自己在面对问题时的态度是怎样的?是喜欢独自钻研还是更喜欢团队合作?

小杨:我其实比较内向,当遇到技术难题时,我更愿意一个人静下心来思考。不过,我也认识到团队合作的重要性,在之前的项目里,我也积累了很多与他人协作的经验。

张老师:非常好!你的性格中既有独立思考的一面,也具备团队合作的精神,这是非常宝贵的。在IT行业中,这两种特质都是非常重要的。现在,我们来梳理一下,你的兴趣在科技领域,特别是编程领域,而你的性格则适合需要深度思考能力和独立工作能力的岗位。

小杨:可是,IT行业这么大,我还是不知道该具体选择哪个方向。

张老师：没错，IT行业确实非常广泛，但你可以从自己的专业背景和兴趣出发，先缩小范围。比如，你可以考虑软件开发、数据分析、网络安全等方向。同时，你也可以通过实习、参加行业活动等方式，进一步了解这些岗位的实际工作内容，看看哪个更符合你的期望。

小杨：听起来很有道理，我之前确实忽略了这些实践的机会。

张老师：是的，实践是检验兴趣与职业匹配度的最好方式。记住，不要害怕尝试和失败，每一次的经历都会让你更加明确自己的方向。同时，也要保持开放的心态，未来是充满变数的，你的职业道路也可能随着你的成长和经验的积累而有所调整。

小杨：谢谢老师的指导，我现在感觉清晰多了。我会按照您的建议，先从小范围开始尝试，慢慢找到自己的定位。

张老师：不客气，很高兴能帮助到你。祝你求职顺利，前程似锦！

小杨同学的故事告诉我们，每一个人在面临职业选择时，首先要做的事情就是认识自己，尽量做到人职匹配。在选择职业之前必须对自己有一个全面的评估，过高或过低地估计自己，都会影响到对职业的选择。了解自己的职业个性，根据自己的气质、性格、能力和兴趣，寻找适合自己的职业是迈出职业生涯的第一步。

一、气质与职业

（一）气质

在心理学上，气质是人的一种心理特征，包括人与外界事物接触中反映出来的感受性、耐受性、反应的敏捷性、情绪的兴奋性，以及心理活动的内向性与外向性等特点。有的人脾气很急，没有耐性；有的人说话办事慢条斯理；有的人没心没肺，大大咧咧；有的人不动声色，深思熟虑。人与人之间的这些差异，就是气质上的差异。

气质学说源于古希腊著名的学者兼医生，被称为"医学之父"的希波克拉底的体液说。他认为人体内有四种体液：黏液、黄胆汁、黑胆汁、血液。这四种体液在每个人身上的配合比率不同，形成了四种不同类型的人。后来，古罗马医生盖伦进一步确定了气质类型，提出人的四种气质类型是胆汁质、多血质、黏液质、抑郁质，并把它们确定为气质的基本类型沿用至今。

(二)气质与职业匹配

不同职业对气质类型有不同的要求,如何让气质类型和职业相匹配,怎样找到适合自己气质类型的工作,这是古往今来许多心理学家研究的一项重要课题。下面简要介绍四种不同气质类型的特点(见图3-1),以及各自适合的职业,方便大学生在求职时参考。

气质类型测试

1. 胆汁质型

张飞和李逵是胆汁质型典型的代表人物。这种类型的人热情、豪爽,处理问题迅速而坚决,但易急躁,热情忽高忽低,办事粗心,对需要长期静坐的细致工作岗位很难胜任,有时会刚愎自用、傲慢不恭。适合胆汁质型的人的职业有节目主持人、导游、勘探工作者、推销员、外事接待人员、演员等。

2. 多血质型

王熙凤是多血质型典型的代表人物。这种类型的人活泼、好动,容易适应新环境,交际能力强。他们举止敏捷、感情外露,办事多凭兴趣,富于幻想,但缺乏耐力和毅力,很难胜任单调机械的工作。适合多血质型的人的职业有政府及企事业管理工作、外事工作、公关工作、新闻工作者、驾驶员、医生、律师、运动员、演员、公安侦查员、服务员等。

3. 黏液质型

薛宝钗和林冲是黏液质型典型的代表人物。这种类型的人稳重、自制、情感不易变化和暴露,说话慢且言语少,遇事谨慎,善于克制忍让,有耐久力,注意力不易转移,但容易固执拘谨。适合黏液质的人的职业有外科医生、法官、会计、数据分析师、播音员等。

4. 抑郁质型

林黛玉是抑郁质型典型的代表人物。这种类型的人喜静、情绪不易外露,工作细心谨慎、稳妥可靠,但遇事缺乏果断和信心,工作适应能力差,容易产生悲观情绪。抑郁质型的人,可以较好地胜任胆汁质型的人难以胜任的工作,也适合从事研究工作和艺术造型等工作,比如机要、编辑、档案、化验、保管等工作。

需要说明的是,大多数人都是几种气质类型兼具的混合体,气质并无好坏之分,任何一种气质都有其积极和消极的方面。气质本身是不能预测成就大小的,了解自己气质的意义主要在于尽量根据自身的特点选择适合自己的职业发展方向和发展道路。

图 3-1　四种气质类型的行为表现(丹麦·皮特斯特鲁普)

二、性格与职业

(一) 性格

我们经常说"性格决定命运",性格在一个人的发展方向和发展道路的选择上有着重要的影响力。心理学上认为,性格是一个人对现实稳定的态度,以及与之相适应的习惯化了的行为方式的总和,是个性心理特征中最核心的内容。它决定个人的活动方向,是一个人区别于他人的最主要特征。人的性格不仅有个别差异,而且有好坏之分。有的人傲气、泼辣,有的人热情、活泼,有的人深沉、内向,有的人多思多虑。这些差异和特点都在不同程度上影响着个体职业选择的倾向,甚至影响其将来成功与否。

(二) 性格与职业匹配

很多大学生了解自己的性格,但不知道自己的性格适合什么职业,也很想探索性格因素和职业选择之间的关联。为此,我们需要了解一个性格测试工具——MBTI。MBTI是以"荣格心理类型说"为理论基础编制的人格测验。它是当今世界上应用比较广泛的性格测试工具之一。据有关资料统计,世界前100强公司中已有89%引入MBTI,用于员工和管理层实现自我发展、提升组织绩效等各个领域。下面通过对MBTI的介绍,了解性格与职业的关系。

1. MBTI性格测试量表

MBTI有四个维度,分别是:外倾—内倾(E—I)、感觉—直觉(S—N)、思维—情感(T—F)、判断—知觉(J—P)。需要说明的是,每种类型都不是绝对的,不要期望每条标准都完全符合自己,大部分符合基本上就可以确定了;也不要求每时每刻都以同样类型的方式行事。人毕竟生活在社会中,只要扪心自问:到底以什么样的方式行事是自己感觉最好的、最习惯的,就以那个类型来界定自己。

第一个维度:根据个人的能量更集中地指向哪里来区分,分为外倾与内倾两种类型(E—I)。具体特征比较见表3-1。

表3-1 外倾型人格和内倾型人格特征比较

外 倾 型 （E）	内 倾 型 （I）
与他人相处精力充沛	独自度过时光精力充沛
希望成为注意的焦点	避免成为注意的焦点
行动,之后思考	思考,之后行动
喜欢边想边说出声	在心中思考问题不善于表露
易于"读"和了解;随意地分享个人信息	相对封闭,更愿意在经挑选的小群体中分享个人的信息
说的比听的多	听的比说的多
高度热情地社交	不把热情表现出来
反应快,喜欢快节奏	仔细考虑后,才有所反应,喜欢慢节奏
重于广度而不是深度	喜欢深度而不是广度

第二个维度:根据个人收集信息的方式不同,分为感觉与直觉两种类型(S—N)。简言之,感觉型注意"是什么",实际而仔细。直觉型则更关心"可能是什么"。具体特征比较见表3-2。

表3-2 感觉型人格和直觉型人格特征比较

感 觉 型 （S）	直 觉 型 （N）
相信确定和有形的事物	相信灵感和推断
喜欢新想法,它们必须有实际意义	喜欢新思想和概念,必须符合自己的意愿
重视现实性和常识性	重视想象力和独创力
喜欢使用和琢磨已知的技能	喜欢学习新技能,但掌握之后很容易就厌倦了
留心具体的和特殊的;进行细节描述	留心普遍的和有象征性的;使用隐喻和类比
循序渐进地讲述有关情况	以一种绕圈子的方式跳跃性地展现事实
着眼于现实或现在	着眼于未来

第三个维度：根据个人作决定方式的不同，可分为思维与情感两种类型（T—F）。具体特征比较见表3-3。

表3-3 思维型人格和情感型人格特征比较

思 维 型（T）	情 感 型（F）
退后一步思考，对问题进行客观的分析	超前思考，考虑行为对他人的影响
重视符合逻辑、公正、公平的价值；一视同仁	重视同情与和睦；重视准则的例外性
容易发现缺点，有吹毛求疵的倾向，倾向于批评	给人快乐，容易理解别人
被认为冷酷、麻木、漠不关心	被认为感情过多，缺少逻辑性，软弱
认为圆通比坦率更重要	认为圆通与坦率同样重要
只有情感符合逻辑时，才是正确的，才可取	无论是否有意义，认为任何感情都可取
渴望成就而激励	为了获得欣赏而激励

第四个维度：根据个人最感到舒适的生活方式，可分为判断与知觉两种类型（J—P）。具体特征比较见表3-4。

表3-4 判断型人格和知觉型人格特征比较

判 断 型（J）	知 觉 型（P）
作了决定后感到快乐	当各种选择都存在时，感到快乐
"工作原则"：先工作再玩（如果有时间的话）	"玩的原则"：先玩再完成工作（如果有时间的话）
建立目标，并准时地完成	随着新信息的获取，不断改变目标
愿意知道他们将面对的情况	喜欢适应新情况
着重结果（重点在于完成任务）	着重过程（重点在于如何完成工作）
满足感来源于完成计划	满足感来源于计划的开始
把时间看作有限的资源，认真地对待最后期限	认为时间是可更新的资源，而最后期限也是有收缩的

通过对照四个维度人格的描述,取每个维度上偏好类型的代表字母,即可以由四个字母构成一个人的性格类型,如 ISFJ,即内倾感觉情感判断型,ENFP,即外倾直觉情感知觉型。四个维度、八个端点可组合成下表的十六种性格类型(见表3-5),表中的每一种性格类型都将是独特的类型,没有哪一种类型最好,也没有哪一种类型不好。

表3-5 十六种性格类型表

内倾感觉思维判断型（ISTJ）	内倾感觉情感判断型（ISFJ）	内倾直觉情感判断型（INFJ）	内倾直觉思维判断型（INTJ）
内倾感觉思维知觉型（ISTP）	内倾感觉情感知觉型（ISFP）	内倾直觉情感知觉型（INFP）	内倾直觉思维知觉型（INTP）
外倾感觉思维知觉型（ESTP）	外倾感觉情感知觉型（ESFP）	外倾直觉情感知觉型（ENFP）	外倾直觉思维知觉型（ENTP）
外倾感觉思维判断型（ESTJ）	外倾感觉情感判断型（ESFJ）	外倾直觉情感判断型（ENFJ）	外倾直觉思维判断型（ENTJ）

2. MBTI性格测试类型及与之匹配的工作风格

(1) 检查员型(ISTJ)

检查员型(ISTJ)的人做事认真、关注细节、讲求精确和系统,致力于改善组织程序与过程,无论组织处在发展的顺境还是逆境,都对组织保持忠诚。

(2) 冒险家型(ISTP)

冒险家型(ISTP)的人注重实用性,尊重事实,只信服被论证的结果,具有现实性。他们喜欢独立工作,依靠逻辑和足智多谋解决即时出现的组织问题。

(3) 挑战者型(ESTP)

挑战者型(ESTP)的人属于行为定向型,讲究实效,注重现实,能以最有效的途径解决问题。不畏惧事件即时发生,喜欢在复杂的情境中找到解决问题的方法。

(4) 大男人型(ESTJ)

大男人型(ESTJ)的人善于分析、理智果敢,做事喜欢事先组织细节和操作程序。

(5) 照顾者型(ISFJ)

照顾者型(ISFJ)的人仁慈、忠诚、替他人着想,愿意为他人提供支持和鼓励,喜欢做他人坚强的后盾。

(6) 艺术家型(ISFP)

艺术家型(ISFP)的人温和,体贴,具有开放性,头脑灵活,喜欢在合作与充满和谐气氛的环境中工作。

(7) 表演者型(ESFP)

表演者型(ESFP)的人天性喜欢与他人相处,爱开玩笑,喜欢与其他活泼、快节奏的人一起工作。

(8) 主人型(ESFJ)

主人型(ESFJ)的人注重秩序,机智,富有同情心,在乎与他人的和谐相处,有主人翁意识。

(9) 博爱型、作家型(INFJ)

博爱型、作家型(INFJ)的人自信,柔情,有敏锐的洞察力,喜欢独立工作或与那些热衷于关注人们成长和发展问题的群体共同工作。

(10) 哲学家型(INFP)

哲学家型(INFP)的人是理想主义者,希望自己的工作被认为是重要的,喜欢独立工作或在能发挥创造性的小团体里工作。

(11) 记者型(ENFP)

记者型(ENFP)的人热情,富有创新性。他们对寻求新的希望和前景的工作乐此不疲,致力于从事能给人们带来更好改变的事情。

(12) 教育家型(ENFJ)

教育家型(ENFJ)的人关注人际关系,是良好沟通的促进者,致力于从事与人们的发展有关的各种工作。

(13) 专家型(INTJ)

专家型(INTJ)的人极具个性化,漠视众人的怀疑,相信自己的眼光,喜欢独自完成复杂的工作。

(14) 学者型(INTP)

学者型(INTP)的人喜欢理论和抽象的事物,喜欢构建思想,对环境和人反应不敏感,强调对自己的观点和方法拥有最大的自主权。

(15) 发明家型(ENTP)

发明家型(ENTP)的人具有战略眼光,多才多艺,富于创新,擅长分析思维,喜欢与他人一起从事需要非凡智慧的创造性活动。

(16) 元帅型(ENTJ)

元帅型(ENTJ)的人做事讲究逻辑,组织能力强且处理事情果断,愿意与别人一道从事管理工作和制订战略计划。

上述气质和性格回答的是一个人"是否适合做某项工作"。做好一项工作还需要问自己"是否愿意做""是否喜欢做"等这些涉及兴趣的问题。现实中,有的人拥有别人羡慕的工作却仍然闷闷不乐,拥有很高的薪水和出色的工作成绩也没有让情绪高涨,究其原因,是对工作缺少兴趣,没有真正找到职业幸福感。

三、兴趣与职业

(一)兴趣

兴趣是个体力求认识、掌握某种事物,并经常参与该种活动的心理倾向,它表现为人们对某件事、某项活动的选择性态度和积极的情绪反应。兴趣是成功的重要推动力,它能将人的潜能最大限度地调动起来,使人长期专注于某一方向,取得令人注目的成绩。当兴趣直接指向与职业有关的活动时,就称之为职业兴趣(见图3-2)。

图3-2 职业源自兴趣

(二)兴趣与职业匹配

一份来自哈佛大学的报告中有这样一组数据:在1960—1980年间,哈佛商学院对1 500名毕业生进行研究,一开始即将其分成两组:第一组,计划先赚钱,然后做自己想做的事,共1 245人,占83%;第二组,先追求自己真正的兴趣,认为以后财源自然会滚滚而来,共255人,占17%。结果20年后,两组共诞生101位百万富翁,其中,1人属于第一组,100人属于第二组。这个研究资料表明:如果一个人对某份工作有浓厚的兴趣,就可能发挥其全部才能的80%—90%,并能长时间地保持高效率而不感到疲劳；反之，如果一个人对某份工作缺乏兴趣，就只能发挥其全部才能的20%—30%，且容易筋疲力尽。美国职业指导专家约翰·霍兰德（John H. Holland）曾说过："虽然我们做了几十年的研究，但预测个人职业选择最有效的方法却是询问这个人自己想做什么。"也就是说，预测一个人的职业选择是和他的兴趣息息相关的。获得诺贝尔物理学奖的华裔科学家丁肇中说："兴趣比天才重要。"如在学校里被人骂为"低能儿""傻瓜"的爱迪生，却在发明王国显示出了杰出的才华；在课堂上"智力平平"的达尔文，在大自然的怀抱里却异常聪明和敏锐。正是兴趣让这些曾被认为"愚笨"的人成了大家眼里的天才。

如何发现自己的职业兴趣？霍兰德将人们的兴趣分为六种类型，并提出适合相应类型的工作（见表3-6）。

表3-6 霍兰德的个性与职业模型

职业类型	个性特点与能力	环境特点（职业要求）	职业特点	适应职业
现实型	具备机械操作能力或体力，适合与机器、工具、动植物等具体事物打交道	要求明确的、具体的体力任务和操作技能，人际要求不高	熟练的手工和技术工作，运用手工工具或机器进行工作	工程师、操作X光的技师、飞机机械师、无线电报务员、自动化技师、电工、鱼类和野生动物专家、机械工、木工等
研究型	具备从事观察、评价、推理等方面活动的能力，讲究科学性	要求具备思考和创造能力，社交要求不高	科学研究和试验工作，研究自然界、人类社会的构成和变化	科研人员、科技工作者、试验员、数学家、物理学者、化学家、植物学家、动物学家、科学报刊编辑、地质学者等
艺术型	具有艺术性、独创性的表达和直觉能力，不喜欢硬性任务，情绪性强	通过语言、动作、色彩和形状来表达审美原则，单独工作	从事艺术创作	作家、演员、记者、诗人、画家、作曲家、编剧、舞蹈家、音乐教师、雕刻、摄影艺术、室内装修、服装设计等
社会型	喜欢从事与人打交道的活动，人道主义，但不能理智解决问题	解释和修正人类行为，具备高水平的沟通技能，热情助人	通过命令、教育、培训咨询等方式帮助、教育、服务人	联络、外交工作者、教师、学校领导、导游、社会福利机构工作者、社会群众团体工作者、咨询人员、思想工作者等

（续表）

职业类型	个性特点与能力	环境特点（职业要求）	职业特点	适应职业
企业型	以劝说、管理、监督和领导等能力获得法律、政治、社会和经济利益	善作言行反应，有说服他人和管理能力，完成监督型角色	劝说他人、指派他人去做事情的工作	厂长、各级领导、管理者、政治家、律师、推销员、批发商、零售商、调度员、广告宣传员等
常规型	注重细节，讲究精确，具备记录和归档能力	要求系统、常规的行为，具体体力要求低，人际技能要求低	一般是各种办公室、事务性工作	会计、统计、出纳、办公室职员、税务员、秘书、计算机操作员、打字员、成本核算员、法庭速记员等

职业兴趣测试

第二节 职业选择

随着我国教育体制的变革,大学生已走上自主择业的道路,择业、就业、创业是高校、家长和学生共同关注的焦点,也是每个大学生人生发展的重要课题。对于初踏入社会的大学生,职业选择的成功与否,关系着不同的发展机会、发展空间和不同的生活方式,以及事业的成功与失败。因此,职业选择在职业生涯规划中占据着重要的地位,一般职业规划流程如图3-3所示。

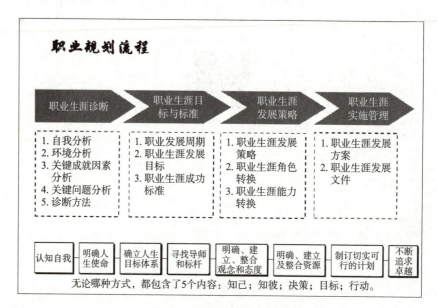

图3-3 职业生涯规划流程

职业的理性选择

李某,毕业于北方985财经大学金融专业,凭借扎实的理论基础和多次参与金融项目实习的丰富经验,在毕业季收到了多家知名金融机构的橄榄枝。这些单位中,既有能提供高薪职位的国内顶尖投资银行,承诺让其拥有快速的职业晋升路径和丰富的项目资源;也有新兴的金融科技公司,虽然起薪略低,但公司强调工作和生活相平衡、个人成长与公司发展并重的理念使她深感满意。

面对这两个截然不同的职业选择,她陷入了深深的思考之中。一方面,她深知投资银行的工作能够让她迅速接触到金融行业的核心领域,不仅薪资诱人,还能在短时间内积累丰富的行业经验,为未来的职业发展奠定坚实的基础。这样的前景对她而言极具吸引力,是她一直梦寐以求的职业发展道路。然而,另一方面,她也意识到投资银行的工作强度极大,经常需要加班至深夜,甚至周末也难得休息。她担心,在追求职业成功的同时,自己会失去生活的乐趣,甚至损害到健康。她渴望能在职业发展的同时,也能保持生活的平衡,能享受与家人朋友相处的时间,还能追求个人兴趣爱好。经过反复权衡,她决定采取一种更加理性和长远的方式来进行自己的职业规划。她意识到,虽然高薪和快速的职业晋升听起来很诱人,但长期的身心健康和生活的幸福感同样重要。

最终,她选择了那家新兴的金融科技公司。这家公司虽然起薪不高,但其创新的工作环境、对员工身心健康的重视,以及为员工提供的广阔成长空间,都让她看到了未来职业发展的无限可能。她相信,在这里,不仅能够学习到最前沿的金融科技知识,参与有趣且富有挑战性的项目,还能在保持身心健康的同时,实现个人价值和社会价值的双重提升。

李某的故事告诉我们,在职业选择的过程中,决不能犯"方向性错误"。除了考虑薪资和职业发展前景外,还要关注自己的内心需求和生活质量。只有找到那个既能激发自己热情,又能保持身心健康的平衡点,才能在职业生涯中走得更远、更稳。另外,也要认识到职业选择并非一成不变,而是会在职业生涯中不断调整和优化的。通常职业选择需要考虑以下三个问题:我想往哪一条路线发展?我适合往哪一条路线发展?我可以往哪一条路线发展?

一、职业选择的策略

尽管每个人在谋求出路、寻找工作、选择职业时会受到多种限制,但也不是被动或消极等待的,往往是想方设法采取各种"策略"来满足自己的需要和愿望。当然,不同的人由于个性、教育背景、家庭环境等不同,导致最终的职业选择策略也会有所不同。

概括起来,职业选择策略大致可归为以下几种:试探性策略、专业匹配策略、安全归属策略和稳定性策略。

(一)试探性策略

很多初入职场的人,由于人生阅历、工作经验以及实践经历还远远不够,导致对自己所选的新生活不能完全把握。此时,不妨采用试探性策略让自己平稳过渡。这种策略是指把自己生活的一部分转向新的生活模式,通过对新的生活模式的实践,最终做出是否要全身心投入工作的决定。

可以看出,试探性策略能够帮助人们在多种职业中选择一份较为理想的工作,因此该策略被很多大学生运用于职场初期,表现在他们利用空闲时间去打工或做兼职,或在某一段时间里临时从事某项工作。通过试探性择业,不仅可以深入地接触职业,了解职业性质,感受工作氛围,从而作出离开还是继续留任的决定,而且还可以通过具体的实践,拓宽眼界和知识面,积累经验,为进一步适应工作夯实基础。

(二) 专业匹配策略

"专业即饭碗"是大多数人学习专业的动力,毕业求职以"专业对口"作为考虑的重点就成了必然。寻求所具有的专业知识、技能、经验与所要从事的职业有哪些直接的联系,是求职者求职的自然逻辑。这是以工作本身的内容、性质为中心的择业策略。

采取"以专业为重点"择业策略的求职者,更多是追求学以致用,考虑工作本身所能给予他们需要的满足程度、专长的运用程度,以及从中所能获得的满意感、归属感和自我效能感。

(三) 安全归属策略

每个人都有归属的需要,归属感的获得是安全感的重要保证。工作单位、家庭、朋友圈等都在很大程度上满足着人们的归属需要。作为大学生,需要知道适合自己的工作单位的特点。

1. 一个好的工作单位应具备以下特点

(1) 与个人的职业生涯规划相匹配,能帮助个人潜能最大化实现。

(2) 单位文化与员工个性相契合。

(3) 单位让员工能够找到归属感。

(4) 单位有能让员工享受的工作环境和人际氛围。

(5) 单位团队意识浓厚。

2. 选择工作单位时还应注意以下问题

(1) 不图虚荣,不盲目攀比,只有适合自己的才是最好的。

(2) 定位要准确,量力而行。

(3) 择业目标要实事求是,过高或过低都会影响工作动力。

(4) 找工作时要尽可能想着付出而不是回报,斤斤计较是职场大忌。

（四）稳定性策略

追求职业稳定是很多大学生进入职场首先考虑的。分析原因有三：其一，由于工作性质稳定，不必像流动单位的人"东奔西跑"，可免受奔波之苦，也可避免因之而与生活产生的矛盾冲突。其二，有些职业领域的知识要求和素质水平，会由于科学技术的突飞猛进而不断地调整，从而给人们带来落伍的危机感和更新的紧迫感。为避免这些冲击，在相对稳定的传统职业中寻求相对的轻松，自然成为人们的选择。其三，工作所能给予人的地位、待遇等方面较为稳定的保障，也是职业选择必然需要考虑的。

二、大学生职业选择的心理准备

案例导读

从打工者到创业者

某大学毕业生小吕，出生于浙江，大学期间主修应用心理学专业。从一入学，他似乎就对本专业情有独钟。和其他同学相比，他听课更认真，更愿意积极回应老师的课堂提问。如他所言，千里迢迢来到他乡，不就是求学来了吗？认真听课是学生的本分啊！就这样，他度过了充实的大学时光。

毕业后，他被聘到一个小公司，发挥心理学专长，研发心理测评系统，服务教育事业，使得当地很多学校在助力学生心理健康方面取得了不小的成绩。坚定行走在推广心理学服务社会道路上的他，在感受时代呼唤心理学的同时，紧跟学科发展前沿的步伐，不停地学习各种心理学理论和各种技能，并且学以致用，积极投身"心理学社会服务体系建设"活动。这期间，他自己创业当老板，无论是服务理念还是各项举措，都充分展现了"心理学服务社会"的实践价值。很多学生的"教师资格证"资质培训从他这里起锚，一大批心理学爱好者的专业沙龙在他这里不断累积和壮大。

现如今被人们称为"吕总"的他，已成为"学霸养成沙盘"的发明人，他的足迹遍布大江南北，很多家庭教育问题都有如神助，被他的评估工具"客观、真实"地反映出来。每逢有人对他的成功感慨良多时，他总是眯起他那双标志性的"眯眯眼"，笑着说："没有啥，一切都是最好的安排，如果说我小有成绩，那是我在这条道路上不停地行走而已，我将继续在自己钟爱的心理学事业上孜孜以求！"

这个案例告诉我们，从打工到创业直至成为创业者，绝不是神话，关键取决于在进入职场前做了怎样的心理准备。每个人只有明确自己在职场上的目标，摆正心态，并专注主动地工作，才会有更多成功的机会。

(一) 常见的心理误区

"自主择业"给予大学毕业生更加广阔的择业空间,许多大学生能顺应形势,积极探索,努力提高自身的素质和修养,以适应飞速发展的社会。但是,仍然有一部分学生在竞争中无所适从,出现了一些择业的心理误区。常见的有以下几个误区。

1. 盲目攀比,追热门,随大流

有的大学生热衷于热门行业、热点岗位,有的甚至盲目攀比,而不是实事求是地根据自身实际情况来选择。对于初涉职场者来说,要切记:"面子"不能当饭吃,生存才是第一位的。

2. 唯利是图,过于看重福利待遇

有的大学毕业生恃才傲物,抱着好高骛远的心态进入职场,人为地在自己和用人单位之间设置难以跨越的鸿沟,追求高工资高待遇,甚至提出不切合实际的要求。作为初涉职场者,要善于研究怎样为用人单位创造利润、怎样帮公司节省资源,要注重研究有什么新的创意可以服务单位,如此才能有助于用人单位的发展并得到用人单位领导的青睐。经过一段时间的考核,你的才能和人品自然会让你得到应有的"价值评定"。

3. 好高骛远,择业期望值过高

近年来,由于受多种因素的干扰与影响,大学生择业的期望值居高不下。一些大学生缺乏对自身的正确定位,只单向考虑自己的就业理想,总以为一毕业就应该进入好单位,一上岗就应该进入管理岗位。其实,在市场经济的大环境下,人才作为一种特殊的商品,首先是要适应社会,以自身条件为前提,合理地选择相应的用人单位。

4. 拈轻怕重,归罪于他人

遭遇挫折对于初入职场的大学生来说是司空见惯的事情。但是,在现实中有些大学生却一味地怨天尤人,满腹牢骚,甚至做出对人对己对事都不利的行为,最终让事情陷入更为糟糕的境地,后悔莫及。

5. 急于求成,不做长远规划

一些大学毕业生忽视对自我价值的尊重,仅仅考虑满足当前利益,看不到长远发展,导致在职业规划的道路上走了不少弯路,导致职业困惑。

6. 急功近利,表现欲望强烈

一些初涉职场的大学生,因为怕被别人忽视,也为了尽快得到他人的认可,表现得锋芒毕露,甚至不惜伤害别人的利益。殊不知,这样做的后果是"搬起石头砸自己的脚"。倘若没有厚积薄发的底牌,一旦成为强弩之末,只会贻笑大方,丧失职场的

主动权。

（二）应做的心理准备

凡事预则立，不预则废，机会总是留给有准备的人。为了避免走入职业选择的心理误区，同学们需要在进入职场前做好相应的心理准备。

1. 提高职业素养，适应社会

学会做人。人是最主要的生产力，职场最看重的是人品。失去人品，纵有千般能耐、万般才华也终将被职场淘汰。尤其在现代社会更注重团队合作，关爱他人、团结互助、讲究社会公德是大学生走进职场必须具备的人品。

学会做事。职场需要有知识有技能的人，需要大学生能够学以致用。这就要求大学生进入职场前努力学习专业知识，积极参加社会实践，包括教学实验、生产实习、毕业论文设计等。

总之，职场通常都需要有经验的人、有潜力的人、忠诚的人和敬业的人。对求职者而言，清楚职场的用人要求，了解自己的短板，设计一个适合自己的求职方案，才有求职成功的可能。

2. 敢于竞争，善于竞争

竞争是现代社会职场人的常态。如何看待竞争？怎样公平竞争？让自己不被时代的洪流裹挟着前行是大学生进入职场前要思考的重要问题。一方面，要敢于竞争，要从社会进步和深化改革的角度来加深对竞争机制的认识，强化自身的竞争意识，自觉地正视社会现实，转变观念，做好参加竞争的心理准备。另一方面，要善于竞争，要在求职与择业竞争中调整自己的期望值，不能好高骛远，也不要妄自菲薄，要量体裁衣，学会运用自己的优势资源去公平竞争。

3. 正确应对挫折

初入职场，无论是理论知识还是实践经验都有很多欠缺，需要在实际工作中不断积累。顺境中有自信心不足为奇，逆境中更需要自信心的支持。遇到挫折后，首先要认识到挫折是一种鞭策，它对失败者并不是淘汰和鄙视。其次，应放下心理包袱，仔细寻找失利的原因，重新调整目标，脚踏实地前进，争取新的发展机会。

4. 期望值要适度

由于缺乏社会磨炼，一些大学生在择业时容易理想化，导致就业期望值过高。"人往高处走"无可厚非，但是要切合自身实际。找工作就是要人岗匹配，每个人都要结合自己内外优势、市场行情、行业信息、职位状况去具体分析。一些大学生经常会问用人单位"你们能提供什么样的待遇给我""你们单位是否有利于我的发展""收人如何",却很少会讲自己能为单位做些什么。事实上,用人单位选择大学生,主要是考虑其能为用人单位创造什么样的效益、作出什么样的贡献。所以,求职者要在正确认识社会需求与自身竞争条件的基础上,以社会需求作为自己求职的第一选择,适当降低期望值,先求职,等有了立身之地,再寻求发展。

职场少走弯路的10条忠告

第三节　自我塑造

在明确自己个性的基础上,如何结合外部环境进行合适的职业选择,这就需要求职者不断地自我塑造,通过专业知识、通用技能、实操能力、综合素质的不断提升,最终达到人与职业的匹配。具体来讲,一方面要目标明确,即确定个人可行的发展目标,另一方面要为目标的达成确定好自我塑造的方向。

 案例导读

在文学与职场的交汇处

赵某,自小便对古今中外文学作品情有独钟。在大学期间,她主修汉语言文学专业,成绩优异,多次在报纸杂志上发表短篇小说及文学评论,是校园里公认的"文学才女"。由于对文学的极大热爱,她选择了继续攻读文学硕士学位。很快,三年的硕士生活结束了,她遭遇了前所未有的挑战:她投出的简历大多石沉大海,即便偶尔获得面试机会,也常因"缺乏工作经验"或"岗位需求与文学专业不匹配"而未能如愿。一时间,她陷入了自我怀疑与迷茫之中,开始质疑自己是否该放弃心爱的文学,转而投身更加"实用"的行业。

正当她准备放弃之际,一次偶然的机会,她参加了一场关于"数字时代下的文学传播"的讲座。在讲座中,主讲人分享了如何通过新媒体平台推广文学作品、如何利用数据分析优化内容创作等,这使她意识到,文学并非孤立存在,文学可以与现代科技相结合,以全新的面貌呈现在人们面前。

于是,她决定进行自我重塑。不仅自学数字营销、社交媒体运营及数据分析等相关知识,还在一些网络平台开设个人专栏,分享自己对文学作品的独到见解,并尝试创作适应网络传播规律的短篇小说和散文。经过不懈地努力,她的专栏逐渐积累了大量的忠实读者,她的作品也多次被知名文学网站转载,引起了业界的关注。尤其是她的一篇散文被一家知名文化公司看中,邀请她加入团队,担任内容策划兼编辑。在新的工作岗位上,她不仅继续发挥自己在文学创作上的优势,还巧妙地将所学的新媒体技能应用于工作之中,成功策划了多场线上线下结合的文学活动,在提升公司品牌影响力的同时,也为自己赢得了业界的广泛赞誉。

随　笔

> 赵某的故事告诉我们,在追求职业梦想的路上,不仅要有兴趣,还需要有勇于面对挫折,不断学习新知识和新技能。正是这份坚持与努力,使她在文学与职场的交汇处,走出了一条属于自己的辉煌之路。

一、评估和确定个人发展目标

(一)个人发展目标

经过不断地自我探索和探索世界之后,个体大致可以确定好个人未来职业的发展方向或发展目标,这一目标对于个体的行为起着导向、激励和调节的作用。生活中如果没有任何目标,会容易让个体陷于一种迷茫、散漫的状态。个人发展目标是职业发展的导航标,能够确保个体的职业选择合理,职业发展正确,职业成效满意,体会到最大程度的职业幸福感。需要注意的是,这一目标并不是永恒不变的,随着知识的增加、视野的宽阔、实践的验证,个体还可能会在评估原定目标之后作出调整,进一步确定更适合自己的发展目标。比如,对于大学阶段的学生来说,最初的发展目标或是升学深造或是出国留学,还可以是应聘就业或自主创业。在逐步弄清专业的内涵以及随着阅历的不断增加,特别是对自己有了更为客观理性的认识之后,多数大学生会对最初的发展目标作出调整,可能最后的发展目标与当初对未来的憧憬大相径庭。这种现象不足为奇,这是对自己负责的表现,也是大学生在规划人生的过程中必然会面临的问题。

(二)大学期间的阶段性目标

从可操作性的角度来看,当大学生确定好个人的发展目标之后,还需要将这个"远大"的目标进行合理拆解,在长远发展目标的指引下,确定好大学的总体目标(四年)、中期目标(一年)和短期目标(一学期)。大学的总体目标应该兼具前瞻性和现实性,一方面需要个体长期艰苦的努力和坚持不懈的奋斗才能够实现,另一方面又需要立足实际情况,制定自己能力范围之内的具体目标;中期目标和短期目标要更加具有可操作性,结合大学不同年级的专属性特征,制订好每一个小阶段的具体规划,并高标准严要求执行。

从内容的角度来看,大学时期的阶段性目标应该包含思想政治素质、专业知识素质、技能素质、个人素质拓展等方面。在不同阶段的侧重点也有所不同,比如对于大四年级的学生来说,直接面临着毕业求职,实践能力的培养显得尤为重要。此外,对于有志于追求学术理想的大学生来说,只有在大学期间认真学习专业知识并及时巩固,不断地在科研经历中提升专业技能,持续性地充实专业知识,才能为后期的学术创新打好坚实的基础。

二、自我塑造的方向

在竞争愈演愈烈的今天,大学生想要在社会中找到适合自己的位置,就必须在进入职场前进行全方位的自我塑造,以一个具有竞争优势的人才身份进入职场的浪潮中。大学生的自我塑造无论对于工作单位的发展、社会的进步还是个人的成长都是至关重要的。所以,大学生必须要把握自我塑造的真谛,在高尚追求的引领下,不断进步,为"华丽"进入职场做好充分准备。

(一)培养良好的职业认知

进入职场前,大学生如果对职业形势、职场需要的心态和相关技能有清醒的认识,在参加职场应聘时就会有更清晰的方向和目标。广义的职业行为应涵盖选择职业(择业)、从事职业(就业)以及适应职业(事业)三个不同的层次。职业认知是指人们获取职业信息和运用职业信息找到合适职业的心理活动,包括社会职业认知和自我认知。社会职业认知主要指大学生能够主动了解国际国内就业形势、就业制度和政策,了解不同行业发展状况,了解用人单位对人才的要求,并能据此作出决策的心理活动。自我认知是指大学生能够客观地认识自己、评价自己,清楚自己的个性特点、兴趣、爱好、能力等情况,并能够结合社会认知,及时快速调整择业心态和就业期望值,以便更好适应职场的需要。

(二)培养执着的职业情感

人是情感动物,唯有在干一行、爱一行和钻一行的实际行动中,才能把所从事的工作干出成绩干出特色,也才能在职业中找到归属感和效能感。正是有了"组织归属感"和为组织增添光彩的"自信心",对职业的情感在日复一日的累积中才能够升华为职业情怀。因此,大学生在进入职场前应深刻思考诸如对职业应该抱有怎样的情感、如何培养对职业的感情等问题,这是实现职业理想的必经之路。

(三)培养顽强的职业意志

意志是个体有意识地支配、调节行为,克服困难,以实现预定目标的心理过程。做好任何事情都需要坚强的意志磨炼。健康的意志品质一般具有以下特点:目的明确合理,自觉性高,善于分析情况,意志果断、坚韧,自制力强。职业意志是指人们在职业实践中所表现出来的克服困难的毅力和坚持的精神，表现在持之以恒的自觉性和始终如一的忠于职守。对大学生来说，从进入职场前的迷茫到职场中可能会有的举步维艰甚至一再受挫都是对其意志的考量。所以，学会锻炼自己的意志，有意识地训练自己的意志品质是大学生在职场大潮中搏击的必然选择。

（四）培养健全的职业人格

人格是一个人的精神面貌，是通过思想、情感、态度和行为表现出来的。人格完整、和谐、统一是心理健康的重要标志，也是毕业生就业过程中必备的心理特征。健全的职业人格是指从业者在其能力、性格、思想、信念、动机、兴趣、人生观等方面发展平衡，具有生命的活力和积极的职场内心体验，能够有效地发挥个人潜能和作为职场一员的积极社会功能。美国心理学家托马斯·哈里斯按照人格的发展将其分为四种类型，这四种类型也代表了四种人生态度：一是我好，你也好，是健康的人生态度，认可自己也认可别人；二是我不好，你好，是自卑和抑郁症患者的人生态度，认可别人，却不认可自己；三是我好，你不好，是怀疑者和独断者的人生态度，只认可自己，却不认可别人；四是我不好，你也不好，是严重精神紊乱或厌世者的人生态度，既不认可自己，也不认可别人。其中第一种人格"我好，你也好"，是成熟健康的人格，体现在毕业生择业过程中就是大家能够互相帮助，保持和谐的人际沟通，及时共享就业信息，共同解决择业中出现的问题，实现共同就业。

（五）培养正确的职业价值观

在择业中，价值观体现在选择从事什么样的工作，在工作中追求什么，最期待获得什么。马斯洛的需求理论告诉我们，人有不同层次的需求，核心就是我们的价值观对我们的行为和选择有着强大的驱动力。通常在职业选择中比较重要的价值观有：稳定性、福利待遇、名誉、地位、自主性、能帮助他人、成就感、挑战性、工作环境、权力、符合自己的道德观等。大学生要认识到一个人的价值观是随着人生的不同阶段和需求而改变的，因此，对价值观的探索应该是一个不断持续的过程。一份工作不可能满足所有的价值观，大学生需要在现实选择中学会妥协和放弃，学会坚持和取舍。

（六）培养过硬的职业能力

如果说兴趣爱好是船舵，那么在漫长的职业航程中，能力就是推动职业航船不断前进的发动机。大学生在进行就业准备时，需要从自己的兴趣列表里，用能力的标准再次进行筛选，把喜欢但不擅长的事情去掉，留下擅长的事情。个人能力包括知识技能、可迁移能力和有益的经验。对于大学生来说,能力在整个职业生涯中都至关重要,需要大家不断积累能力、运用能力、更新能力。在大学里,通过对专业知识的学习获得专业知识技能,通过实践活动获得可迁移技能,最后形成个人独特的品质和特征。除了自身具备的技能,还要考虑目标职业需要的技能。如一些企业中,技术研发岗位需要奋斗者精神、快速学习能力、有创意和远见、按时完成任务等;管培生岗位要求具备人际协作能力、非权力影响力、勇于进取和跨界思考能力等。

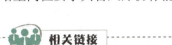

• 五个实用的心理学定律,让你走出职场的心理疲劳 •

1. 普瑞马法则

一般在学习和生活中,我们都可能有这样的经历,就是想要做某件事情的时候,但过了好久发现还是没有做;或者觉得有力气使不出来;或者总觉得生活是灰色和抑郁的等。这类情况反映在生活中,就是生活好像总是被一种惰性缠绕,知道那不好,但又不知道从何处入手来改变。

以心理学操作性反射的原则为基础,对于人类的行为方式进行观察后,心理学家提出这样一种改进方式,以纠正惰性生活方式,并由这种惰性生活方式的结束而带来整个人生的良性改变。这一方式被称为普瑞马法则。

按照普瑞马法则,人们把一件困难的事情放在容易完成的事情前面去做,把工作中不想完成的事情放在前面完成,这样做不仅强化了工作能力,增强效率,同时也让人们意识到,世界上没有什么不能完成的任务。同时会发现,困难的任务其实也没这么困难。例如,先用一天到两天时间给自己做一个行为记录,把每天要做的事情记下来,即使粗粗地记,大约也会有几十件。此后,把剩余下来的几十件事情按照兴趣排列,把最不喜欢做的事情放在第一位,把最喜欢做的事情放在最后一位。

对于改变惰性生活方式,这种方式具有很大的效果。对于经常有抑郁心情的人,这种生活方式将直接改变表现为抑郁的行为,很容易地使抑郁的情绪结束,而只要坚持,抑郁的生活方式就会永远结束。通过结束惰性或抑郁的行为,结束惰性或抑郁的心理。

2. 紫格尼克效应

先做一个实验:一笔画个圆圈,在交界处有意留出一小段的空白。回头再瞧一下这个圆吧,此刻你脑子里必定会闪现出要填补这段空白弧形的意念。因为你总有一种出于未完成感的心态,竭力寻求终结途径,以获得心理上的满足。

有一位叫布鲁玛·紫格尼克的心理学家,她给128个孩子布置了一系列作业,她让孩子们完成一部分作业,另一部分则令其中途停顿,一小时后测试结果。110个孩子对中途停顿的作业记忆犹新。紫格尼克的结论是:人们对已完成的工作较为健忘,因为"完成欲"已经得到满足,而对未完成的工作则在脑海里萦绕不已,这就是所谓的紫格尼克效应。

紫格尼克效应的心理机制是什么呢?被誉为现代社会心理学之父的德国心理学家勒温认为,人类有一种自然倾向去完成一个行为单位,如去解答一个谜语、学习一本书等,这就叫"心理张力"。研究还指出,任何人都企图满足自己的需要,完成动作。其中,既有先天的需要(饥、渴等),也有半需要(迫切的趋向)。在勒温看来,个人能动性的源泉是多元的,形形色色的。被唤起但未得到满足的心理需要产生一个张力系统,决定着个人行为的倾向、心理的基调和特点。如果中断了满足需要的过程或解决某项任务的进程而产生了张力系统,就可以使一个人采取达到目标的行动。勒温认为,没有完成的任务使得没有解决的张力系统永远存在,当任务完成之后,与之并存的张力系统也将随之消失。由此可见,一个人的"心理张力"系统,是产生紫格尼克效应的心理机制。

3. 留白效应

留白效应最早来源于书法绘画的一种手法,是在整幅画中留下空白,给人以想象的余地。对于心理学来说,留白也同样重要,如果将这种空白的智慧,运用到职场,那就会收到意想不到的效果。因为,有时候不说的话比说出来的话,更有道理,更有智慧。而且,在生活中,别人欲言又止的话,比起直接的批评和建议,更有意味。

职场留白是一种艺术,一个人要注意给别人留有转身的余地,自己才有大道可行。现在的人们考虑问题都喜欢来个相对思考,对于绝对的东西,在心理上有一种排斥感。所以,不能说太绝对的话,也不能说直接接触或伤害别人情感的话。更严格地说,在和别人接触过程中,最好少使用一切确定的词语,如"一定""必须"怎样,体会与他人相处的奥妙,是成功与失败的关键所在。

4. 鱼和叉效应

心理学上有一个效应叫鱼和叉效应。鱼和叉效应是指在起作用的"钩子"上做文章,我们在平常聊天的时候甚至会不自觉地应用上这个效应。

比如,我们经常会在聊天的时候抛出一连串的话题,电影、爱情、工作、体育等,然后看看对方的反应,接着再看对方反应强烈程度也就等于变相知道了对方的兴趣爱好。顺着对方的兴趣爱好聊下去,那自然是能够很容易地得到自己想要的信息了。

5. 刻板效应

所谓刻板效应,又称刻板印象、社会定型、定性效应,是指对某人或某一类人产生的一种比较固定的、类化的看法,是还没有进行实质性的交往,就对某一类人产生了一种不易改变的、笼统而简单的评价,这是我们认识他人时经常出现的现象。

有些人总是习惯于把人进行机械地归类,把某个具体的人看作是某类人的典型代表,把对某类人的评价视为对某个人的评价,因而影响正确的判断。刻板印象常常是一种偏见,人们不仅对接触过的人会产生刻板印象,还会根据一些不是十分真实的间接资料对未接触过的人产生刻板印象。例如:老年人是保守的,年轻人是爱冲动的;北方人是豪爽的,南方人是善于经商的等。

克服刻板效应的关键:一是要善于用"眼见之实"去核对"偏听之辞",有意识地重视和寻求与刻板印象不一致的信息;二是深入群体中去,与群体中的成员广泛接触,并重点加强与群体中有典型化、代表性的成员的沟通,不断地检索验证原来刻板印象中与现实相悖的信息,最终克服刻板印象的负面影响而获得准确的认识。

来源:中国组织人事报

 相关链接

实习总结会上,大四文学专业的小王作为小组长发言,一方面感谢学校和实习单位提供的为期三个月的实践活动,让他和同学们受益颇多;另一方面也代表小组表达了实习期间的诸多困惑。比如:

目睹职场的竞争,担心毕业后能否更好适应职场。在接下来的学校生活中,怎样查缺补漏,做好步入职场的各种心理准备。

实习中发现自己对专业有了比较直观的认识,但对自己是否喜欢和是否适合从事与专业有关的工作还有困惑,想知道自己到底能不能拿当前的专业做"饭碗"。

亲爱的大学生们,你们怎样看待小王提出的困惑?你们又会提出怎样的合理化建议帮助小王呢?

【思考题】

1. 阐述个性与职业匹配度对于个人职业发展的重要性,并结合所学专业分析自己的个性(气质类型、性格特点和兴趣爱好)与职业匹配的程度。

2. 列举并详细阐述大学生在即将步入职场前应该做好哪些准备。这些准备应涵盖心理调适、职业规划、人际关系处理、应对挑战与压力等多个方面。

3. 以小组讨论的形式,探讨个人如何通过自我塑造来逐步实现自己的职业理想。请结合具体案例或自身经验进行说明。

第四章

职业规划

教学目标

知识目标：了解职业发展路径、职业规划策略、职业规划设计及职业规划评估，大学期间职业规划的重点及主要内容。

能力目标：确立职业目标，能够客观地评估自我、不断提升职业能力，并设计个人的职业规划。

素养目标：提高职业规划意识，明确人生发展方向，为实现中华民族伟大复兴的中国梦积蓄力量。

本章导语

到 21 世纪中叶，我国将实现第二个百年奋斗目标，今天的大学生到那时正是国家的骨干和栋梁。能够参与到中华民族伟大复兴的进程，为中国梦的实现贡献自己的智慧和力量，何其幸也。

当前，同学们所处的大学阶段是职业生涯的准备阶段，只有探索职业的秘密、客观地评估自我、不断提升职业能力、确立未来职业目标、完成职业规划，才能明确人生发展方向，为未来职业生涯做好准备。

本章将与同学们共同探讨职业规划的话题，带领同学们掌握职业规划策略，根据自身情况和社会环境设计职业规划，在实施过程中适时评估、修正，形成合理的职业规划。

第一节 职业发展路径

● 毕业后想干什么？●

2020年，傅铭莹、欧凯琦设计了一项关于大学生职业目标的问卷调查，发放了1 000份调查问卷，收回有效问卷990份。调查结果显示，有17.4%的大学生不知道自己毕业后想干什么，39.4%的大学生不知道自己毕业后能干什么，30.3%的大学生不清楚自己毕业后能干什么，还有12.9%的大学生表示要等到毕业之后再说。这样的调查结果说明，17.4%的大学生根本没有对自身的职业定位，超过60%的大学生的职业定位是不够明确的。通过对大学生的职业目标中的职业选择意向调查发现，最受大学生欢迎的就业岗位分别如下：国企单位占19.2%、政府机关单位占21.2%、事业单位占20.2%，其总体比例达到60.6%，而其他单位的占比不超过40%。

事实上，国企、政府机关和事业单位在每年的招聘中所提供的就业岗位相当有限，就业岗位大多是私营企业等提供的。由此可以看出，大学生大多对于自己的职业目标定位得不够合理，脱离了实际，也脱离了社会实际需求，而这显然会给大学生的职业路径发展造成不利影响。

来源：傅铭莹，欧凯琦《当代大学生职业路径发展的实证研究》

一、职业发展路径概述

职业发展即组织用来帮助员工获取目前及将来工作所需的技能、知识的一种规划。职业发展路径，简言之，就是人们通向未来职业的道路。每个人都有从现在及未来职业中获取成长、发展与得到满足的强烈愿望和要求。为顺利实现这些愿望和要求，订定自己职业发展计划并付诸实施的过程，就是职业发展路径。

大学生职业发展路径既有一般职业发展路径的共性，又具有大学生这一特殊群体的独特个性。大学生职业发展路径是指大学生为实现自身期望或寻求理想的职业发展途径，有意识地思考未来职业发展目标，并在此基础上，结合求职部门的需求不断丰富职业知识、提升职业能力的一系列活动与步骤,以努力开发自身潜质的行为和过程。职业发展要求大学生不断地学习,以适应未来职业发展中的变化的需求。

(一) 一般职业发展路径

职业发展路径按照不同的标准,可以划分为不同的类别。

1. 按照在组织内外部发展的划分标准,可分为向上发展、向内发展、左右发展和向外发展

(1) 向上发展

向上发展指在一个组织内向上晋升,移动到更高的层级,掌握更多的资源,有人称之为管理路径。如果个体想要未来在组织中从事管理工作,就需要在日常工作中有意识地对组织事务进行全面观察了解,归纳出高层管理者、中层管理者和基层管理者各自工作需要具备哪些职业或岗位技能,寻找并发现自己与他们的差距。同时,也要明确自身需要在哪些方面进行补充和完善,是知识能力、业务水平、智商情商还是领导水平,有针对性地建立系统学习提升计划,逐步向目标迈进。

(2) 向内发展

向内发展指向组织圆心方向移动到更加精深的部分,成为更专业的人,又被称为专业路径。如果个体在未来职业发展中想要在专业上有所建树,就需要向本专业内的顶尖人物看齐,将更多的时间放在专业技术的学习上,利用一切可能的机会和同行业的人交流,不断提升自身的专业水准。在自身经济条件允许的情况下,积极参加线上线下专业技能提升班或专业技术研讨会,遇到问题时与业内人士讨论交流,不断提升专业能力和水平。

(3) 左右发展

左右发展指从一个职能岗位向其他职能岗位转换。个体在职业发展过程中也可以选择转换自己的职能岗位,如计算机程序员可以转换为计算机销售工程师、IT培训师等。但要切记,顺利实现岗位转换的要点在于转换后的岗位可以沿用之前的工作技能。如计算机程序员能转换为销售工程师,是因为之前岗位上做过编程工作,对计算机的性能及应用非常熟悉。

(4) 向外发展

向外发展指走向其他组织和行业,寻求职业外的发展,又被称为平衡路径。个体的重心并不全部放在工作上,而是利用业余时间发展职业外的兴趣,就像现在很多人在工作之余,兼职做微商和代购一样。在把本职工作做好的基础上,拓展自身

的兴趣爱好,并将其发展成兼职,既能愉悦身心,又可以获得额外收益。

2. 按照职业发展路径的曲折程度,可划分为直线型、螺旋型和双重型职业发展

(1) 直线型职业发展

直线型职业发展是相对简单直接的发展路径。指个体在一生职业发展中对一种职业从一而终,在此岗位上不断打磨,提高岗位所需技能,积累经验和资历。在所从事的工作岗位上认真踏实、埋头苦干就是其人生价值所在。直线型职业发展路径只有一条道路,个体在这条道路上只能做向上或原地踏步的运动,职业发展的唯一目标就是向上晋升,而要实现向上发展需要汇聚个人努力和组织培养双重动力。

(2) 螺旋型职业发展

螺旋型职业发展是相对复杂的发展路径。即个体职业发展有可能从事两种或两种以上的职业,这对个体能力是一个极大的考验,需要不间断地学习和提高多种技能,能够实现在各种职业中的灵活转换,在不同职业甚至不同行业中寻求发展。如果选择螺旋型职业发展道路,大学生就必须打破原有的思维定式,不仅仅是"干一行,爱一行",也可以"爱一行,干一行"。在选择职业时,可以从兴趣入手,首先要求工作必须能够满足自身心理需求,而后才能够认真地进行推进,在工作中不断地发展自己,成长自己。就螺旋型职业发展路径而言,大学生在校学习期间需要为此积极准备,可以求助于专业老师或职业生涯辅导师,了解未来想从事的职业需要具备哪些能力,进而有意识地培养相关能力和素质。同时,在保证专业学习的基础上,积极参与社会实践活动和兼职,为未来职业发展奠定良好的基础。

(3) 双重型职业发展

双重型职业发展指具备两种职业之间有相同点,并且可相互穿插、相互跨越的职业发展方式。如大学职能部门领导兼任专业教师。总体而言,双重型职业发展路径有利有弊。一方面,双重型职业发展道路可为个体带来更多的发展机会和发展资源。另一方面,对一些能力较差的人而言,兼职两份工作可能会造成"顾此失彼"或者混乱的状况,最终导致两者都想要兼顾但均失衡的问题。

(二) 大学生职业发展路径

对于大学生而言,可供选择的职业发展路径,从大类上讲,有升学和就业两种路径。其中,升学又可分为国内读研和出国留学,就业可分为单位就业、自主创业和自由职业。

1. 升学

升学即继续深造,考取研究生。需要思考是选择国内读研还是国外留学。

随着高等教育普及化的发展，目前就业市场对于求职者的整体学历要求不断提升。第七次全国人口普查结果显示，目前国内已有 2.18 亿人属于大学（指大专以上）学历群体。相关的职场上，越来越多的组织把一些重要岗位的门槛抬高到了硕士研究生及以上学历。因此，对于职业目标比较高的学生来说，取得硕士及以上学位越来越重要。

选择国内读研或国外留学，需要对机会成本和时间成本、申请机会和公平性、语言和跨文化沟通能力、意识和视野、人脉复合型优势、人生的再次重新认识和定位、风险对冲等七个方面进行比较，然后决定（见图 4-1）。

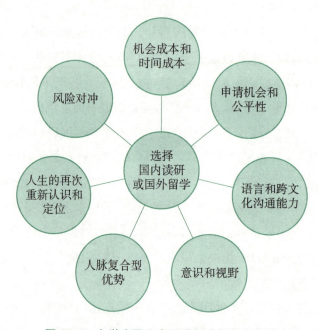

图 4-1　大学生职业发展路径选择比较因素

2. 就业

具体可分为单位就业、自主创业和自由职业。就业这个路径不是一个简单的问题，需要考虑就业平台，包括国际组织（代表组织 INGO，即国际非政府组织）、政府间国际组织、国家政府、人民团体或事业单位、非营利组织（NPO，如社会团体、基金会、民办非企业）、社会组织或中介组织、市场（代表组织为营利性企业）七类平台；创业可以分为在成熟平台的依托下创业、自起炉灶和加入创业团队三种形式。自由职业是指自己管理自己、以个体劳动为主的、不与用人单位建立正式劳动关系的职业，如律师、画家、自由撰稿人、自由摄影师、独立的演员歌手等。推而广之，大街上的小商小贩，也是没有"组织"的自由职业者。

二、职业发展路径准备的策略

(一) 影响职业发展的主要因素

职业发展演变具有一定的规律可循,把握引起职业变化的原因就可以把握其变化发展基本趋势。总体上来讲,影响职业发展的因素主要有以下几个方面(见图4-2)。

图4-2 影响职业发展的主要因素

1. 生产力发展水平

生产力发展水平是决定和推动职业发展的根本动因,每次产业革命的爆发必然伴随着大批新职业的产生。西方的工业革命使社会生产力得到了空前的解放,运输业、制造业、金融业的兴起,催生了一大批农业时代不存在的职业,例如,从前的农民逐渐变成了车间的工人、司机、记账者等。美国工业时代第一任首富科尼利尔斯·范德比尔特,就是因为发展铁路运输业,使大量原本聚集在美国东部建国十三州的劳动力得以在全国范围内流通就业,使得商贸流通从业者越来越多。我国改革开放初期,职业的种类较为单一,农民、工人、知识分子、军人和商业服务人员这五类社会就业人员构成当时中国社会的职业主体。随着我国工业化和城镇化进程得到快速推进,农民工、互联网营销师、在线学习服务师、社群健康助理员等一批批新的职业应运而生。截至2023年末,全国就业人员74 041万人,其中城镇就业人员47 032万人。全国就业人员中,第一产业就业人员占22.8%;第二产业就业人员占29.1%;第三产业就业人员占48.1%。产业结构的变化对于推动劳动力的转移、促进就业方面有着显著的提升作用。

2. 科学技术的发明与应用

科学技术的发明与广泛应用是影响职业发展与演变的重要原因。科技是第一生产力,当一项新的科技发明直接应用于生产或生活领域时,必然与新材料、新工艺技术、新的经营管理相联系,必然带来人才结构性需求、人才技术需求和人才能力需求的变化,同时也必然衍生出相关的新职业。以工业机器人为例,伴随着工业机器人保有量、密度的不断攀升和大量操作性岗位被取代,必将在机器人本体、机器人系统集成、机器人应用等领域出现大量的新增人才需求。就数量而言,机器代替人直接导致职业种类消失的数量也在增加。

3. 社会制度和管理制度的变革

社会制度和管理制度的变革对职业发展具有一定的影响。社会制度和管理制度的每次变化都会引起职业的变化：部分传统职业消失，一批新的职业产生。如随着生态文明建设的逐步深化，"绿水青山就是金山银山"、绿色发展、循环发展、低碳发展等生态理念深入人心，大气、水、土壤污染防治行动计划全面推进，煤炭、钢铁、化工、有色等大宗商品行业受到环保政策深远而持久的影响，部分行业的产业结构将发生重大改变。《中华人民共和国刑法修正案（八）》增加了"在道路上驾驶机动车追逐竞驶，情节恶劣的，或者在道路上醉酒驾驶机动车的，处拘役，并处罚金""有前款行为，同时构成其他犯罪的，依照处罚较重的规定定罪处罚"等相关规定之后，醉酒驾驶机动车的行为受到遏制，衍生出"代驾司机"以及他们背后众多的"网络操作员"等新兴职业。

4. 人民对物质文化需求

人民对物质文化需求水平的提高，会促进社会职业的产生、发展和变革。随着物质生活水平的提高，服务业快速兴起，其职业需求数量大量增加，会计、审计、金融理财师、投资咨询师、物流配送师等成为职业需求热点。伴随着物业市场的逐渐规范化，出现了保安、保洁、保姆等一系列新职业。国家统计结果显示，从 2010 年到 2023 年，第一产业吸纳就业数量占比下降了约 13.9 个百分点，劳动力不断向第二产业、第三产业转移。第三产业吸纳就业数量迅猛增加，包括外卖员、快递员、网约车司机、代驾司机等在内的新型就业形态人员高达 8 400 万人。身心健康产业也成为重要经济增长点，出现了心理咨询师、心理医生、私人医生、营养师、健身教练、个人形象设计师等一系列新兴职业。"互联网＋金融"领域出现了证券经纪人、理财师、投资顾问、保险顾问等新兴职业。此外，"互联网＋文化创意产业"领域出现了网游陪练师、App 技术开发工程师、数字视频合成师、智能楼宇管理员、网络主播、网络模特等一大批网络文化衍生职业。

（二）职业发展路径准备

了解了未来职业发展趋势，明确了从事的职业发展方向和状态后，才会进入职业发展路径的规划环节。在这个环节中，有诸多因素需要考虑（见图 4-3）。

图 4-3 职业发展路径准备

1. 个人能力

明确职业发展路径所需要的能力和现有能力,是首要考虑的因素。俗语云:机会是留给有准备的人的。这里的"有准备"正是指个人在机会到来前已经具备了相应的能力。首先,需要明确从现有实际出发,实现职业目标所需要经历的初始职位的胜任力要求,也就是"机会"的要求。在此基础上,还需要明确目前自己所具有的能力水平,以及自己能力和下一个职位胜任力之间的差异。然后,需要分析在现有职位上,如何锻炼和培养自身能力以实现自己目标岗位的胜任力。

2. 选择平台

选择平台是在个人职业发展中经常被讨论的话题,更高的平台似乎是很多走上工作岗位的人更换工作的理由。那么,平台对个人而言意味着什么?平台是个人发展过程中所经历的一个阶段和舞台,是实现个人职业目标过程中的阶梯。在选择一个平台的时候,应更多地考虑平台以及职位对于实现自己职业目标的价值,而不是名气。更大的名气并不总是代表更高的平台和更快的上升通道,在这一点上,做错选择的人比比皆是。建议大学生在未来职业选择时,要做到选择平台而不是依附于平台。因为如果只看到平台,那将使自己永远停留在现有平台的水平。与此同时,个人发展与平台是双赢的关系,在考虑平台能给自己带来什么的同时,需要思考自己能为平台带来什么。靠平台站得更高和把平台做得更高,是平凡和杰出的差别。

3. 把握机遇

在职业路径选择中,会出现各种各样的机会,有些机会能让大学生更快地实现职业目标,有些则不然。对于新机会的选择,首先要基于一个判断,即选择新的机会是否有助于更好地完善自身能力和实现职业目标。在职业发展路径中,会经历很多分岔路,大家就像匆匆赶路的旅人,向左走一片荆棘,向右走阳关大道,但如果你的目标在左,很显然走在阳关大道上会让你距离目标越来越远。当然,在不那么极端的例子里,两条路都能通向目的地,荆棘小路更近,阳关大道略远,就需要根据自身情况作出选择,是要选择更舒适但更长的路,还是选择更直接但更辛苦的路。另一种情况下,一条是小路,一条是河流。在选择河流之前,需要考虑自身是否已经具备了游泳的能力,或者是需要继续在小路上完善自我,直到自身有能力驾驭水路。

4. 谋定而动

理想的职业发展路径是不断向上螺旋式晋升的,每个人都需要自己动手搭建通往职业目标的阶梯。每一阶梯的扎实程度,决定了能到达的最终高度。在职业发展路径上,往往是没有回头路可以走的。当你错过了一个阶段应该掌握的知识和技能，在下一个阶段里可能是无法弥补的，只能带着这些遗憾和短板勉强前行，直到走不动。做事情切莫眼高手低，有些细枝末节的小事看起来并不起眼，也没有太高技术含量，却往往是未来成就自己更高职业理想的基础。一句老话：没学会走，不要考虑跑。大学生在现有的学习实践中，要更好地明确自身的能力是否已经完全达到了胜任岗位的要求，应沉淀自己，走好每一步。当个人能力真正完善的时候，机会自然随之而来。趁早抢占机会的想法，无异于揠苗助长。

大学生的职业发展既意味着个人的奉献和牺牲，同时也奠定了个人发展的基础。很多人往往在这一过程中越做越强，也越走越远。在光鲜的背后，回头看看，一路走来也失去了很多。因此，在职业之路上，大学生应明确个人真正的需求、能力和目标。实现个人的价值并不在职位，而是在个人能否胜任，能否体会到乐趣以及能否平衡个人的生活。若三者有一个不能实现，都不能算是真正的成功。大学生要在职业发展路径上，做到不忘初心，历尽千帆，归来仍是少年。

第二节　职业目标确立

天之骄子的殊途

有一年,一群意气风发的天之骄子从美国哈佛大学毕业了,他们即将开始穿越各自的玉米地。他们的智力、学历、环境条件都相差无几。在临出校门前,哈佛对他们进行了一次关于人生目标的调查。结果是这样的:3%的人有清晰而长远的目标,10%的人有清晰但比较短期的目标,27%的人没有目标,60%的人目标模糊。

之后他们穿越玉米地。25年后,哈佛再次对这群学生进行了跟踪调查。结果又是这样的:3%的人,25年间他们朝着一个方向不懈努力,几乎都成为社会各界的成功人士,其中不乏行业领袖、社会精英;10%的人,他们的短期目标不断地实现,成为各个领域中的专业人士,大都生活在社会的中上层;60%的人,他们安稳地生活与工作,但都没有什么特别成绩,几乎都生活在社会的中下层;剩下27%的人,他们的生活没有目标,过得很不如意,并且常常在抱怨他人、抱怨社会、抱怨这个"不肯给他们机会"的世界。

其实,他们之间的差别仅仅在于:25年前,他们中的一些人知道为什么要穿越玉米地,而另一些人则不清楚或不很清楚。

故事到此完结,我们已经看出差别所在:成功的人看到目标,失败的人看到障碍和不公。他们都出身于名校,本身资质并无太大的差别。有目标的人,会知道自己的路在哪里。一个人如果不知道他想去哪里,不知道他想成为什么样的人,想做什么样的事,他就不会成功。

无论多么优秀的人,都需要看到目标,才能鼓足勇气跨越所有障碍,走向成功。

来源:[美]斯宾塞·约翰逊《谁动了我的奶酪》

职业目标是个人发展的前提,是实现职业发展的基础,是大学生的行动指南,在职业发展中起着重要的作用。职业目标规定了个人在职业发展特定时期内要完成的具体任务,个体要依据这个明确的职业目标,去规划自己的学习和实践,为实现职业目标而积极准备。没有明确的目标,人生就会成为一盘散沙,个人发展也必然是杂乱的、随意的。

一、职业目标分类

职业目标是指一个人渴望获得的与职业相关的结果,是个人在选定的职业领域的某一阶段或某一时期要取得的成绩或要达到的高度。大学生的职业目标是具体的、多样化的,按照不同的分类标准,可以细分为不同类型。

成长与收获

(一) 按照对未来职业发展认知的阶段性分类

由于大学生对未来职业发展的认知是阶段性的,导致大学生职业目标是由多个子目标共同构成的。

1. 总体目标

大学生总体目标的确定应在对国家与社会未来发展需要和个人职业理想深刻把握的基础上,明确未来职业发展方向,这就要求大学生能够掌握相关职业发展理论和方法。大学生可通过自我职业发展与管理、校内外社会实践等路径,将个体发展目标有效融合于职业发展总体目标中,更好地进行自我职业规划。

2. 阶段目标

大学生职业规划可以按年级划分为四个阶段:大一年级为打基础阶段,这一阶段应注重学习和掌握职业发展体系的理论方法,为以后的实践打好理论基础。大二年级为规划拓展阶段,这一阶段应注重职业素质与实践能力方面的训练,将前一阶段的理论学习运用于实践。大三年级为综合提升阶段,这一阶段应注重职业目标选择与细化培养,逐渐找到适合自己的方向,并朝这一方向不断锻炼自身能力。大四年级为角色转变阶段,这一阶段实现由学校角色向社会角色的职业转变。

3. 个体目标

大学生是完成职业目标的主体,应根据自身个性化需求,以前两方面目标为基础设定适合个体的目标。另外,在当今信息化社会,关键在于获取信息。就职业选择的大方向而言,大学生个体目标可分为考研、考公务员、就业、创业等,可以结合自身实际确定相应职业发展目标。由于不同的目标对应不同的信息搜集工作,大学生应针对不同的职业发展目标搜集相关资料,了解国家、社会和用人单位最新要求。

(二) 按照职业所涵盖的内容分类

职业目标按照内外进行划分,称之为内职业目标和外职业目标。

1. 内职业目标

内职业目标是指与个人内在关联更强的事情,如从事一种职业时的知识、观念、能力、经验、成果、心理素质和内心情感等因素的组合及其变化过程。内职业目标主要体现在工作能力、工作成果、心理素质和观念目标上。

2. 外职业目标

外职业目标是指个人外部的事情有从事一种职业时的职务目标、经济收入、工作内容、工作环境、工作时间、工作地点等因素的组合及其变化过程。外职业目标主要体现在职务目标和经济目标(收入)上。

内职业目标与外职业目标具有内在联系性。内职业目标的发展能够促进外职业目标的实现,外职业目标的达成则进一步促进内职业目标的发展。两者相比较,内职业目标的实现更需要个人的不懈努力,是真正意义上的属于自己的无价之宝。

(三)按照时间进行分类

职业目标按照时间,可分为长期职业目标、中期职业目标和短期职业目标。

1. 长期职业目标

长期职业目标是 5 年以上的目标,是个体一切活动的立足点和出发点,决定着个人长期的发展方向、规模和速度。长期职业目标又分为若干个中期职业目标。

2. 中期职业目标

中期职业目标是 3—5 年内可以实现的职业目标,在整个目标体系中起承上启下的作用,非常关键。它是个人实现长期职业目标的措施和手段,是为实现长期职业目标服务的。中期职业目标又进一步划分为若干具体的短期职业目标。

3. 短期职业目标

短期职业目标是 1—2 年内实现的职业目标,是中期职业目标和长期职业目标的细化和具体化,具有现实性和可操作性,是所有职业目标中最清楚的行动目标。

 案例导读

做己所爱 爱己所做

2008 年,"跳水皇后"郭晶晶以近乎完美的一跳,获得了 415.35 分的高分,成功卫冕,为祖国跳水项目添上了浓墨重彩的一笔。

郭晶晶作为国内运动员的代表人物、跳水"梦之队"的领军人物,曾多次获得世界冠军。然而,她的成功并不简单,在辉煌的背后是她一步步走过的荆棘之路。

1988年，年仅7岁的郭晶晶开始练习跳水。苦练10年，她在15岁时首次参加了奥运会，遗憾的是一无所获。1998年，郭晶晶参加世锦赛，仅获女子3米跳板亚军。在之后的几年赛事中，她始终与奥运会冠军宝座失之交臂。在巨大的压力下，郭晶晶并没有意志消沉，失败的经历反而使她越挫越勇。怀着对跳水运动的喜爱，她以坚韧的毅力和不服输的意志，更加努力刻苦地坚持训练。努力终会有回报，终于在2004年雅典奥运会拿到2枚金牌。本可以光荣退役的她，为了给国家再争荣誉，坚持向2008年奥运冠军冲刺，最终在2008年奥运会上获得2枚金牌，为自身运动员生涯演绎了一出完美的落幕。

作为一名老运动员，郭晶晶长年承受着伤痛的困扰，却仍可以在一次次大型比赛中取得辉煌的成绩，是什么让她征战赛场多年却依然保持着良好的业绩？她成功的背后又有什么经历和特质？是什么动力在一路支撑着自己？

郭晶晶说："因为喜欢，才会投入，才会愿意付出。"

任何成功都不是偶然的，成功的背后必然会有一段荆棘之路。可以看到，郭晶晶对跳水的热爱是支持她战胜种种艰辛、勇往直前的最大动力。

郭晶晶运动生涯的成功，完美地展现出了当职业与兴趣有机结合时所能迸发出的强大力量。出于喜欢，才会有兴趣，才会产生动力，才能克服荆棘之路的重重困难，最终夺得桂冠。

郭晶晶的职业生涯告诉我们，兴趣是最好的老师，是走向成功的奠基石。

二、职业目标的影响因素

 相关链接

《庄子·逍遥游》中讲道："北冥有鱼，其名为鲲。鲲之大，不知其几千里也。化而为鸟，其名为鹏。鹏之背，不知其几千里也，怒而飞，其翼若垂天之云。是鸟也，海运则将徙于南冥。南冥者，天池也。"

《庄子》中的这则寓言说明人生的变化莫测，要想由鲲变成鹏，必须要深蓄厚养，待时而动，要有飞的勇气和胆量。要想真正飞起来，还必须有大无畏的创新精神和一飞冲天的方法与技艺。在不同的人生阶段采用不同的方法，人生才能有质的变化和飞跃。

来源：段俊平《中国管理往事》

罗素说，职业选择是人生大事，因为职业决定了一个人的未来，选择职业就是选择自己的未来。大学生的职业目标确立及职业选择既是国计也是民生,既关乎国家稳定也关乎个人发展,事关广大学生及其家庭的切身利益,也是高等教育育人成就的重要体现。作为一个社会人,大学生在职业目标的确立过程中,会受到很多外在和内在因素的影响。综合起来,可以归纳为外部、家庭和自身因素(见图4-4)。

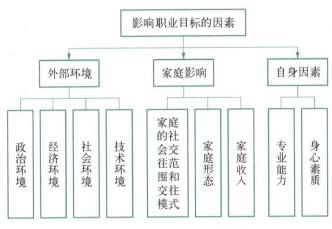

图4-4 影响职业目标的因素

(一)外部环境因素

大学生在思考自己人生目标的过程中,会时刻受到外部环境的影响。这些外部环境因素主要包括政治、经济、社会、科学技术发展等方面。

1. 政治环境

政治环境包括一国的政治制度、政治形势,执政党的路线、方针、政策和国家法令,政治力量的对比等因素。政治变化不仅影响着本国经济体制,还影响着所在组织的组织体制,进而影响到个人的职业发展。

2. 经济环境

经济环境不仅包括经济制度和体制、经济结构和经济发展水平、物质资源状况、国民消费水平等,还包括一国的利率、通货膨胀率、可支配收入的变化、股市指数和经济周期等。经济发展与个人职业发展呈正相关,经济发展较好的地区,个人职业选择和职业发展的机会就比较多。

3. 社会环境

社会环境由个体所在国家或地区的人口、家庭文化教育水平、传统风俗习惯及社会价值观念、法律等因素构成,会对大学生职业目标确立产生间接的影响。如社会整体的教育状况通过影响行业的发展,进而影响大学生的职业选择。在良好的社会环境中,个体会接受良好的教育和熏陶,会为职业目标选择打下良好的基础。

4. 技术环境

技术环境是指个体所在国家或地区的技术水平、技术政策、科研潜力和技术发展动向等。青岛科技大学肖强曾选取受教育经历、同辈人的影响、大众媒体、社会环境认识、所学专业性质、社会需求、就业形势、社会挑战、校外实习实践、校友资讯交流、行业发展前景、职业发展前景、社会发展状况、校外朋友、职业发展阻力、地理位置等16项外部因素对大学生职业目标确立的影响进行了分析。他发现在众多社会因素中,社会挑战、社会发展状况、社会环境认识、行业发展前景、大众媒体、校外朋友、地理位置对大学生职业生涯规划的影响尤为显著,即在大学生涯中个人对于社会挑战的认识越切合实际、应变能力越强,社会整体发展状况越好,对影响社会职业岗位数量与结构的环境的认识越充分,目标行业发展前景越乐观,大众媒体对于职业信息的传递越恰当,校外朋友有关职业的正向交流越密切,未来工作所处地理位置越明确,就越有利于个体做出适合自身、切实可行的职业目标并制订确实可行的职业生涯规划。

(二) 家庭影响因素

家庭因素直接影响着大学生职业目标的确定。家庭是最小的社会单位,是大学生成长过程中最原始、最直接的物质和精神来源。我国数千年的文明发展历程建立了以家庭为单位的社会结构,家庭传承成为我国社会传承的主要载体和纽带,家庭是传承财产、文化、情感模式、阶级立场的载体,也为人们思考和解决问题提供了基础出发点。马克思曾说:"通过传统和教育承受了这些情感和观点的个人,会以为这些情感和观点就是他的行为的真实动机和出发点。"①因此,家庭的社会地位、社会交往范围、父母受教育水平以及经济状况直接影响子女对职业世界的了解,影响子女的职业选择和对职业发展方向的选择。

1. 家庭的社会交往范围和交往模式

家庭的社会交往范围和交往模式直接影响大学生对职业的理解。社会的复杂性决定了职业的复杂性。从父母、近亲属和姻亲关系处直接获得的社会、经济、政治、文化地位是一个人的重要资源,这些资源在某种社会规则下可以转化为职业资源,建立职业发展通道,获得先天文化优势。马克思曾说,"一个人的发展取决于和

---

① 马克思,恩格斯.马克思恩格斯全集(第二版)(第8卷)[M].中共中央马克思恩格斯列宁斯大林著作编译局,编译.北京:人民出版社,1995:149.

他直接或间接进行交往的其他一切人的发展"①。"孟母三迁"的故事就是家庭的社会交往影响青少年职业选择的典型,孩童时期的孟子向邻居学习和模仿他们的职业行为,学习丧葬、买卖、屠宰等,孟母为避免儿子思想观念和行为模式受到影响,搬家到学宫旁边,孟子开始学习学者和官员的礼仪,终成一代大师。"孟母三迁"的故事至今仍被后人津津乐道,甚至效而仿之。

2. 家庭形态

家庭形态影响大学生的职业选择。这里,简单把家庭形态划分为独生子女家庭、多子女家庭、特殊家庭和留守儿童家庭四个类别,讨论这几种家庭形态对子女职业选择的影响。计划生育政策实施之前,中国家庭以多子女家庭为主。在这种家庭背景下,父母对每个子女的感情无法做到完全均衡,由此造成不同的职业期待和资源投入的不均衡。这也导致多子女家庭在家庭内部子女之间形成竞争,每个子女都期盼自身能获取更多家庭资源。多子女家庭中成长的大学生,相对更易适应竞争环境且具备合作精神。独生子女家庭子女的唯一性,导致父母对子女的关注和期待增强,在教育和其他资源的投入上也会增加。特殊家庭(如离异丧偶等单亲家庭或重组家庭)由于家庭内部支持系统的缺失,自小就感受自身资源的匮乏,可能会导致子女自信心不足,不利于正确职业目标的确立。留守儿童作为我国特定发展阶段出现的一个特殊现象,虽然父母俱在,但子女却由祖父母或其他亲属抚养。由于父母长期不在身边,而祖父母年迈,已不再参与职业活动,导致留守儿童家庭成长的学生在职业观养成过程中缺少直接模仿对象,很难获得直接的职业技能传承,所以,他们中的一部分人对职业的认知呈现出模糊、不及时的状态。

3. 家庭收入

家庭收入影响大学生的职业选择。低收入家庭的大学生,在职业价值观上一般会首先承担家庭责任并选择经济待遇和生活保障,也会更倾向于选择职业保障的职业,以确保自己和家人的生活稳定,职业稳定性和安全性会是他们重要的考量因素。家庭条件优越的大学生,在职业价值观上可能更注重个人成长、自我实现和社会贡献,因而更关注职业的社会意义和影响力,愿意选择那些能够为社会作出积极贡献的职业,如伟大思想家卡尔·马克思。家庭经济基础、与家庭密切相关的基础文化特质、社会外部的政治历史条件等"偶然"因素在一定程度上决定了个人的职业选择,而这些资源很难被个人所改变。

---

① 马克思,恩格斯.马克思恩格斯全集(第3卷)[M].中共中央马克思恩格斯列宁斯大林著作编译局,编译.北京:人民出版社,1976:515.

（三）自身因素

马克思在《青年在选择职业时的考虑》一文中明确提出青年在进行职业选择时要遵循内心深处的期望，以此为核心来建立职业目标体系。大学生在确定职业目标时更需要考虑的是自身的需求。自身因素包括专业能力、身心素质等方面。

1. 专业能力

专业能力对大学生职业目标的确立有显著影响。根据自身兴趣选择专业的大学生和对专业满意度较高的大学生更愿意制订职业生涯规划，确定职业目标。由于学科特点不同，文科学生的学习内容宽泛，多数没有明确的专业对口职业，因此文科学生会积极搜寻相关职业信息，了解未来可供选择的职业领域，尽早确定自身的职业目标以积累相关经验。如果缺乏对自身专业的认知，随意地选择专业，甚至在选择专业时只是基于家长的要求或者学校的分配调剂，则会导致在专业领域中对自身职业实践能力的挖掘和培养不足，甚至对所选专业不感兴趣，荒废大学时光，影响日后职业选择。因此，如果大学生能够在选择专业时深思熟虑，并由专业老师进行指导，在大学阶段对专业有清晰的认知和自身专业能力的有意识培养，对未来职业目标确定有很大帮助。

2. 身心素质

大学生身心素质也与职业目标的确立关系紧密。"身体是革命的本钱"，保持健康的身体对职业目标的确定至关重要。日常生活中，人们常把健康比作"1"，事业、家庭、财富等都是"1"后面的"0"，人生是否圆满直接取决于"1"是否稳固。随着社会分工的日益精细化，医学的发展和全民健身活动的倡导在一定程度上促使人们更加关注身体保健，但与之相对抗的是高度便捷的交通极大地减少了人们的运动量，工农业等产业机械化的发展，在降低劳动者劳动强度的同时，也减少了劳动者体质方面的锻炼。

职业目标确立正确与否，直接关系到大学生未来的幸福感和获得感。马克思说，如果选择了不能胜任的职业，那么我们绝不能把它做好，我们很快就会自愧无能，就会感到自己是无用的人，是不能完成自己使命的社会成员①。

三、确立职业目标的原则与方法

在确立自己的职业目标之前，首先要明确职业目标不是最终职位。如果是具体

---

① 马克思,恩格斯.马克思恩格斯全集(第1卷)[M].中共中央马克思恩格斯列宁斯大林著作编译局,编译.北京：人民出版社,1995:457.

职位,相当一部分人会选择做企业高管或政府高官,这样的目标和没有目标并无区别。职业目标更多的是最终的职业状态。比如:在医学事务领域从事 KOL 管理并不断深化理解和形成自己的管理策略,或者从事市场营销工作,对于新产品上市流程不断优化。那么,如何确定自己的职业目标?职业目标的确立需要明晰原则和方法。

(一)原则

大学生要正确确定自己的职业目标,需要遵循以下原则。

1. 符合自身特点

每个人都有自身优势和特点,有不同的性格、能力、兴趣爱好。在确立自身职业目标时,一定要结合个体特质认真考虑,避免盲目跟风。因为同样的职业,对他人而言很合适,但不一定也适合自己。所以,个人在确定职业目标时一定要综合考虑,准确定位。

2. 结合所学专业

目前,很多毕业生在就业时选择了与自己专业无关或不太相关的工作。对个人和社会而言,都是巨大的浪费。因此,个人在选择职业目标时,要充分考虑自身专业与未来从事的职业之间的匹配度。

每个专业都有其独特的培养目标和就业方向,大学生在选择专业时要结合自身的兴趣爱好,对自己的专业做一个客观评估,这样有利于以自身的专业为导向,实现专业与职业的融合。

3. 满足社会需求

有需求才会有市场。大学生通过多年的学习提高了自身各方面素质,最终进入社会工作。每个人选择职业是自由的,但这种自由也是相对的。在选择职业过程中,必定会受到一定的社会需求的制约。如果择业时不清楚或不了解社会需求,将很难找到合适的工作。随着社会的进步,同一职业在不同的社会发展阶段也会有不同的社会需求。因此,大学生在确立职业目标时,要对职业的社会需求进行全面的了解,形成清晰全面的认识,才能达到社会需求与个人目标相匹配、社会需求与个人能力相统一。

4. 职业目标的明确性与可实现性

职业目标的设立必须明确具体才会具备指向性。过于笼统的目标,对具体行动不能产生明确的指向性,行动就会变得茫然,就很难实现既定目标。因此,职业目标必须具有明确性。同时,职业目标还需要具有可实现性,既不能过于简单又不能远远超出个人能力范围,这就需要把握"度",以"跳一跳可以摘到果子"为宜。

随 笔

5. 职业目标的连续性

职业目标一经确立，不要轻易变动，并要为之不断努力。任何事物都是不断发展变化的，职业发展规划的制订也不是一蹴而就的，而是一个不断修正的过程。随着内外部环境的变迁，大学生在大学期间，可以就职业目标进行微调，但总体上要保证毕业后的职业选择与大学期间的职业目标具有连续性。目标如果反复修改，将会浪费大量时间和精力，最终导致自己的职业理想难以实现。

在遵循职业目标确立原则的基础上，还需要考虑四个匹配：一是价值观的匹配，决定了做这项工作是否能为自己带来成就感；二是知识背景的匹配，决定了自己从事该工作的学习成本；三是技能的匹配，工作技能对于个人职业发展和职场竞争力具有至关重要的作用，也是职场价值的直接体现；四是自我需求的匹配，个人是要不断向上发展还是选择生活家庭平衡，是要做"空中飞人"还是文案内勤，满足自我需求的工作才能长期稳定。

将上述五个原则、四个匹配与自身和职位进行比对，明确自己的职业目标并非难事。当然，对于自身的理解和不同岗位的了解，是在职业成长过程中逐渐清晰的。

（二）方法

定位是个人对自身情况、自身能力的一个整体把握。在职业规划中，职业定位相当重要。定位准确会使职业发展事半功倍，定位不准则会导致职业发展事倍功半。大学生正处于职业选择的最佳年龄阶段，有理想、有朝气、有丰富的科学文化知识，也有开阔的思维和丰富的想象力。大学生需要在对周围环境进行观察和分析中得到正确的引导和帮助，进而做到观察分析客观、具体、全面。经过分析和权衡后，确定自己的人生目标，进而选择适合的职业。

1. 认清自我：对自己进行客观评估和准确定位

分析自我，准确定位。大学生在确定职业目标、进行自我评估时，一定要从实际出发，准确判定。

在规划职业目标时，兴趣是主要动力。"兴趣是最好的老师"，只有做感兴趣的事情，才能真正热爱自己准备从事的工作。当前，就业形势严峻是所有毕业生面临的问题。面对"就业难"的现状，作为大学生应该做的是提前为就业做准备，大学期间找到自己的兴趣所在，多思考自己未来的职业目标和规划，在此基础上，找到两者的契合点并全心全意地为此奋斗，不断提高自身的素质与能力，提升适应职场的应变能力，保证个人在职场具有长期竞争力。

人无完人，每个人的精力总是有限的，都有自身难以克服的缺点与弱点。黑格尔说："一个志在有大成就的人，他必须如歌德所说，知道限制自己。反之，那些什么事都想做的人，其实什么事都不能做，而终归于失败。世界上有趣味的东西异常之多，如西班牙诗、化学、政治、音乐都很有趣味，如果有人对这些东西有兴趣，我们决不能说他不对。一个人在特定的环境内，如想有所成就，必须专注于一事，而不可分散精力于多方面。"①因此，在选择与确定职业目标时，大学生一定要认清自己能力的大小，正视自己的优势和劣势，运用各种专业测评方法对自己的专业技能、知识体系、沟通协调能力、团队合作能力、创新能力等各种能力，以及性格、兴趣、特长和智商、情商等特点进行全面测量评估，从而明确自身的优劣势，寻找自己的职业兴趣，确立科学的职业目标。

2. 认识社会：对外界环境进行科学分析和深入研究

当前，就业行业非常广泛，大学毕业生如何去选择，不仅取决于自身的爱好，还应综合考虑行业自身的生命力及外界环境。

环境因素是影响大学生职业选择和职业目标确定的重要因素之一。每个职业在不同的环境背景下需求不一，发展情况也不一样。外界环境决定着每个职业的发展空间。随着新质生产力的发展，产业对创新型人才的需求快速增长。对于大学生来说，要保持平实之心，客观看待个人条件和社会需求，从实际出发选择适合的职业。因此，在确立职业目标之前，大学生应对外界环境进行科学的分析和评估。

3. 了解职业：对职业进行全面客观的了解和认识

社会上的职业千差万别，不同的职业要求从业人员具备不同的知识、技能、素质等。大学生在明确职业目标之前，首先要深入了解未来想从事的职业的相关信息，包括国家相关的政策法规、职业发展前景、职业所要求的专业知识和技能等，甚至具体到单位的企业文化、管理体制、薪金福利等。

在全面认识自身、了解职业、分析外部环境的基础上，大学生还要善于结合对职业的了解和认识，确立与自己的个性特质最符合的职业目标，选择既适合个体兴趣爱好、与个体专业相适应，又能满足社会发展需要的职业。不同的职业岗位能够提供不同的劳动体验，但相同的是，从每一种职业岗位中都能获得宝贵的实践经验。因此，不管选择什么职业，大学生都要全力以赴地投入工作中，真正做到干一行、爱一行、钻一行。

---

① 黑格尔.小逻辑[M].贺麟,译.北京：商务印书馆，1980：174.

第三节　职业规划策略

职业规划的好坏直接影响着个人职业发展甚至整个生命历程。大学生进行职业规划，是个人在充分认识自己、客观分析环境的基础上，树立职业目标，选择合适职业，运用适当方法，采取有效措施，克服各种困难，提升职业能力，理性择业进而获得事业的成功的过程。职业规划的质量决定着职业目标的实现，提升规划质量一方面要避免误区，另一方面要讲究策略。

一、职业规划常见误区

常见的职业规划有三类：一是一步到位型，即有些同学的职业目标是在现有条件下制定相应措施，储备相应知识，提高相应能力，抓住相应机会，很快就可以达成的，如考公务员。二是多步趋近型，即有些同学的职业目标在现有条件下暂时无法实现，需要把目标分解成若干个小目标，先选择一个阶段性目标，再通过努力逐步趋近，最终实现理想目标。三是从业期待型，即目前无法实现自己的职业目标，又难以找到合适的职业去积累资源，可以先根据自身情况继续深造或者选择一个相近职业，再等待机会。

此外，近年来大学毕业生中还出现了"慢就业"现象，即毕业以后不马上就业，而是先去做自己喜欢做的事，谋定后动。毕业后一段时间的游历、志愿服务等活动，可以增长见闻、充实人生、丰富阅历，收获书本、学校里学不到的东西。这些活动将有助于同学们更好地认识自我、了解社会，明确自己的人生方向，可谓是"磨刀不误砍柴工"，也许能够实现"以退为进"。

大学生在专业特长、兴趣爱好、家庭背景等方面都有差异，每个人都有不同的职业规划。上述这几类职业规划都有合理性，但也存在一些误区，认清这些误区有助于我们科学地进行职业规划。

（一）需要辨析的概念

1. 就业、职业与事业

就业是以维持生存为目的，属于低层次的。职业是从事比较稳定的工作，能够满足基本的物质需求。事业则更为长远，除物质层面外，还追求精神上的满足感。生活中存在大学生把就业当作职业的现象,他们以为做着工作总会学到些东西。其实不然,为了就业而就业的仓促选择,未免失之轻率,也是对自己不负责任的表现。在职业发展这个层次上,选择比努力更重要。要选择与职业目标相关的工作岗位,如果把大学时代完全可以解决的职业选择问题转移到毕业后,就延长了大学生获得职业生涯成功的周期。

2. 行业、岗位与专业

行业泛指职业,而岗位是具体职位。就业是就具体的岗位而言的。当我们把行业当作要应聘的岗位时,暴露的不仅是没有形成核心竞争力的意识,更没有核心竞争力,以致求职时只能把希望更多放在"广撒网,捞大鱼"。

专业是大学生在大学时就读的学业门类,其中蕴涵着对未来的追求和兴趣,当然有些同学也存在盲目和无奈。只有当职业目标与所学专业高度相关时,专业才是影响择业的关键因素,否则,就不会受所学专业所限。如果大学所学的专业不能够满足自己的理想和追求,那就需要在毕业选择职业时重新规划。

3. 知识、技能、经历与能力

知识是从各个途径中获得的、经过提升总结与凝练的系统认识。技能是通过练习而获得并巩固下来的完成活动的动作方式和动作系统。能力是顺利、有效地完成某种活动所必须具备的心理条件,是解决实际问题的一种智慧。

在应聘目标岗位时,不能把自己所学的理论知识当作岗位要求的操作技能。任何一个岗位的工作都要求具备一定的理论知识、掌握相应的操作技能,而只有当知识转化为技能时才可以安身立命,才能够谋求更大的发展。

经历是过去所做事情的综合,能力则是在经历中形成的独特的核心优势。经历仅仅提供了一个能力增长的平台,至于能否转化为能力,还是个未知数。需要认识到的是,如果我们没有方向地盲目去做许多不相关的社会实践,这样并不能形成我们所期望的能力。

4. 手段与目的

当我们把职业理想转化为职业目标后,就要选择实现职业目标的手段,但手段不是目的。比如说,同学们可以通过学习弥补专业知识的不足,但很多同学在学习的过程中只是在学习,或是在学什么、怎么学、什么时候学上下很大的功夫,而考虑的并不是学习的目的。

(二)需要明确的几个问题

1. 遇到不喜欢的专业怎么办

学生对专业的认同感很大程度来源于该专业的就业前景,但专业是在高考报志愿时确定的，许多同学是在家长的干预下选择的，受社会潮流影响比较大。有些同学入学后才发现专业不适合、不喜欢或者学不懂。从职业角度看，每个岗位都需要求职者具备一定的专业知识和技能，但专业不是一成不变的，也不是万能的，在大学里转专业、就业时脱离本专业的现象并不罕见。

专业有时是求职的优势，有时是求职的障碍，会对大学生的职业规划产生影响。不喜欢自己的专业是大学生职业规划过程中常见的问题。当遇到不喜欢的专业，该怎么办呢？目前，许多高校都建立了比较完备的转专业机制，来弥补"一考定终身"的弊端。有些同学通过评估定位自己的职业目标，对照转专业的相关要求，通过努力顺利转入理想的专业学习，进而实现自己的职业目标。有些同学选择辅修第二学位，掌握相关的专业知识，具备相关的能力素质，实现自己的职业目标。有些同学通过研究生跨专业考试，完成专业转换和学历提升，实现了自己的职业目标。还有些同学通过评估发现目前专业适合自己，经过努力也实现了自己的职业目标。

此外，同学们还可以通过提升专业之外的核心能力来弥补专业不满意的缺憾。沟通能力、实践能力、学习能力、管理能力、社会适应能力等的培养提升，会给个人的职业发展加分。

2. 就业与考研如何选择

有些同学高考失利，未能如愿进入心仪的院校或专业，希望通过考研弥补自己的缺憾。有些同学认为自己大学期间专业知识学习不够、能力提升不足，与就业单位对毕业生的期望还有差距，希望通过考研继续提升自己的综合素质。有些同学体会到毕业生数量逐年增加、就业压力增大，希望通过考研延缓择业就业的时间。有些同学对已经找到的工作存在诸多不满，希望通过考研增加就业的"砝码"。有些同学对自己的职业没有规划，盲目跟风加入考研大军……

随着高等教育的发展，研究生招生规模逐年扩大，在多种因素影响之下，考研人数屡创新高。随之而来的是硕士、博士毕业生的增加，有些盲目考研的同学没有明确的学习目标，虽获得了硕士或博士学位，却仍未能有效提升自身的竞争力，依然会遭遇就业难题，这也是近年来出现高学历毕业生就业难问题的原因之一。更有甚者，本来就不喜欢自己的专业却又继续读了本专业的硕士甚至博士，毕业找工作时非常痛苦。

为了避免这种情况发生，同学们要根据个人情况和社会需求理性选择、避免盲目考研。同学们要通过评估先找到适合自己的职业方向，结合行业状况、发展趋势以及就业形势进行综合分析，再决定考研还是就业。考研与就业并没有最佳选择，适合自己的才是最好的。

同学们在作出选择前,不妨先问自己四个问题:考研的目的是什么,为了拿到学位还是提升自我?目标职业是什么,是否需要读研才能得以实现?是否喜欢思考问题、研究问题?研究生阶段学习对职业发展是否有较大的帮助?

3. 要不要自己创业

近年来,国家出台政策鼓励大学生创业,有的学校专门开设了创业课程、设立了创业基金、打造了孵化基地,有些同学在大学期间就开始做微商积累经验和资本。可见,创业成为大学毕业生的一种新选择。从目前的社会背景和国家政策来看,大学生创业不是被动就业的应急措施,而是适应社会发展需要的一种主动的就业形势,是职业选择的一种方式。

但同学们要清醒地认识到创业对人的素质是有要求的,如需要有人际影响力、团队协作力、容忍性、毅力等,并且这几种素质都不容易培养。因而,不是每个人都适合创业。现实当中,毕业即创业的大学生或者是缺乏相关知识,或者是没有风险意识,或者是团队协作不够等,从而以失败告终。所以,创业和所有职业一样,未必适合每一个人,只有具备创业素质的人才适合创业。

如果同学们在校期间接受过创业教育,经过评估适合创业,并利用校内创业园区孵化平台或通过其他实践活动历练创业本领,积累创业经验,毕业时已经具备了创业所需要的基本素质和项目、资金、团队等必要的先决条件,毕业即创业是可以的。但是,把创业当作就业不成的替补选项则是不明智的。

无论是创业还是就业,适合自己的才是成功的职业选择。职业规划要从个体的实际情况出发,明晰相关概念,充分认识自我,制订适应社会需求、符合个人特点、可操作性强的职业规划。

二、职业规划策略

科学的职业规划能够引导我们正确地评估自己、认识社会环境和职业环境,在此基础上,确立明确的职业目标,制定可行的措施,切实发挥个人专长,破解职业发展困阻,避免掉入人生陷阱,不断修正前进方向,最后获得事业成功。

(一)顺应时代潮流

选择职业,首先要了解社会的需求,积极关注社会"新职业"及新就业形态。新一轮工业革命带动的智能化、数字化、信息化的工作模式是新就业形态。从数字化就业到情感劳动,从远程就业到共享员工,就业新形态、新模式快速成长,活力蓬勃。

随 笔

国家信息中心信息化和产业发展部分享经济研究中心发布的《中国共享经济发展报告（2023）》显示，我国多层次、系统化的工业互联网平台体系基本形成，全国已有超过1000家工业互联网平台，具有一定行业和区域影响力的工业互联网平台超过150家。2022年全国投资建设的"5G+工业互联网"项目数超4000个，打造了一批5G全连接工厂。电信企业利用5G切片技术提供了超1.4万个5G虚拟专网。工信部还遴选出卡奥斯COSMOPlat、根云、腾讯WeMake、百度开物、用友精智等28个跨行业跨领域工业互联网平台。例如，海尔集团打造的跨行业跨领域工业互联网平台"卡奥斯COSMOPlat"平台已链接企业90万家，服务8万多家企业，已孕育出化工、模具等15个行业生态，覆盖了29个行业大类。腾讯云面向工业行业，整合云产品、优图工业AI、大数据中心、物联网中心、微瓴、企业微信、企点等多个内部产品，打造WeMake工业互联网平台，以平台载体将产品能力对外输出。可以预见，传统的职业分类将被"新360行"逐渐升级、取代。"时间之河川流不息，每一代青年都有自己的际遇和机缘，都要在自己所处的时代条件下谋划人生、创造历史。"[①]职业规划只有顺应时代潮流才能取得成功。同学们在职业规划过程中，要立足新时代，结合个人兴趣爱好、专业特长等积极发掘新技术、新业态催生的新职业，拥抱美好的职业未来。

（二）善于寻找缺口

党的二十届三中全会强调要完善就业优先政策、健全社会保障体系。在这样的政策引领下，当前和今后一段时期，我国发展仍处于重要战略机遇期。新型工业化、信息化、城镇化、农业现代化的不断推进，不仅是中国式现代化的重要任务，也为就业孕育着巨大潜力。新一轮技术革命和产业变革蓄势待发，这与全会提出的深化科技体制改革、激发科技创新创造活力的要求相契合，将为经济发展注入新动能，创造更多新的就业形态。服务业的快速增长符合全会中健全保障和改善民生制度体系的部署，能够进一步吸纳就业，为劳动者提供更多就业机会。民营经济作为我国经济的重要组成部分，在全会精神的支持下将不断发展壮大，成为吸纳就业的重要力量。这些积极因素共同作用，使得经济发展拉动就业的能力不断增强，为实现高质量充分就业创造了良好的环境和条件。

面对诸多的就业增长点，在职业规划时要善于寻找缺口，即从缺口处找机遇，

---

① 习近平.青年要自觉践行社会主义核心价值观——在北京大学师生座谈会上的讲话[N].人民日报，2014-5-5.

成就自己的职业梦想,要提供别人最缺少的职业需求,而不是增加别人已经富余的职业需求。在规划职业时要充分考虑,社会上是不是非常缺乏大量优秀的职业人?这个现实是否已经制约了某行业或部门的发展?在什么行业或单位优秀的职业人非常关键而又很缺乏?未来是不是会出现很大的对这个职业的需求?这个市场存在缺口吗?这个职业供过于求还是供不应求?

(三)学会扬长避短

在职业规划中,同学们首先要经过一段时间的探索和思考,客观地评估自己的兴趣爱好、特长潜力、思维方式、知识结构、能力水平,找到自己的长项与短板。在此基础上,要学会扬长避短,根据"长项"进行职业规划。此时的思路不是弥补劣势,赶超竞争对手,而是要找到一个最大化优势,并且限制竞争对手优势发挥的领域,达到扬长避短的目的。

例如,京东和当当的价格战就是一个"扬长避短"的例子。当当网图书占有率高,京东品类齐全,京东如何扬长避短打赢这场价格战呢?首先,京东宣布图书全线降价,当当主营图书,为了占有市场,不得不降价迎战。但是,京东主营并非图书,图书降价后还可以靠其他优势品类盈利,而当当的降价损失惨重。在这个策略中,当当跟进京东的策略需要付出几倍的成本,京东就很好地运用了"扬长避短"的策略。

在职业规划上也是一样,同学们需要找到一个能够扬长避短的领域,在这个领域内,优势变得更重要,劣势变得不重要。在这个过程中,扬长避短不需要盲目投入巨大精力弥补短处,而是要最大限度地发挥自身优势,限制竞争对手优势的发挥。

(四)寻求专业指导

职业规划是人生和事业成功的导航仪,但对于涉世未深的大学生来说,科学地制订职业规划并非易事。为了更好地发挥这个导航仪的作用,有时需要同学们去寻求帮助。同学们可以与自己最亲近的人,如父母、同学共同探讨分析自己的优势与劣势;可以与老师、学长交流本专业的职业发展;可以通过实习等方式进入目标职业领域,了解在职人士对本职业的认识;也可以求助于专业的职业规划师、职业指导师,指导自己科学地评估自己、认识社会环境和职业环境,解决面临的矛盾冲突。以"空杯心态"虚心请教和求助,这样,同学们就可以从不同的角度对职业规划有更客观、更深刻的认识。

同学们要学会根据自身情况选择有效策略进行职业规划,提高效率,为职业发展奠定坚实的基础。

第四节 职业规划设计

随着我国进入全面建设社会主义现代化国家的新阶段,人们不仅追求美好生活,更渴望在事业上有所建树,在实现个人理想的同时体现个人价值,服务社会进步。职业规划是促进人全面发展的重要手段,其中职业规划设计是重要环节。

一、职业规划步骤

职业规划是依据对个体素质及社会环境的全面评估情况,根据阶段性职业目标,设计职业发展的具体实施方案,在实施中不断评估、反馈、修正的过程。可见,职业规划是一个长期的过程。一般认为,这个过程包括自我评估、社会环境评估、目标职业确立、方案设计、方案实施、评估与修正六个步骤(见图4-5)。

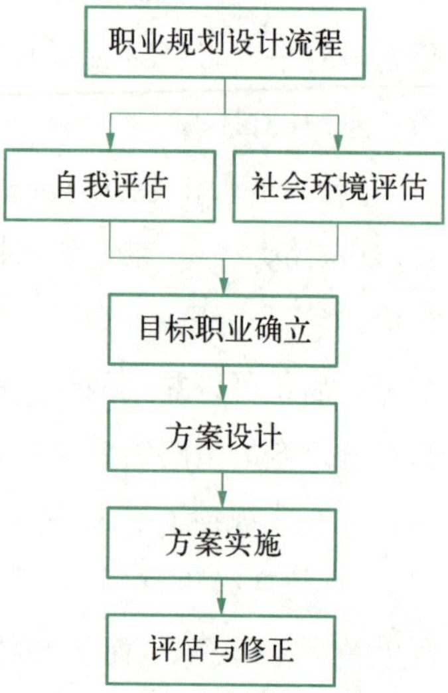

图4-5 职业规划设计流程图

(一)自我评估

职业规划是在了解自我的基础上进行的,因而第一步是对个人进行评估。这些评估包括兴趣、特长、学识、各种社会能力、职业心理等,在了解自己的职业需求及职业能力现状的基础上,把握自己的职业目标,才能使职业规划更具有针对性。各种职业测评工具可以帮助我们更好地进行自我评估。只有在评估的基础上,我们才可以结合目标职业,有针对性地培养自己的职业能力。

(二)社会环境评估

我们所处的社会环境决定了社会需求、个体成长和职业发展,因而在职业规划时应当结合社会环境,如充分考虑自己所处社会环境的特征、社会发展变化趋势、自己与环境之间的关系等进行职业环境评估,才能使自己的职业目标更现实。社会环境对个体确定职业目标的实现路径也是至关重要的,具体内容参见本书第二章"职业探索"的相关内容。

（三）目标职业确立

目标职业的确立首先源于个人的志向,深受个人职业价值观、职业能力和家庭背景、社会环境等影响。当个人的志向明确,相应地就有了人生目标,个体的人生观、兴趣、知识结构等就会逐渐向这个志向靠拢。

目标职业就是个体志向的具体化和形象化,是建立在个体对自己职业能力评估和对职业环境评估的基础上的,具有最大实现可能性的志向。

目标职业的确定是基于个人的性格、社会环境及发展趋势的,在探索过程中可能需要修正,原则上要忠于自己的志向。

（四）方案设计

从个体现实状况到目标职业的实现需要不断地努力,这个过程不可控但是可以提前规划,有了科学的规划,就会有事半功倍的效果。从现状到目标职业有多少差距就有多少种可供选择的路径。目标职业需要哪些职业能力?通过什么样的途径可以获得这样的能力?从现状到目标职业需要跨越哪些阶段?这些问题都需要我们去思考,找到解决的办法并付诸实施。

（五）方案实施

把设计好的方案付诸实践就是实施的过程。这个过程对应个体的各种经历,既包括学习深造、职业技能培训,也包括各类实习、实践和实际工作。大学期间,同学们为了考级或者提升能力参加的各种培训班,参与的各种社会实践活动、社团活动等都属于设计方案的实施。

在实施的过程中,需要考虑以下问题:为了达到某个目标,采用什么样的措施效率更高?如何充分利用日常学习工作来提高个人相应的职业能力?通过怎样的途径可以有效开发自己的潜能?

实施过程中最为重要的是执行力的问题。在执行规划的过程中,能够始终朝着规划目标踏实努力奋斗,在遇到挫折困难时,能够聚焦问题、战胜困难,这就是执行力强的表现。

执行力强是规划落实的重要保障。强的执行力来源于强的个人自我管理能力,增强自我管理能力是提高职业规划执行力的根本途径。

如何提高职业规划执行力

（六）评估与修正

影响职业规划的因素有很多，比如对自己的了解不充分、对社会形势的变化把握不到位等主观客观及可控不可控的因素，都会使得我们的规划针对性、操作性不强。

职业规划是动态的，个人要随着时间的推移根据自己能力的发展以及面临的新机遇、新挑战做出适当的调整。因而，我们需要评估职业规划方案，及时反馈评估结果，并有针对性地修正规划方案。

为了适应客观现实的需要，使规划方案更科学有效，我们既可以对某个阶段性目标的规划方案进行评估修正，也可以对职业目标的长期规划方案进行评估修正。

二、职业规划原则

一个成功的职业规划案例

杜某，某省属高校2012级本科生，思想政治教育专业，某大学马克思主义学院博士毕业生。

大学时能选择自己喜欢的专业是一件幸福的事情，杜某就是这样一个幸运儿。从走进自己喜欢的专业开始，他就下决心深入研究马克思主义理论。他认真上好每一堂专业课，课后认真阅读学习马克思主义经典著作，做了数十本读书笔记，慢慢感知马克思主义理论这一智慧王国。此外，他积极参与学生工作，多方面锻炼提升自己。他担任学生干部，通过组织各项学生活动，培养自己的合作意识和服务能力。"挤时间、提效率、增分量"，是他处理学生工作和学习任务二者之间关系的理念。在这一理念的指引下，他完成了英语四六级、教师资格证、计算机证书等每个阶段性任务。理论和实践的感召，坚定了他攻读硕士研究生、继续在马克思主义经典著作的海洋里畅游的决心。历经沉潜蓄势，扎实根基，弯道超越，最终，他以优异成绩考取北京理工大学马克思主义学院硕士研究生。

读研期间，他如饥似渴地阅读各种经典著作，跟随导师学习科学研究的方法，聆听北京高校举办的各种学术会议，理论水平和科研能力突飞猛进。在学者使命感召下，他在冷板凳上坐出了再奋进的热情，决定去中国人民大学攻读思想政治教育专业博士学位。面对繁重的科研任务，只能下苦功夫，制订计划按部就班地完成。每天写作2 000字、阅读12页经典著作、摘录10条经典论述、整理相关文献资料，量化的指标日积月累就会结出惊人的果实。

> 他坚信走好当下就是走向未来。读博期间,他参与国家社会科学基金特别委托项目、中央马克思主义理论研究和建设工程重大项目、国家社会科学基金高校思政课研究专项、北京高校思想政治理论课高精尖创新中心重点项目等,主持中国人民大学研究生科研项目,发表学术论文5篇,其中CSSCI来源期刊3篇。作为教育部高校思想政治理论课教师队伍后备人才培养专项支持计划入选者,他将自己的职业目标定位为优秀的高校思政课教师。为了拓宽视野,他积极申请国家留基委联合培养博士生项目并顺利通过,前往全英教育学排名第五的杜伦大学进行访学,围绕如何引导中国青年扩展爱国主义的国际视野,在国际比较中认清中国特色社会主义制度优势并广泛进行学术交流。
>
> 每个人的成长背景和特点各不相同,没有两份完全相同的职业规划。一份好的职业规划是在人生成长的轨迹中逐步形成的,在拐点所出现的机遇来临之前,唯一要做的就是蓄好力,有底气和能力去实现自己的职业理想。硕士毕业前,杜某也有工作的机会,但如果没有坚守自己的"初心",十年如一日地"坐冷板凳",他何时才能成长为自己理想中的"优秀的高校思政课教师"呢?

(一)针对性原则

职业规划方案是对自己职业发展的计划,是个体在探索自我、把握社会需求的基础上作出的一项个性化的决策,针对性强,要突出"我"。每个人先天条件不同,后天环境不同,自然会导致内在、外在各方面条件的差异。不同的天赋、不同的能力倾向、不同的知识结构、不同的性格特征、不同的兴趣爱好、不同的择业观念、不同的社会资源以及所处的不同社会环境等,均会对个人的职业规划产生影响。

在做规划前,我们要充分考虑个人的职业能力和职业心理,要对知识结构、能力倾向、性别特征、职业喜好等进行全面的测评,还要对个人所处的职业环境和职业发展资源等进行系统的评估,从个人职业发展动机与职业环境的匹配度来分析其成功的可能性,从而为个人设定相应的职业发展目标和具体的发展规划。

对自我的评估要科学,可通过多种渠道结合测验工具、个人思考、他人评价等方法,得到全面、准确的结论。在自我评估的基础上,结合自身特点和情况,确定符合自己兴趣爱好和风格特点的目标职业,并紧紧围绕目标职业这条主线展开职业规划。

(二)可行性原则

每个人都可能有自己的职业目标和达到职业目标的计划,但有些人的职业目标根本不可能实现,计划不具备实施的条件,效果也无法去检验,这样的规划没有意义。同学们在职业规划前需要考虑规划的可行性。

职业规划的可行性包括了目标的现实性、计划的可操作性以及效果的可检验性。其中,目标的现实性不仅要求目标是具体明确的,还要求目标的设定是建立在个人现实条件基础之上的,通过努力可以实现。计划的可操作性不仅要求计划是具体的,还要求计划的设计符合个人具备的条件且不违背社会规范,通过努力可以完成。效果的可检验性是指目标的实现和计划的执行有客观标准,可以检验并经得起检验。

(三)阶段性原则

根据美国著名职业生涯规划大师舒伯的职业生涯彩虹图(见图4-6),个人的发展具有阶段性。个人发展的不同阶段必然有不同的特征、不同的需求、处于不同的社会环境、需要承担不同的社会角色、有着不同的发展任务,也必然有着不同的目标实现手段。因而,职业规划应该分段进行,结合不同的发展阶段确定明确的发展方向,制定阶段性的发展目标,采取相应的行动计划实现阶段性目标。在实现一个个阶段目标的过程中,不断接近最终目标,并实现最终目标。

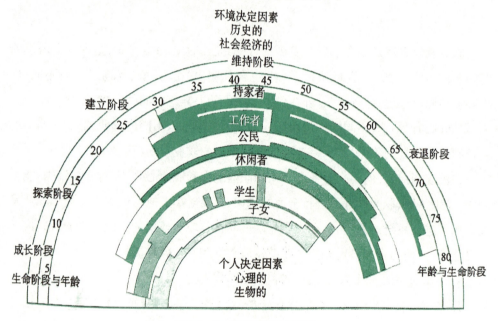

图4-6 职业生涯彩虹图

现阶段同学们制订的方案要立足于大学阶段,确保这个方案在现阶段是可行的、合理的,在时间上是连续的,在能力提升上是递进的,目标是为大学毕业就业做好准备。

（四）发展性原则

世界是不断变化的，万事万物都是不断变化的，同学们不仅要以目标职业的"不变"应对社会发展的"万变"，还要做好以调整计划的"变"来应对社会发展的"变"，所以在最初制订计划时就要考虑到发展性原则。

同学们在规划过程中不能局限于个体和社会发展的现状，要充分考虑到个体未来的职业发展空间和社会需求及环境的变化，在规划时体现出前瞻性。职业规划是个动态的过程，应当适时根据自我发展、社会变迁以及其他不可预测因素的变化调整职业规划，做到及时评估、灵活调整、主动适应、不断修正、逐步优化。

（五）严密性原则

虽然方案是写给自己的，但无论是信息搜集还是文本撰写都要突出"严"字。信息搜集要尽可能地科学、翔实、严密，为决策提供支持。文本撰写要语言简洁、条理清晰、确保严谨，忌空、忌大、忌缺乏理性。

第五节 职业规划评估

为使职业规划行之有效,需要根据实施效果以及各种因素,特别是一些难以预测的因素的变化,及时评估并进行修正。

一、职业规划评估的内容与方法

职业规划是一个动态的过程,受到自我认知的发展、个体能力的提升、社会环境的变化等多种因素的影响。为了保证规划的针对性、可行性、阶段性、发展性、严密性,就需要适时对规划进行必要的评估,以便及时修正。

(一)评估的内容

职业规划评估主要包括目标职业、实现路径、实施策略、执行力状况等内容。

1. 目标职业的评估

目标职业评估的目的在于决定是否需要重新选择职业。

在职业规划实施过程中,个体如果发现自己对个人的兴趣、爱好、能力等判断有误,或者是社会环境发生较大变化,使得自己过去的目标职业不可能实现,若还继续朝着既定目标进行的话,已无实现可能。这时,需要回到职业规划的第一步,从自我评估、社会环境评估入手,再次深入分析,并微调或者更换目标职业。

此外,目标定得过高或过低,也会导致预定目标和实际结果的差距。如果目标超出自己能力范围,通过努力也很难达到目标,容易伤害自信心;目标定得过低,不需要付出太多的努力就可以实现目标,这样的目标没有价值。这两种情况都需要及时调整。

2. 实现路径的评估

实现路径评估的目的在于决定是否需要调整发展方向。

在职业规划实施过程中,有时会出现没有预料到的自身发展和职业发展的新机会、新选择,此时,我们需要先评估这种新机会或选择与既定的路径相比有何优劣再进行取舍。有时会出现原定发展方向已经失去发展前景,或者原定发展方向大大超出了个人能力范围等情况,此时,我们要考虑调整发展方向或实现路径。

案例导读

抓住机遇　适时评估

刘某,女,某高校企业管理专业大三学生。结合专业,她确定了自己的目标职业是从事管理工作。为了改变性格内向、不爱与人打交道的弱项,她在大学期间参加了学生会和社团活动,通过不断努力来提升人际沟通能力和组织协调能力。

正当她感觉自己正努力向着目标不断靠近时,新的问题出现了。

大三时,她想通过实习增长经验,为求职做好准备。一个偶然的机会她进入一家外资企业绩效控制部门实习,实习的具体内容和财务有很大的关系,这项内容与她的专业不同,与她的目标职业也不同,选择这个职位只是想通过实习积累经验。但意想不到的事情发生了,由于她的工作比较出色,公司决定正式录用她,并派她到上海工作。

这个突如其来的好消息,让刘某不知所措,她没有丝毫思想准备,不知道如何应对。如果接受这份工作,那以前的努力就都白费了。不接受这份工作又觉得可惜,因为上海是她的老家,她很想回上海工作。于是,她求助于职业规划师给予指导。职业规划师帮助她评估了原来职业规划的合理性,同时评估了现在的工作是否更适合她。

她性格内向、喜欢探究,做事有计划有条理,走专家型发展路线更为合适。根据性格测验以及刘某的职业兴趣,一般的管理岗位或者财务岗位均不太适合她,而这家公司给她提供的岗位是财务分析和决策支持相结合的岗位,比较适合她的性格和兴趣。

那么,刘某的能力和专业背景是否适合这份工作呢?她通过与部门经理深入交流,发现这个部门的成果最终是为管理决策服务,目前该部门人员都有财务背景。所以,他们想引进一些非财务背景,最好是有管理学背景的人,以使整个部门的工作更有成效。当然财务知识是这份工作必需的,刘某正式入职前需要学习相关知识,入职后会安排她进行系统培训。

刘某在大学学习过一些财务方面的课程,管理学专业知识也会派上用场,看来这份工作一方面比较适合她的兴趣和性格,另一方面在能力要求上也基本符合她的实际条件。但刘某有新的顾虑,她担心接受这份工作意味着失去其他更好的工作。

职业规划师从就业中心的数据库调出刘某所在学院毕业生就业情况,仔细研究后发现,目前这家公司尽管从实力上来讲不是最好的,但也有相当的竞争力。通过对比,刘某决定接受该职位。

来源:方伟《大学生职业生涯规划咨询案例教程》

目前很多同学职业规划意识相对薄弱，往往按照便捷的方法进行职业规划，不懂得随时评估、调整自己的规划，因而错失很多机会。要树立职业规划动态发展的理念，一定要根据个人能力的发展与面临的新机遇及时做出科学的评估。

3. 实施策略的评估

实施策略评估的目的在于决定是否需要改变行动计划。

有时在按照既定方案实施过程中出现了超出预期的困难等情况，不得已寻找新的替代路径，或者调整行动计划。有时在按原计划向目标努力过程中，没有收到实际效果或者与预期效果差距较大或者成本过高时，可以考虑重新评估实施策略，再进行适当的调整。

4. 执行力状况的评估

执行力状况评估也就是自我规划落实状况评估，其目的在于决定是否需要调整规划任务。

在学习生活中，有没有依据拟定的规划进行实施，实施效果如何？在缺乏外力跟踪指导与监控的情况下，如果自我评估缺失，职业规划就可能变成一纸空文。为此，同学们可以每天晚上评估当天的计划执行情况，决定是否调整第二天的计划。至少应该隔一段时间，阶段性地回顾规划执行情况和效果，并适时做出调整或重新规划。

5. 其他情况的评估

在职业规划实施过程中，还可能遇到一些不可抗力，如家庭变故、身体原因等使得职业规划的实施遇到难以解决的困难，或者由于客观条件的变化，使得既定的规划无法实施等情况，就需要及时进行评估，并考虑暂时或者长久地调整规划。

（二）评估的方法

职业规划评估主要是对各阶段预定目标和实际结果之间的差距进行分析。可以通过反思、评价、分析、求助等方法，找出差距及其产生的原因。

1. 反思法

基本思路是通过回顾个人实施方案各个环节，思考实施方案是否科学合理、符合个人的情况，实施过程的执行力如何，计划实施效果如何，还存在哪些问题。

在反思的过程中需要特别注意以下几点：一是要抓主要矛盾。要抓住核心目标，并对实现这个核心目标的主要措施的执行情况进行评估。二是要抓突破口。思考制订职业规划过程中哪一条对于目标的实现具有突破性的影响，执行情况如何，如何寻求新的突破口。三是要抓最弱点。根据木桶理论，评估过程中发现个人的素质与策略的"最短板",想办法修补或者替换,才能顺利实现目标。四是要抓变化项。制订职业规划时,很难把握社会环境的变化,因而在执行过程中,要特别关注社会环境的变化,要善于根据环境变化来调整自己的实施方案。

2. 评价法

基本思路是通过身边最亲近人的视角,来综合判断自己实施过程中的差距。比如辅导员的评价、父母的评价、同寝室同学的评价、同学生组织同学的评价……可以借鉴同学、学长的职业规划,多比较、多思考、多学习,客观地对自己的职业规划作出评估。

来自各方的评价能否改善职业规划状况,取决于个人对这些评价信息的实际分析、判断、利用,要注意把有益、有效的评价作为调整职业规划的依据。

3. 分析法

基本思路是分析推动我们职业目标实现的积极因素和消极因素分别是什么,有没有将积极因素最大化、消极因素最小化,消除或者转化为积极因素。通过这样的分析,很容易看到自己在实施过程中的差距。

在职业规划的每一个近期目标实现后,都要对下一个目标及主客观条件进行深入分析,判断条件是否有所变化,目标是否需要调整。

4. 求助法

基本思路是找到一位专业的职业规划师或者职业指导师,从专业角度分析评估个人的职业规划及执行情况,并做出科学的指导。

职业规划是一个复杂的过程,因为知识、能力和经验所限,往往是即使付出自己的全力,也达不到理想的效果。专业的事交给专业的人去做,专业职业规划师的指导,会让同学们更加清楚目标方向,明确发展策略,找到规划和执行中的不足,并进行针对性的调整,从而大大提升职业规划的效率和效果。

通过评估找到差距及其原因,同学们就可以有针对性地寻找突破口,对职业规划进行修正。

二、职业规划的修正

职业规划评估往往伴随着职业规划的修正。只有时时关注外部环境的变化,不断审视自我,反馈变化,及时调整规划目标和实施方案,才能确保职业规划的有效性。

（一）修正的内容

获得职业规划评估的反馈信息后,通常会根据评估结果进行目标或方案的修订。

通过修正要达到以下目的：一是决定放弃或坚持自己的目标，并进行必要的调整；二是明确影响实施效果的关键因素，重新审视实施方案的合理性，并进行必要的调整；三是对于经评估需要调整修正的地方制订出详细的调整计划，并进行可行性研究，确保修正之后的方案更科学、更合理、更有利于达到职业目标。

修订的内容通常包括目标职业的重新选择、职业规划路线的重新选择、阶段性目标的调整、实施方案与行动计划的调整等。

（二）修正方案的影响因素

根据评估反馈进行修正时，需要考虑如下三种因素。

1. 环境因素

环境因素包括社会环境、政治环境、国际环境、经济环境、科技环境、自然环境、法律环境等。当这些因素发生变化时，个体通常无法改变，只能适应这些因素的改变，对自己的职业规划进行调整。

2. 组织因素

组织因素包括组织规模、组织结构、组织文化、组织发展状况、人力资源规划、晋升政策、人际关系等。显然，以个体的能力很难改变组织的这些变化，只能调整自己的职业规划，到适合自己的组织单位中工作。

3. 个人因素

个人因素包括性别、个性、家庭背景等。受个人认知能力的限制、个人不断完善自我的努力以及某些意外因素的变化，我们有时需要重新评估自己，并相应调整自己的职业规划。

案例导读

科学评估　及时修正

朱某某，男，某省属高校2012级本科生，政治学与行政学专业，现在西藏自治区拉萨市某国企任职。

大一时，他和多数新生一样感到迷茫。不过很快，他就通过交流了解到本专业毕业生的就业方向集中在考研、考教师、考公务员。由于个人和家庭原因他放弃了考研，而把考教师、考公务员暂定为自己的目标。

第一选择是考教师。作为非师范专业学生，为了考取教师资格证，他一方面努力学习，增加知识储备，另一方面与学长学姐沟通交流，汲取考试经验和面试技巧。

但因未通过面试,他未能取得教师资格证。此时他迅速调整自己的目标,集中精力准备考公务员。由于备考教师资格证花费了大量时间和精力,留下备考公务员的时间非常有限,几次考试他都没有入围。

临近毕业,他又一次检视自己的职业规划。通过聆听志愿者宣讲团的宣讲,他对西部计划志愿服务项目有了初步了解,"到西部去,到祖国最需要的地方去"的口号直抵心底,使他热血沸腾。这一次他没有盲目着手准备,而是认真进行了评估。通过评估自身情况、社会需要并征得父母同意,他决定将自己的就业方向转为以西部计划志愿者身份进西藏,边服务边了解当地需求,再确定自己未来的职业目标。经过努力,2016年他顺利成为一名西部计划(西藏专项)志愿者。

在志愿服务的两年间,他一边努力工作提升工作能力,一边了解国家政策寻找留在西藏的突破口,同时加强学习,继续准备参加自治区公务员考试。

在留藏的关键阶段,留藏政策出现变化,区直行政编制需要硕士研究生学历。他立即按照自己的工作愿景和需求,修改职业目标,决定到国企工作。最终,他把握机遇,通过笔试、面试,2018年顺利实现阶段目标,进入西藏一家国企工作。

朱同学的可贵之处在于能根据变化及时评估、修正自己的职业规划。虽然开始的调整因评估不充分而以失败告终,但他及时吸取教训,从科学评估自身和把握社会环境变化两方面着手,两次成功完成职业规划评估修正,最终如愿留藏工作,既实现了个人理想,也符合国家政策导向。

评估和修正的过程要谨慎判断、果断行动,也就是说无论变化大小,都要厘清来龙去脉,有充足的依据,再做判断;一旦做出判断,就要立即采取行动及时修正职业规划,以保证规划的顺利进行,最终实现职业目标。

【思考题】

1. 运用目标确立的原则与方法,试着设计你未来五年的职业规划。

2. 回顾在设计职业规划的过程中,有哪些因素影响了你的决定,它们是有力地促进了你的发展,还是对你的决策造成了障碍?

3. 结合本章所学的知识,试着对自己设计的职业规划书进行评估,并进行总结。

第五章

职业适应

教学目标

知识目标：了解职业适应的内涵及影响因素，掌握职场人际关系处理的原则、方法，熟悉职场问题调适策略，明确职场情商的提升路径。

能力目标：能够正确处理职场的人际关系，具备职业适应障碍调适的能力，培养良好的职业情商。

素养目标：树立正确的择业观、就业观，提升职业适应能力，增强自我发展能力。

本章导读

　　当前和今后一个时期是以中国式现代化全面推进强国建设、民族复兴伟业的关键时期。中国式现代化是在改革开放中不断推进,也必将在改革开放中开辟广阔前景。面对纷繁复杂的国际国内形势,面对新一轮科技革命和产业变革,新一代信息技术、人工智能、航空航天、新能源、新材料、高端装备、生物医药、量子科技等战略性产业以及其他新兴产业必将对大学生就业产生深远的影响。因此,对大学生而言,提高自我发展能力、增强职业适应能力十分必要。

　　本章围绕大学生职业适应这一主题,从职业适应的内涵、职场人际关系、职业适应障碍与调适、职场情商四个方面对大学生进行职业适应指导,以期满足大学生的个性发展需求,提升大学生的职业适应能力。

第一节　职业适应的内涵

适应是另一种奋斗

美国波士顿大学心理学教授大卫·H.巴洛有一段时间住在乡下的农庄里，农庄前是一片树林。有一天，巴洛教授在树林边散步时发现，长得最粗最壮的那棵红杉上，爬满了密密麻麻的蚂蚁。显然，蚂蚁将红杉当成了安乐窝。

他很讨厌这些小家伙，决定把它们从树上赶走。他在树干上的洞里找到了蚂蚁窝，先是用湿泥巴将树洞结结实实地堵上。可是，第二天，他过来一看，发现蚂蚁们从另一个地方咬了个洞，泥巴对它们毫无用处。他找来了更结实的木楔堵上，结果，还是不能阻止这帮家伙快乐地进进出出。后来，他听人说蚂蚁很怕胶水和樟脑丸，就将胶水和樟脑丸混合在一起，涂在蚂蚁洞口。这一招似乎有些效果，蚂蚁们不敢从新的洞口经过了。然而，一周后，他遗憾地发现蚂蚁们在远离樟脑丸的树干上重新打开了一个洞口。

在与蚂蚁的较量中，他败下阵来。是什么让这些小动物能够在人为制造的恶劣环境下生存下来呢？他很快就找到了答案：是蚂蚁对环境的超强适应能力。回到波士顿大学，他在课堂上将这件亲身经历的事讲给学生们听。他说："很多时候，我们被奋斗误导，认为奋斗必须是不屈不挠、勇往直前。事实上，面对社会乃至整个自然界，我们人类是极其渺小的。蚂蚁要在树洞里生存，也需要奋斗，但它们没有被奋斗误导，没有和强大的人类对抗，而是选择了适应。知道自己无法改变洞口被堵死这一事实时，它们很快就适应了。与狮子、老虎这些生存境况岌岌可危的动物相比，蚂蚁似乎更懂得奋斗的另一层含义，那就是适应。"

适应其实就是另一种奋斗。在困难面前保存实力，重新开辟战场去应对生活，才会有更大的胜算。

来源：郝金红《启迪与智慧》

著名教育家陶行知先生曾提出"社会即学校"，提出"整个社会活动就是我们教育的范围,不消谈什么联络,而它的血脉是自然相通的"。大学生走出校园走上工作岗位,或多或少会对职业产生适应问题。随着就业形势的严峻,职业技术日益复杂、职业规范日益专业、职业环境日益重要、职业变动日益加剧,大学生本身对职业的适应能力也逐步受到更多的关注和重视。为了更好地适应就业新挑战,就需要同学们善于从校园与社会中汲取养分,拆除学校与社会的"高墙",勇于亲历与践行,迅速提升职业适应力。

一、职业适应的内涵

职业适应,是指大学生在运用自身知识、态度和能力参与社会生产和服务的过程中,体验环境的变动,感受环境的压力,对自身的角色定位、能力水平,以及态度、价值观、人际关系等进行评估并不断做出调整的过程。基于职业适应过程的实质性,职业适应能力可理解为大学生顺应职业环境变化、解决自身职业发展中面对现实问题所具备的一系列特殊能力,是大学生适应能力在职业领域和工作过程的体现,是面对和解决职业问题的现实能力。

职业适应涉及几乎所有的行业和岗位,不同的职业对从业者有着不同的甚至是完全异质的要求,最终体现在从业者的综合素质、能力与其所从事职业和所在岗位的要求之间的匹配程度。相较于一般职场人士,大学生初次就业过程中的职业适应,必然要经历从"学校人"到"职场人"的一次转变,区别只在于因个体性格、经历、素质和能力的差异性而感受程度不同,这就要求大学生对职业适应提前进行认识和理解。

职业适应认知可以帮助大学生更好地理解并评估自己在职场中所需的综合素质和能力,更加客观地了解所选择职业和岗位的要求、工作环境,以及从学校走向职场将会面临的根本性变化和挑战。从实际操作层面来看,大学生在求职和择业过程中,可以参照"大学生初次就业适应认知表"(见表5-1)对所处场景变化情况进行梳理,再从"自身的综合素质能力"与"职业岗位的要求"两个维度双向考察,并根据考察结果做好职业适应准备及更合理的职业决策。

表5-1 大学生初次就业适应认知表

适应认知内容	学校—学生	单位—员工
功能	立德树人	创造价值
时间	立足教育的长期时间	基于契约的一段时间

(续表)

适应认知内容	学校—学生	单位—员工
要求	全面发展	工作任务
导向	有益成长	利于结果
责任	基于学校监管的他人责任	基于自主行为的个体职责
平行关系	伙伴式的同学关系为主	竞合式的同事关系为主
分层关系	包容、督促、体谅为主的师生关系	聘用、管理、解约为主的级别关系

二、职业适应的特点

职业适应内涵丰富，它涵盖了个人在职业生涯中，为了与职业相匹配所进行的包括心理、技能、行为、环境和发展等多方面的调整与变化，是个人综合能力的体现。大学生职业适应具有以下特点。

（一）初始性

从校园到职场的转变是大学生职业适应的重要特征。大学生需要适应不同的工作环境、人际关系、工作节奏和岗位要求等，这种转变往往伴随着一定的陌生感和挑战性。

（二）主动性

职业适应要求个体具备主动性和自我管理能力。面对职业挑战和变化，大学生需要主动寻求解决方案，调整自己的态度和行为方式，积极应对和适应。这种主动性是职业适应成功的关键因素之一。

（三）个体差异性

每个人的性格、兴趣、能力、价值观等方面都存在差异，这决定了大学生在职业适应过程中会表现出不同的特点和策略。有些人可能更容易适应新的环境，有些人则需要更多的时间和努力。因此，职业适应是一个高度个性化的过程。

（四）多维度性

职业适应涉及多个维度，包括心理层面的调适、技能层面的提升、行为层面的调整、环境层面的融入以及发展层面的规划等。这些因素之间相互关联、相互影响，共同构成了大学生职业适应的完整体系。

（五）动态性

职业适应是一个不断发展和变化的过程。随着个人职业生涯的推进，新的工作环境、任务要求、人际关系等因素都会不断出现，要求大学生不断进行调整和适应。因此，职业适应不是一次性的过程，而是贯穿于整个职业生涯的始终。

（六）发展性

大学生在职业适应过程中，不仅要满足当前的工作需求，还要关注自身的职业发展。这就需要大学生通过不断学习、实践和经验积累，增强自身的职业技能及维护人际关系、解决问题的能力，在工作中持续成长和进步。

（七）互动性

职业适应不是单方面的过程，而是个体与职业环境之间相互作用的结果。个体需要了解并适应职业环境的要求，同时职业环境也应为个体提供必要的支持和资源，以促进个体的职业适应和发展。这种互动性使得职业适应成为一个双向的过程。

总的来说，职业适应涵盖了心理、技能、行为、环境和发展等多个方面，是一个全面而复杂的过程。通过积极的职业适应，可以提升大学生在职场中的竞争力和应对能力，有助于面对各种挑战和压力，并实现个人职业发展目标。职业适应能力作为一种"心理资本"，可以通过练习和调节来提高。

相关链接

• 职业适应能力简单测试[①] •

请您根据个人的实际感受和体会，以下面24项描述对您本人进行评价和判断，并在最符合的数字上画"○"。评价和判断的标准如下：1. 非常不同意；2. 不同意；3. 有点不同意；4. 不确定；5. 有点同意；6. 同意；7. 非常同意。

[①] 量表出处：Sibunruang, H., Garcia, P. R. J. M., & Tolentino, L. R., Ingratiation as an Adapting Strategy: Its Relationship with Career Adaptability, Career Sponsorship, and Promotability[J]. Journal of Vocational Behavior, 2015(92)：135-144.

编号	题 目	评价和判断标准						
1	我会思考我的未来会是什么样的	1	2	3	4	5	6	7
2	我可以认识到今天的选择决定了我的未来	1	2	3	4	5	6	7
3	我开始意识到我必须做出的教育和职业选择	1	2	3	4	5	6	7
4	我计划如何实现我的目标	1	2	3	4	5	6	7
5	我关心我的事业	1	2	3	4	5	6	7
6	我为将来做准备	1	2	3	4	5	6	7
7	我保持乐观	1	2	3	4	5	6	7
8	我自己做决定	1	2	3	4	5	6	7
9	我为我的行为负责	1	2	3	4	5	6	7
10	我坚持我的信念	1	2	3	4	5	6	7
11	我指望我自己	1	2	3	4	5	6	7
12	我做对我来说正确的事	1	2	3	4	5	6	7
13	我探索我周围的环境	1	2	3	4	5	6	7
14	我寻找个人成长的机会	1	2	3	4	5	6	7
15	我在做出选择之前调查选项	1	2	3	4	5	6	7
16	我观察不同的做事方式	1	2	3	4	5	6	7
17	我深入思索我存在的问题	1	2	3	4	5	6	7
18	我对新的机会感到好奇	1	2	3	4	5	6	7
19	我可以有效地执行任务	1	2	3	4	5	6	7
20	我用心把事情做好	1	2	3	4	5	6	7
21	我可以学习新技能	1	2	3	4	5	6	7
22	我会尽我所能	1	2	3	4	5	6	7
23	我可以克服障碍	1	2	3	4	5	6	7
24	我可以解决问题	1	2	3	4	5	6	7

计分方法：

职业适应能力量表包括关注、控制、好奇心、信心四个分量表，可以计算每个分量表所包括题目的总分或平均分。每个分量表包括的题目如下：

1. 关注：总共6道题，具体包括第1、2、3、4、5、6题。
2. 控制：总共6道题，具体包括第7、8、9、10、11、12题。
3. 好奇心：总共6道题，具体包括第13、14、15、16、17、18题。
4. 信心：总共6道题，具体包括第19、20、21、22、23、24题。

三、职业适应的影响因素

职业适应是一个动态的变化过程,在发展变化中受到多方面因素的影响,这些因素可以划分为环境和文化因素、社交和人际因素、观念和心理因素、素质和技能因素等方面。大学生初次就业受这些因素影响的范围更广、程度更深、时间更久。因此,大学生应全面理解影响职业适应的因素,结合自身实际,积极主动地进行优化调整,为提升职业适应能力明确路径和方法。对应以上四方面影响因素,职业适应能力基本可以分为组织融合能力、交流沟通能力、心理调适能力和高效学习能力。

(一) 环境和文化因素

任何职业组织在其形成和发展的过程中,一般都会形成一套较为固定的运行体系,该体系按存在形式可基本划分为有形的物质和环境层面、无形的文化和制度层面。从校园到职场,工作环境(包括物理环境、工作节奏、管理制度等)发生了显著变化,这些变化要求大学生具备适应能力和自我调节能力。不同职业组织都拥有其独特的文化(包括价值观、行为准则、工作风格等),大学生初入职场,若不能迅速适应组织文化,可能会产生疏离感,影响工作积极性和归属感。职业组织的政策、制度、行业规范对大学生在职场中的行为和发展有着重要影响,若不了解或无法适应这些规定,可能导致职业适应困难。

对应环境和文化因素的影响与要求,大学生应提升组织融合能力。在求职前,通过目标单位官网、社交媒体、员工访谈等方式,尽可能多地了解其文化、价值观和工作氛围。入职后,遵守公司的规章制度,与同事和上级建立良好的关系,了解公司的运作方式和内部文化,主动适应新的工作环境和节奏,保持开放和积极的心态,以便更好地适应和融入。

(二) 社交和人际因素

社交和人际因素对于职业适应的影响主要体现在个体的自我意识、社交能力与组织的人际关系、组织形态之间的匹配程度。职场中的人际关系比校园更为复杂,涉及同事、上下级、客户等多个层面,其中最为常见的就是与领导之间的上下级关系和与组织其他成员之间的竞合关系。大学生需要学会处理各种人际关系,建立和维护良好的人际网络。现代职场尤其强调团队协作和有效沟通,大学生若缺乏团队协作精神和沟通能力,将难以融入团队,影响工作效率和职业发展。一般来讲,直接体现社交和人际因素的就是领导的认可度和同事的配合度。

对应社交和人际因素的影响与要求,大学生应提升交流沟通能力。主动学习并实践有效的沟通技巧,包括倾听、表达、反馈等,以便更好地与同事和上级沟通;增强团队协作意识和能力,积极参加公司组织的团队建设活动,与同事建立良好的信任合作关系;积极参加行业交流活动等,拓展自己的社交圈,建立更广泛的人脉资源。

(三) 观念和心理因素

任何个体在进入职场之初都会受到自身观念的影响,特别在自我认知和职业期望这两个方面尤为明显。部分大学生在职业选择时存在自我认知偏差,如过高或过低的自我评价,这种偏差可能导致其选择不适合自己的职业岗位,从而影响职业适应。大学生对职业往往抱有较高的期望,但现实职场可能无法满足其所有期望,这种差距可能导致大学生产生失落感和挫败感,影响职业适应。随着社会经济的快速发展,职业涵盖范畴越来越广,新兴行业越来越多,职业选择范围越来越宽,对从业者观念和心理的冲击也越来越大,面对职场中的压力和挑战,部分大学生可能缺乏足够的心理调适能力,容易出现焦虑、抑郁等心理问题,进而影响职业适应。

对应观念和心理因素的影响与要求,大学生应提升心理调适能力。根据自身实际情况和市场需求,合理调整职业期望,避免过高的期望带来的失落感;应关注心理诉求、控制个人情绪、保持职业好奇,学习一些有效的心理调适技巧(如冥想、运动、阅读等),以缓解职场压力,树立履职信心;要树立正确的职业观念,认识到职业发展是一个长期的过程,需要不断地学习和努力。

(四) 素质和技能因素

素质和技能因素直接关系到个人是否能求职成功,是其职场竞争力的直接体现。一方面包括职场素质,如时间管理、情绪管理、沟通能力、现代办公技能、基本职场礼仪、统筹协调能力等通用能力;另一方面则包括完成岗位工作需要具备的专业知识和技能。部分大学生在校期间未能充分掌握所学专业的知识和技能,又缺乏实践锻炼,导致在职场中难以胜任岗位需求,影响工作效率和职业发展。随着新一轮科技革命和产业变革,以及新一代战略性产业、其他新兴产业的蓬勃发展和职场竞争的加剧,持续学习成为职场人士必备的能力。如果缺乏持续学习的意识和能力,在职场中就难以跟上时代步伐,从而影响职业适应。因此,提升学习能力是提高职业适应能力最直接和有效的路径。

对应素质和技能因素的影响与要求,大学生应提升快速学习能力。在校期间,大学生不仅要努力学习专业知识,掌握扎实的理论基础,更要关注行业动态,了解最新的技术和趋势。要利用假期和课余时间，积极参加实习、实训、项目等实践活动，提升自己的实践能力和操作技能；要保持对新知识、新技能的好奇心和学习热情，利用在线课程、研讨会等方式，不断更新自己的知识和技能储备。

综上所述，在职业适应的影响因素中，环境文化因素和素质技能因素属于个性方面的影响因素，不同的用人组织有着千差万别的组织文化，不同岗位要求的技能也不同。人际关系和心理因素是大学生职业适应普遍面临的问题，大学生可以在在校期间有针对性地加以锻炼提升。

职业适应影响因素分析与策略制定

背景描述：

假设你是一位新入职的技术人员，被分配到一家快速发展的科技公司。这家公司正处于业务扩张期，不仅技术更新迅速，而且企业文化推崇创新、灵活与高效。你发现自己在快速适应新环境、掌握新技术以及融入团队文化方面面临一些挑战。为了更有效地完成工作任务并促进个人职业发展，你需要深入分析影响职业适应的因素，并制定相应的适应策略。

任务要求：

1. 识别职业适应影响因素

请列出至少五个你认为影响你职业适应的关键因素，可以包括个人技能与岗位需求的匹配度、职业组织文化适应性、技术掌握速度、人际关系建立以及压力情绪管理等。然后，分析各因素如何具体影响你的职业适应过程。例如，如果提到"技术掌握速度"，可以分析新技术的学习进度如何影响工作效率，以及未能及时掌握可能带来的职业挫败感。

2. 制定适应策略

针对每个影响因素，设计至少一项具有可操作性和针对性适应策略，帮助你更快地适应新环境，提升工作效率和满意度。例如，针对"技术掌握速度"，你可以制订一个学习计划，包括在线课程、内部培训以及向同事请教等具体行动步骤。

3. 综合评估与调整

设想在实施这些策略一段时间后（如一个月后），你将如何评估自己的职业适应进展。列出几个可量化的评估指标（如完成任务的效率、同事反馈、自我满意度等），并说明如果评估结果显示某些策略效果不佳时，你将如何调整策略以更好地适应工作环境。

解答要点：

影响因素之一：技术掌握速度。

具体影响：快速掌握新技术对于提高工作效率至关重要。初期因不熟悉新系统或软件，可能导致任务完成时间延长，影响项目进度。

适应策略：制订详细的学习计划，包括每天安排固定时间学习新技术，参加职业组织的内部培训，积极向技术熟练的同事请教，并实践应用所学技能于实际工作中。

影响因素之二：职业组织文化适应性。

具体影响：职业组织强调的创新、灵活与高效文化与个人之前的工作环境有所不同，可能影响个人的工作方式和团队融入感。

适应策略：主动参加职业组织文化活动，如团队建设活动、分享会等，加深对职业组织文化的理解。在日常工作中，积极展现创新思维，灵活应对变化，同时保持高效的工作节奏。

……

第二节　职场人际关系

从误会到理解

林某,某大学一名市场营销专业的大四学生,在一家广告公司的市场部实习。她性格直率,工作努力,在处理人际关系上略显生涩。在一次团队合作的项目中,林某与团队中的另一位实习生张某被分配到同一个小组,负责共同策划一场线上营销活动。林某倾向于快速推进项目,强调创意和新颖性;张某则更注重细节和市场调研,强调应先确保方案的可行性和受众接受度。在多次项目讨论会上,两人争论激烈,张某认为林某不尊重他的专业意见,而林某觉得张某过于保守,两人的分歧最终阻碍了项目的进度。

后来,林某意识到团队紧张的氛围后,首先进行了自我反思,意识到自己在争论中可能过于激动,没有充分考虑到张某的感受和立场。林某主动找张某沟通,认真倾听了张某的观点和担忧,才意识到张某的谨慎和细致对于项目的成功同样重要。从此,两人开始尝试站在对方的角度去思考问题。通过沟通,两人不仅消除了误会,还找到了一个平衡点,在项目中既保持创新性和新颖性,又注重市场调研和细节把控。他们开始更加频繁地交流想法和进度,共同为项目而努力,使项目最终取得了圆满成功。林某和张某通过这次经历也学会了如何在职场中处理人际关系矛盾,实现了协作共赢。

一、职场人际关系的功能

对于即将进入职场的大学生来说,人际关系是职业生涯中一个非常重要的课题,是保证舒心工作的必要条件。社会学将人际关系定义为人们在生产或生活过程中所建立的一种社会关系。心理学将人际关系定义为人们在人际交往过程中结成的心理关系[①]。人与人在交往的过程中会形成各种关系,比如亲属关系、朋友

---

① 叶蓉.大学生职业指导[M].北京:高等教育出版社,2013:179.

关系、同事关系、同学关系、师生关系等,其中,职场人际关系是诸多人际关系中的一种,是指在职工作人员之间各类关系的总汇①。

职场人际关系的好坏,体现着个人的价值观和行为准则,甚至对一个组织的文化和效率都有着极大的影响。每个人的职业发展都离不开他人的关照、帮助,尤其对于大学生而言,拥有良好的职业环境氛围与和谐的职场人际关系可以帮助大学生迅速地适应新环境,调整心理,提高工作效率,获取更多的帮助和资源。

(一) 影响职业生涯发展

相关理论研究以及大学生的相关就业实践表明,大学生在学校里的人际关系对职业生涯发展有着明显的正向影响。也就是说,在大学里与同学或老师之间关系较为融洽的同学,更能获得情绪支持、获得资源和提升信心,更能适应职场生活。而在大学生职场困惑或困难中,有研究显示,有65%的人是因为人际关系处理不当而引发了跳槽行为,有78%的学生认为困惑来自人际关系紧张。如美国哈佛大学就业指导小组对数千名被雇职员进行综合调查,最后发现,因人际关系不好而被解雇的比因不称职被解雇的人高出两倍多。由此可见,人际冲突对大学生职业适应期行为产生了明显的消极影响,成为职业生涯发展的绊脚石。

(二) 影响身心健康发展

人类的心理适应,最主要的就是对人际关系的适应。良好的人际关系也是心理健康的重要体现。良好、融洽的职场人际关系,有利于个体获得愉悦的情绪,进而促进思维活力、创造力的产生。如果在工作中不能融入同事或缺乏良好的沟通互动,会使个体产生孤独感,陷入苦恼之中,从而导致一系列心理问题或心理障碍的产生。

(三) 影响安全感与幸福感

我们都有这样的体验,良好的人际关系会让我们感受到这个社会的温暖与友善,让我们在心理上有一种安全感和幸福感。在马斯洛的需求层次理论中,我们在满足了生理的需求之后,就会产生对安全的需求、归属与爱的需求以及自我实现的需求。而这些需求的实现与人际关系有着直接或间接的联系。当人置身于和谐人际关系时,遇到困难后便会出现强大的人际支持,这时安全感会相对充足,心情愉悦,焦虑较少,幸福感较强,对工作的适应力也会相对增强。因此,构建和谐的职场人际关系、愉悦的工作氛围,对于个人安全感、幸福感的获得具有积极意义。

---

① 叶蓉.大学生职业指导[M].北京:高等教育出版社,2013:180.

二、职场人际关系的处理原则

（一）主动交往

主动是一种优秀的品质，主动与人交往、主动表达善意是人际交往破冰的开始。大学生初入职场，要积极了解所在部门的构成情况，与同事们多交流、多沟通，结交新的关系，融入团队、组织，了解自己所要完成工作，多向领导和同事请教。与同事间出现分歧、误解时，要主动进行沟通，找到问题所在。在职场关系中主动积极的姿态是非常重要的，"主动"是一个极其重要的工作态度，它不仅会让你第一时间走入领导和同事的视野，也可以帮助你获得很多的信息、资源和帮助，使你的职场人际关系更加顺畅。

（二）信息充分

信息充分原则是指在与人沟通时要尽可能掌握充分可靠的信息，传递信息要清晰、具体和明确，切忌无根据的主观判断。初入职场的大学生很容易犯的一个错误是在与人沟通方面，尤其向上级汇报工作时，常凭借"我觉得"的个人经验主义进行判断，缺乏充分的信息收集，对事件全貌不能充分地了解，不能针对问题提出有效的解决方案，会让人产生"异想天开、脱离实际""自以为是、不负责任"等印象。因此，作为大学生，要牢记信息充分原则，尽可能做好充分的信息准备，让自己的建议更具有说服力和执行力。

（三）交往有界

在职场人际交往中，既要主动积极交往，扩大交际范围，保持良好关系，同时又要注意人与人之间保持适当的距离，做到"交往有界"。在职场中，个人与集体、公事与私事、上级与下级、平级之间均有着不同的边界。同时，由于每个人性格、成长背景、处事方式的不同，也存在不同的边界意识。在这种情况下，要明确交往有界，不随便入侵他人的私人领域、干涉他人的私人生活。在职场交往中要培养角色感和边界感，做到"知分寸、懂进退"。

三、职场人际关系的处理方法

（一）学会倾听

倾听是接收并分析加工言语信息的过程，是表达的基础与前提。在人际交往中，倾听会占到一半的比重，我们通过倾听来获取大量信息，了解世事的变化和他人对事物的见解、态度等,从而为自己的行为和决定找到依据。对于大学生而言,学会倾听是非常有用的职业技能。

1. 提升倾听的层次

倾听的层次,是从初级阶段到高级阶段的进阶,是随着倾听技能的提高而逐级提升的。第一层次为心不在焉地听,这个时候倾听者心不在焉,并没有注意到说话人的交谈内容,这个层次的倾听对人际关系的进展并无很大推进意义。第二层次的倾听为被动消极地听,这个层次由于接收信息不够准确、完整,常常会导致人际关系的误解,使得交流缺乏意义。第三层次为主动积极倾听,倾听者主动积极地听对方的话,这种倾听接收信息是全面的,但由于欠缺情感的投入,往往很难引起共鸣。第四层次为共情性倾听,倾听者带着理解和尊重积极主动地倾听,用心去"听",感同身受,不急于做出判断,有意识地注意非语言线索,这种倾听方式对于良好人际关系的构建有着非常重要的意义。

2. 学会有效倾听的技巧

有效倾听是一种技巧,要做到"耳到""眼到""心到"和"脑到"。第一,要适时给予反馈。有效倾听不仅需要对对方诉说的内容表示兴趣,同时还需要利用各种动作和表情及时给予呼应和反馈,以表示对说话人的肯定和赞赏。第二,抑制争论的念头。在沟通中难免会出现意见不一致的时候,此时一定要控制自己的情绪,抑制内心想要争论的念头,切忌打断对方的话。这不仅是个人修养的体现,更是为了让对方诉说的需求得到满足,从而赢得对方的好感。第三,不急于下结论。在倾听的过程中不作或尽量少作结论性评判,应该等对方完整地表述完某一方面的问题时再进行评价,并且切忌仅仅评价好坏而没有具体有说服力的解读。

(二) 真诚赞美

每个人都有被赏识的渴望,善于发现别人的优点,真心地赞美他们,对于和谐职场人际关系的构建具有重要意义。但是,赞美作为一种沟通技巧,不是随口说的恭维之语,而是需要有一些技巧。

1. 赞美有温度

缺乏热情的赞美,不仅会使对方不高兴,还有可能由于你的敷衍而引起对方的反感和不满。如当你看到同事穿了一件新的外套,你以这样的语气对同事说:"嗯,你外套还可以啊!"这样的赞美不仅没有让对方感受你的欣赏和赞美,还有可能让对方怀疑你的动机。因此,在赞美别人时,态度一定要热情真诚,如这种情况可以这样说:"哇,你今天穿的外套真漂亮! 和你今天的妆容真搭配。"热情的赞美比空洞的赞美更有吸引力。

2. 赞美要真诚

赞美需要发掘别人的优点，不可一味地取悦他人，不分时间、地点、条件地对他人一味地加以赞美。卡耐基曾说："赞美和恭维到底有什么区别呢？很简单，一个是真诚的，一个是不真诚的；一个是出自内心，另一个是出自牙缝；一个是为天下人所欣赏，另一个为天下人所不齿。"所以，赞美一定要真诚、实事求是，这样对方才会感受到你的真心。

3. 赞美要具体

在赞美时要挖掘具体的事情评价，忌空泛、含糊的赞美方式。如当你称赞同事，"你这次汇报挺好的！"这句话实则作用不大，不能给人留下任何印象，但是如果换种方式这样称赞："你这次工作汇报真棒！你的内容准备得真充分，汇报的时候思路清晰、表达流畅，特别好。"这样会让对方感受到你的真心欣赏和诚意，感受到自己的价值感，而当你增加对方的价值感时，你在他心目中的价值感也增加了，这样的赞美才会真正地起到作用。

（三）善于表达

在人际交往中，能够清晰、有效地表达是一种能力。很多人在初入职场时经常存在不知所云、思路不清、缺乏逻辑、难以理解等问题，造成沟通效率低甚至是无效沟通。大学生可以通过以下几种方式提高表达能力。

1. 避免情绪化

交流过程中使用柔和的表达方式往往使对方更易接受。在与同事进行人际交往时，要避免语言中夹杂负面性情绪，避免语言"带刺儿"，尽量使用柔和、亲切的表达方式。比如，在讨论一个问题的时候，大家的意见出现了分歧，这时候可能会因为一些情绪而说出一些过激的语言，这样的语言对解决问题、理性沟通没有帮助，而且容易激发别人负面情绪、把问题复杂化甚至造成人际关系的疏远。

2. 内容要准确

在职场中，双方的交谈主要是为了获取有效信息、拓宽视野、增长见识、解决问题、提高水平等。因此，交谈要有观点、有内容，要以事实为依据，恰当地揭示客观规律，贴切地表达思想感情，准确、简洁地将信息表达出来。

3. 思维要清晰

表达时要注意思维的清晰性，切忌一段话没有中心，语言冗长，"东一榔头西一棒槌"，杂乱无章，让人不知所云。在交流时要考虑对方的实际情况，尽量用简洁、清晰的语言,有条理、有逻辑地将自己的核心观点表达出来,便于对方理解。

(四) 敢于提问

提问是一种互动性很强的沟通方式,也是一种促进深层次沟通的方式,可以帮助我们寻找问题的答案,了解对方的真实意图。对于大学生来说,提问不仅是一种方法,更是一种勇气。以下是关于提问的一些技巧。

1. 大胆提问

在职场中大学生常常会遇到自己不是很清楚的一些问题,如对领导交代的事情一知半解、对同事委托的事情模模糊糊、不能准确领悟对方的意思等,从而导致最后结果出现偏差。以上这些是职场上很常见的问题。很多大学生初入职场时,由于胆怯不好意思提问,或怕被领导训斥,导致在实际工作中没有完全弄清楚对方真正的需求就慌慌张张地贸然行动,这样的结果只会让事情南辕北辙,无法发挥自己的真正能力。所以,在工作中,遇到不明白的问题时,一定要敢于提问,及早提问,收集准确全面的信息,切忌不懂装懂,错过解决问题的最佳时机。

2. 学会提问

我们需要掌握一些有效的提问方法。

开放提问法。很多情况下,同学们在提问的时候尽量不要预设立场,让别人回答一些"是不是""对不对""能不能"的问题,这让别人很难回答,而且对于解决问题、了解对方的态度和想法没有太大帮助。

间接提问法。在心理学中,间接式提问又叫隐含式提问,常常以"感到好奇……"或"你肯定……"来开头。例如:"我对你毕业后的计划感到好奇。""你肯定对你父母的离异有一些想法或感受。"有些时候想要得到答案,直接提问并不是最好的方式,因为人在社会赞许或文化习惯的影响下,会影响回答的真实性。比如你问对方是否支持你的想法,对方碍于面子通常会回答支持。所以,要讲究提问的艺术,从侧面去了解别人的想法和态度,再来进行判断,最后作出决策。

第三节　职业适应障碍与调适

大学生职业适应中常见的心理障碍

李某，男，某大学计算机科学与技术专业本科毕业生。大学期间，他成绩优异，多次参与项目开发和学术竞赛，并获得多项荣誉。毕业后，他满怀信心地进入了一家知名互联网公司，担任软件开发工程师。然而，入职后不久，他就遭遇了职业适应障碍。其主要问题如下。

1. 感受焦虑与压力

他发现公司的工作节奏远比他想象的要快，项目需求频繁变更，且需要迅速适应新技术和新工具。这导致他时常感到焦虑和压力，担心自己无法胜任工作，害怕被辞退。

2. 人际关系紧张

他发现与团队同事的沟通存在障碍。他习惯于独自解决问题，但在公司项目中，团队合作尤为重要。由于自身不太擅长主动交流和分享，导致他与团队成员之间产生了隔阂，进一步加剧了他的孤独感和挫败感。

3. 自我怀疑

面对工作中的挑战和困难，他开始怀疑自己的能力和价值，担心自己是否作出了正确的职业选择，甚至开始质疑自己的专业能力和学历背景。这种自我怀疑，严重影响了他的工作积极性和自信心。

李某的故事是一个典型的大学生职业适应心理障碍案例，主要包括环境适应困难、沟通能力不足、心理承受能力不强等表现。可以通过心理咨询、技能培训、建立支持系统和自我调整等多种方式，克服心理障碍，更好地适应职场环境并取得成功。更重要的是，大学生在职业生涯中应保持积极的心态和乐观的情绪，要勇敢面对挑战和困难。

一、大学生职业适应障碍

大学生走向社会，能否找到理想的工作、能否在工作岗位上发挥自己的才干、能否调动一切积极因素,这都取决于大学生的职业适应能力。大学生在择业的过程中,由于认识上的误区及经验不足,导致心理失衡,容易出现某些心理障碍或心理偏移。

(一) 自卑心理

自卑是一种消极的心态,是个体对自己能力和品质评价偏低的一种消极心理。有这种心理的学生,面对竞争日益激烈的社会,常常觉得事事不如人、低人一等,自我否定、自我拒绝。过度自卑的大学生,在选择职业时慢慢地会变得十分脆弱、敏感,甚至会形成一种抑郁的性格,有时还会妄自菲薄,觉得用人单位的条件过高,选择职业往往是焦虑的、抑郁的,有时会畏手畏脚、战战兢兢、谨小慎微。

(二) 焦虑心理

焦虑是指个人对即将来临的、可能会造成的危险或威胁所产生的紧张、不安、焦虑、烦恼等不愉快的复杂情绪状态。心理学认为,焦虑程度和工作效果呈倒 U 型曲线,中等程度的焦虑效果最好,给人积极向上的动力,但过低或过高的焦虑则会干扰人的正常生活,导致心理障碍或疾病。随着就业压力逐渐增大,有相当一部分大学生临近毕业还没有找到合适的工作,这个时候感到焦虑是很正常的。但过度焦虑会导致出现心神不定、意志消沉、惶恐不安等情绪状态,甚至会影响正常的学习和生活,进而影响就业。

(三) 依赖心理

有的大学生在进入大学前,很多事情是由父母或长辈包办,这些学生对高考报考的专业以及未来的就业前景都不甚了解。临近大学毕业时,对应该选择什么样的工作很茫然,缺乏主见。当遇到自己心仪的工作时,犹豫不决,不知道是否真正适合自己,把择业决策权推给家长和老师。这种依赖心理对大学生个人发展是有害的,家长和老师选择的职业不一定适合自己,不一定和自己的兴趣相吻合,甚至有可能会和适合自己的职业擦肩而过。

(四) 孤傲心理

孤傲是一种对自我、群体与环境等不客观的认识,与自卑心理相反,孤傲心理是对自己的实力过高估计进而产生的一种优越感,认为自己更胜一筹,对别人不屑一顾。有的大学生认为自己各方面条件比别人好,理论知识过硬,实践知识丰富,导致在择业时好高骛远，期望值过高，认为什么职业都能驾驭，但当实际工作中的表现与预期有很大落差时便产生了失落感。

（五）盲目攀比心理

每个大学生的情况各不相同，家庭情况、自身综合素质等千差万别。对就业单位的意向、需求各不相同，这就决定了并不是所有的大学生都适合同一种职业。但是，有一部分大学生并不能认清实际，存在盲目攀比的心理，不从自身出发，选择适合自己的职业，而是关注别人的就业去向，看到别人的工作单位好、工资待遇高，就盲目跟风，这无异于逼自己做不擅长的事情，最终以失败告终。

（六）自负心理

自负心理的根源在于不能客观地认识自己，在就业过程中过高估计自己的能力，不考虑实际情况和社会需求。自负主要表现为对职业要求过高，不考虑现实，反映在行为上往往是固执己见或自命不凡。这种过高的自我肯定是一种缺乏自知之明的心理，对个人能否择业成功有着很大的影响。

（七）胆怯心理

胆怯心理主要表现为在择业的过程中过于小心翼翼，瞻前顾后，顾虑重重。部分大学生在面试环节会出现"舌尖效应"，话到嘴边但就是说不出来，之前准备好的忘得一干二净，但是过后又会想起来。或者是考虑到用人单位对自己的第一印象，不能进行充分表达，无法将自己的特点和优势展现出来。

（八）逃避心理

逃避是指对周围环境的变化感到害怕，采取退缩的行动。这主要是求职严重受挫后的一种消极的心理反应，是一种自我精神防御机制，主要表现为对求职面试漠不关心，逃避与就业有关的所有问题，生活懒散，缺乏斗志，出现一些行为退缩、情绪低落等负面表现。

二、职业适应问题调适策略

（一）客观认识自我

1. 自我认知

自我认知也叫自我意识，是个体对自己存在的觉察，包括对自己的行为和心理状态的认知。面对择业中遇到的各种困境，大学生首先要对自己有一个正确客观的认识。可以通过专业的测试，认清自己的个性特点，擅长和不擅长的地方有哪些，自己最适合做什么工作，找出自己适合的职业方向，从而有针对性地选择工作，避免出现不必要的困境。

2. 参照对比

作为个体，对自己的认知除了自省之外，很大一部分是来源于周围人的认知和评价。我们要和与自己条件相当、情况类似的人作对比，进而对自己有一个客观的认知。

（二）提高职业素养

职业素养是劳动者对社会职业了解与适应能力的一种综合体现，其主要表现在职业兴趣、职业能力、职业个性及职业情况等方面。行业和职业不同，对个体的职业素质要求也不同。因此，在校大学生应根据个人的专业和职业目标，从理论知识、专业技能、通用技能、个人素质等方面有针对性地培养自己的职业素养，以达到提高就业能力的目的，也为未来取得职业成功奠定基础。

（三）加强就业知识学习

大学生应加强就业相关知识的学习，建构合理的知识结构，积极参与与就业相关的各项活动，如专题讲座、心理辅导活动、心理咨询、心理测试、信息咨询等。这种学习要贯穿大学四年，每个年级有不同的学习重点，要正确把握每个年级的侧重点：大一年级应侧重对就业的认知与规划能力的培养，对个人所学的专业有一个全面的认识；大二年级则需要侧重对个人的认知与就业基本能力的培养，要客观正确认识自我，发挥个人的优势，补足个人的劣势，扎实学好专业理论知识和技能；大三年级应该根据自己的个性特点和社会职业的需求，在拓宽知识面、发展各方面能力上下功夫，提高择业的自主性和择业决策的能力；大四年级应该确立合理的择业目标，掌握求职的具体技巧，有效预防和解决在求职过程中可能产生的各种心理问题，如果将这几个阶段有机结合，互相衔接，就能提高自身的就业能力。

（四）适度心理训练

1. 情境模拟面试法

情境模拟面试的内容一般在现实生活中都可以找到蓝本，如角色扮演、现场作业、模拟会议等。大学生在面试过程中往往会感到一种巨大的心理压力，模拟面试就是要让他们适应这种场合，调整好个人的状态，培养稳定的心理素质，避免出现怯场等现象。在模拟招聘工作结束后公布被"录取"的学生名单,通过复盘进行分析。

2. 自我慰藉法

自我慰藉法通俗点说,就是自己安慰自己。大学生在就业过程中难免会遇到困难和挫折,有些是可以通过改变自己来改变现状的,有些是外部原因,不以自己的主观能动性为导向。当遇到困境如果尽自己最大的努力也无法改变时,就要勇于承认并接受现实,作出客观的判断和评价。这样,就不会过分地指责自己,导致深陷其中不能自拔。

3. 社会实践法

大学生应亲身实践,参与正规的双选会以及社会上其他招聘会,提前精心准备,现场应聘。之后由就业指导老师进行统计汇总,反馈求职结果,可以从用人单位的录取比例、是否有录取意向等方面进行综合分析。让参与应聘的学生分享自己在求职过程中的感受,分析自己的优势和不足。利用剩余在校时间发挥自己的优势,补足自己的劣势,从理论和实践等方面严格要求自己,为走出校门走上社会打下基础。

4. 行为训练法

行为训练主要通过特定的行为模式来塑造个体性格和心理品质。例如,通过定期的体育锻炼,我们可以培养自己的意志力和毅力;通过学习新的技能或参与志愿者活动,可以增强自信心和拓展人际关系。这些行为训练不仅有助于提升大学生的心理素质,还能促进大学生的全面发展。

5. 放松训练法

放松训练可以帮助大学生缓解身体的紧张状态,降低心理压力。常见的放松训练方法包括渐进性肌肉放松、深呼吸放松等。这些方法可以帮助大学生在紧张的状态下快速放松身心,恢复平静。通过经常进行放松训练,大学生可以提高自己的抗压能力,更好地应对生活中的挑战。

6. 心理暗示法

心理暗示是一种通过积极的自我对话和想象来影响个体心理状态的方法。通过心理暗示,可以激发大学生的内在潜能,提高自信心和应对能力。例如,在面对挑战时,大学生可以给自己一些积极的暗示,如"我能行""我能够克服这个困难"等。这些心理暗示,可以帮助大学生增强自信,从而更好地应对挑战。

能力训练

假设你是一名大学生,即将步入职场,为了更好地适应未来的工作环境和挑战,请设计一份针对自我职业适应的行动计划。

设定目标职业

自我评估:分析自己的优势、弱点、兴趣和价值观。

目标设定:明确自己的职业目标和发展方向。

学习提升:列出需要提升或学习的技能和知识。

社交建设:制定社交计划,拓展人脉和增强团队合作意识。

心理调整:制定应对压力和挑战的方法。

反馈总结:设立反馈机制,定期总结并调整行动计划。

随 笔

第四节　职场情商

"技术之星"的职场人际关系挑战

王某，一名机械设计制造专业的优秀毕业生，以其卓越的技术能力在校园招聘中脱颖而出，成功加入一家知名公司担任研发工程师。入职初期，他对技术工作充满热情，凭借出色的技术能力，在团队中迅速崭露头角，能够独立解决复杂的技术问题，为项目进展贡献了不少。然而，在团队中，他给人的印象总是"高冷""难以接近"。他很少参与团队活动，也不关注团队氛围的营造。在团队讨论中，他往往只关注技术问题本身，忽略团队成员的感受和意见，当他人提出不同观点时，他会直接反驳，缺乏耐心倾听和理解的意愿。在沟通中，他倾向于使用专业术语和复杂的逻辑表达，这使得非技术专业背景的同事难以理解他的意图，并且他也不太愿意主动与同事分享自己的想法和进展，导致信息交流不畅。

随着时间的推移，他发现自己在团队中的人际关系越来越紧张。同事们开始避免与他直接交流，甚至在需要协作时也会选择绕过他。这导致他在项目中的影响力逐渐减弱，甚至有时被排除在关键决策之外。他感到困惑和沮丧，不明白为什么自己的技术能力得不到应有的认可，反而陷入了职业适应的困境。

研究表明，一个人的情商高低与个人魅力、个人价值有着重要的关联，在职场中甚至超过了工作技能。高情商有助于增强我们的沟通能力，改善人际关系，在一定程度上可以避免职业心理问题，让我们拥有克服职场困难的力量。大学生要想在职场上有所成就，不仅需要良好的智商，更需要高情商，并在学习和生活的点点滴滴中去培养和锻炼自己的情商。

一、职场情商及其构成

情商是指人监察自身和他人的感情和情绪的能力，区分情绪之间差别的能力，以及运用相关信息指导个人思维行动的能力。情商是相对智商而言的心理学概念①。

职场情商是自我认知、自我控制、自我激励、认知他人以及人际交往等能力在职场当中的具体表现,侧重于对自己和他人工作情绪的了解和把握。在职场中准确认知情绪,妥善管理情绪;在面对挫折困难时能激励自我,调整状态适应职场需求;同时准确感知他人情绪,与职场同事、领导、上下级和谐相处并进行有效沟通等,这些均是职场适应能力的体现。

在实际工作中情商很重要。情商高的人能在职场中运筹帷幄,表达想法,协调各方面工作,处理好人际关系。美国哈佛大学的丹尼尔·戈尔曼教授在《情绪智力》中指出情商是人重要的生存能力,是一种发掘情感潜能、运用情感能力影响生活的各个层面和人生未来的品质的要素,能决定人的成功和命运。因此,事业的成功离不开非智力因素,其中职场情商扮演着重要角色。

(一) 大学生职场情商现状

大学生从校园进入职场,需要提高情商,进而融入职场和社会。经过调研,目前我国大学生职场情商的现状如下。

1. 自我认知提升,情绪管控能力缺乏

大学生对自我的认知能力正逐步提升,注重自我的感受,关注自己的情绪状态,但又缺乏情绪管控能力。从心理学角度分析,缺乏情绪控制管理能力会导致无法承受挫折。在求职与就业中,一方面表现为遇到困难时,满腹牢骚,自卑埋怨,甚至产生轻生的念头;另一方面表现为承担失败后果的能力差,如果面试结果失败,会在之后的面试中产生消极情绪,更有甚者想要放弃就业。

2. 自我激励提升,换位思考能力缺乏

将情绪专注于某项目标对集中注意力做好事情十分重要。成就任何事情都要靠情感的自我激励,保持高度热忱是成就一切的动力。大学生在职业发展过程中需要制定可持续发展目标,促使自己不断前进。虽然自我激励能力在提升,但换位思考能力较弱。比如,部分大学生在就业面试时容易聚焦自我主观认识而忽略用人单位的意图,继而导致面试失败,进入职场后也因为缺乏这一能力产生职场矛盾。

3. 情商意识提升,集体主义意识淡薄

当代青年大学生多数为独生子女,常表现为个人利益优先化、集体意识淡薄化、

---

① J. D. Mayer, P. Salovey, D. R. Caruso, Emotional Intelligence: New Ability or Eclectic Traits? [J]. American Psychologist,2008,63(6): 503-517.

团队融合协调性欠佳等。虽然情商意识有所提升,注重自我认知,关注情绪管理、心理健康问题,但是大学生的集体意识比较淡薄,导致在面向就业岗位时,表现出团队合作意识不够。

(二) 大学生职场情商的构成

大学生在职业发展过程中需要具备的情商主要包括以下几个方面。

1. 自我认知能力

情商的提高非一朝一夕,而要在日常生活、学习的过程中进行渗透与引导。培养良好的自我认知能力,需要了解情商以及其他方面的不足,注重加强对自身各方面能力的培养与修炼,形成正确的自我意识,以避免在就业准备过程中因自我认知失调而过度自负或自卑,导致面临就业抉择时或是眼高手低、过分挑剔,或是瞻前顾后、缩手缩脚。

2. 情绪调控能力

是否能够有效驾驭自身的情感波动,避免坏情绪的不良影响,是一个人情商高低的一项重要指标。大学生在为就业做充足的准备时,应该及时、正确地分辨自身的各种情绪,当情绪受到冲击的时候,能够对其进行良好的调节与控制,能够以开放、包容的心态积极有效地应对,如转移注意力、角色转换等,以此实现自身情绪的平衡。

3. 换位思考能力

所谓换位思考,指的是个体以自我意识为基础,了解他人情绪感受并能深切体会到和他人相同感受的一种能力。良好的同理心能够使大学生及时关注他人,较好地理解并深入体会他人的情绪感受,从他人角度、立场出发,设身处地为他人着想。

4. 人际交往能力

人际关系与人的成功与否有密切的联系,和谐、融洽的人际关系是取得成功的重要条件和保证。善于与人沟通的人,不仅具有较强的观察能力,能正确、及时地察觉他人的情绪、需要、兴趣等,并能面对具体情况,迅速作出反应,加强与他人的友好交往,从而获得帮助,取得成功。而人际关系不和谐的个体,由于无法及时、准确关注他人的情绪感受与需要,导致与人关系疏远,影响学习和生活质量。

5. 危机预判能力

祸兮福之所倚,福兮祸之所伏。不论是在生活中还是事业上,危机都不可避免。大学生在就业过程中需要学会居安思危。温水煮青蛙的故事告诉我们,如果满足现状,则大概率会停留在初级阶段,既缺乏发展空间,也可能被淘汰。

6. 团队协作能力

现代职场很少有只靠一个人即可完成的工作。团队协作能力建立在团队的基础上，主要通过发挥团队精神、互补互助以达到团队最高工作效率。大学生在初入职场时需要具有团队协作意识，团队不仅依赖集体的讨论和决策，也强调成员的协作及共同贡献，而协同合作是建立在相互信任的基础上的。

二、大学生职场情商的提升路径

就业过程指从事职业，不断地适应职业、热爱职业，把满腔热情和毕生精力投入职业所提供的创造活动中，实现人生价值并为社会作出贡献的过程①。职场情商的作用贯穿全过程——从职业规划到职业选择，再到最终的职业适应。

与情绪消极的人相比，心态乐观、情绪良好的人，学习与工作效率更高。究其原因，当情绪良好时，心情更为放松，拥有更高的热情，积极性与主动性更强，更容易获得好成绩。提高大学生的情商，需要坚持情商与智商统一的原则。在通往成功与幸福的道路上，不仅需要智商，还需高度重视情商，将情商与智商有效结合起来，优势互补。培养情商应从以下六个方面考量。

（一）培养情绪管理能力

美国心理学家埃利斯创建的情绪 ABC 理论认为：激发事件 A(activating event) 只是引发情绪和行为后果 C(consequence) 的间接原因，而引起 C 的直接原因则是个体对激发事件 A 的认知和评价而产生的信念 B(belief)，即人的消极情绪和行为障碍结果(C)，不是由于某一激发事件(A)直接引发，而是由于经受这一事件的个体对它不正确的认知和评价所产生的错误信念(B)所直接引起(见图 5-1)。

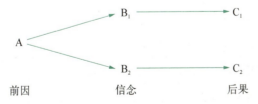

结论：事物的本身并不影响人，人们只受对事物看法的影响。

图 5-1 情绪 ABC 理论

---

① 彭巧滢,张多来.论情商与大学生的职业发展[J].南华大学学报(社会科学版),2010,11(06):80-83.

如图5-1所示，A指激发事件即事情的前因，C指事情的后果，有前因必有后果，但是有同样的前因A，却产生了不一样的后果C_1和C_2。这是因为从前因到结果之间，一定会透过一座桥梁B，这座桥梁就是信念和我们对情境的评价与解释。又因为，同一情境之下(A)，不同的人的理念以及评价与解释不同(B_1和B_2)，所以会得到不同结果(C_1和C_2)。因此，事情发生的一切根源缘于我们自己的信念、评价与解释。

英国作家赫胥黎也认为："在世界上你唯一能够确定可以改善的就是你自己。"职场情商可体现为情绪管理能力，并怀揣提升自己能力的愿望行动。在职场上，大学生应不断提升自己的情绪管理能力。具体来讲，首先是正确认知与表达情绪。学会正确认知自己的情绪，并适当表达情绪，如将唤醒程度高的情绪转化为程度低的表达方式，在法律和道德允许的范围内让情绪表达于人合适，于己恰当。其次是有效纾解与转移情绪。可以选择痛哭、倾诉，与情绪乐观的人相处，也可以转移注意力，将时间与精力投到其他事物上。

情绪管理能力分成五个维度：情绪调控能力、情绪表现能力、情绪觉察能力、情绪理解能力、情绪运用能力。

情绪管理能力测验

请您根据自己的实际感受和体会，以下面22项描述对您本人进行评价和判断，并在最符合的数字上画"○"。评价和判断的标准如下：1. 非常不同意；2. 不同意；3. 不确定；4. 同意；5. 非常同意。

编号	题目	评价和判断标准				
1	我能轻易地体会自己内心的快乐	1	2	3	4	5
2	我知道自己情绪变化的原因	1	2	3	4	5
3	即使心烦意乱，我也知道自己的情绪状态	1	2	3	4	5
4	当问题出现，我会思考每一种可能，然后选出最恰当的方法	1	2	3	4	5
5	我能看得出别人是否害怕了	1	2	3	4	5
6	我是个乐观的人	1	2	3	4	5
7	我会去寻找一些让自己感到开心的活动	1	2	3	4	5
8	我能辩证地看待问题	1	2	3	4	5

(续表)

编号	题 目	评价和判断标准				
9	我擅长分辨自己在学习时的情绪状态是否利于学习	1	2	3	4	5
10	朋友们都说我善解人意	1	2	3	4	5
11	我会通过自身喜爱的活动,来舒缓不良的情绪	1	2	3	4	5
12	当感到焦虑不安时,我会放一些舒缓的歌曲,来平复心情	1	2	3	4	5
13	惹好友生气,即使他不说我也能从他的表情和言行中判断出	1	2	3	4	5
14	对待一些事情,我会告诉自己吃亏是福	1	2	3	4	5
15	碰到尴尬情境,我常会说个笑话来避免气氛不佳	1	2	3	4	5
16	我至少有几个知心朋友	1	2	3	4	5
17	我会根据情境不同,调整表达情感的方式	1	2	3	4	5
18	交朋友对我来说很容易	1	2	3	4	5
19	同学们认为跟我在一起很愉快	1	2	3	4	5
20	碰到不顺心的事,我会寻找一些理由安慰自己,以减少内心的失望	1	2	3	4	5
21	我与朋友都很看重彼此之间的友谊	1	2	3	4	5
22	我善于向别人准确表达我的感受	1	2	3	4	5

计分方法:问卷中各题项均为正向计分,在每个维度上,得分越高,表示被试在这个维度所显示的能力越强,所有项目的总分得分越高,表示情绪管理能力越好。

(二) 培养沟通协调能力

沟通协调能力贯穿于人的一生,在职场当中尤为重要。沟通协调能力的具体提升方法有以下两点:一是实事求是,认真倾听。在沟通交流中,坚持实事求是,不逃避、不掩盖,同时应避免间接询问,由于人的理解能力不同,应主动避免多级传递导致的信息失实。还应认真倾听对方,让对方感受到被尊重,构成职场上的有效沟通。二是主动联系,及时反馈。工作职责内的事情需要主动联系,及时回复,处理相关事宜。通过及时反馈,达成有效沟通。

(三) 培养承受挫折能力

挫折承受力指个体在遭遇挫折情境时,能否经得起打击和压力,有无摆脱和排解困境而使自己避免心理与行为失常的耐受力。卡耐基说过："人的一生受到最好的教育就是经历苦难。"大学生应该在职业发展过程中有意识地培养挫折承受能力。

第一，在主观上磨砺意志。许多挫折是个人主观因素导致的，并由此为个体带来各种不良反应与痛苦体验。因此，需要依靠自己去战胜挫折，提升心理承受能力，不畏亲身经历，直面挫折，以磨砺意志，增强自我的防御能力，最终更加坚定而自信地发展自己。

第二，在客观上挖掘资源。大学生还应该利用社会、学校等客观环境中为自己创设的条件，比如参加创新实践、社会实践、勤工助学、就业实习等，在环境中历练耐挫力，提升自身应对挫折的能力。

 相关链接

逆商（AQ）小测试

逆商（Adversity Quotient，简称 AQ）全称逆境商数，一般被译为挫折商或逆境商。它是指人们面对逆境时的反应方式，即面对挫折、摆脱困境和超越困难的能力。

下面列举了 20 个事件，请您想象每个问题的事件是正在发生的。对每一个事件按照如下指导进行评价和判断。评价和判断的标准如下："1 一点也不—5 完全""1 不负责—5 完全负责""1 影响我生活的各方面—5 影响有限""1 持续很长时间—5 很快忽略"。从 1 到 5，分值越高，程度越深。

编号	题目	评价和判断标准				
1	您遭受经济压力到多大程度上您会觉得要改善这种状况？	1	2	3	4	5
2	您未能晋升，在多大程度上您觉得要为此负责？	1	2	3	4	5
3	您刚完成的一个大项目受到了批评，这一情形的结果会____	1	2	3	4	5
4	您偶然删除了一份重要的电子邮件，这一情形的结果会____	1	2	3	4	5
5	您正精心策划、具有优先权的项目被取消，这一情形的结果会____	1	2	3	4	5
6	您尊重的某人忽视您对一个重要问题的论述，现实生活在多大程度上您觉得要负责改善这种状况？	1	2	3	4	5
7	人们对您最近的想法反映不好，多大程度上您觉得要负责改善这种状况？	1	2	3	4	5

(续表)

编号	题目	评价和判断标准				
8	您不能休一个很必要的假,这一情形结果会____	1	2	3	4	5
9	在赶赴一个重要约会的路上,每一个路口都遇到了红灯,这一情形的结果会____	1	2	3	4	5
10	在经过广泛的查找之后,您还是没能找到那份非常重要的文件,这一情形的结果会____	1	2	3	4	5
11	您的办公室人手不足,在多大程度上您觉得要负责改善这种状况?	1	2	3	4	5
12	您错过了一个重要的约会,这一情形的结果会____	1	2	3	4	5
13	您的个人生活和工作职责失去了平衡,在多大程度上您觉得要改善这种状况?	1	2	3	4	5
14	您从来没有过足够的钱,这一情形的结果会____	1	2	3	4	5
15	在知道会变成什么样子后,也从来不进行有规律的练习,在多大程度上您觉得要改善这种状况?	1	2	3	4	5
16	您的团队不能达到预期目标,在多大程度上您觉得要负责改善这种状况?	1	2	3	4	5
17	您的电脑系统一周内崩溃三次,在多大程度上您觉得要改善这种状况?	1	2	3	4	5
18	您在开一个完全浪费时间的会,在多大程度上您觉得要负责改善这种状况?	1	2	3	4	5
19	您丢失了一件对您来说很重要的东西,这情形的结果会____	1	2	3	4	5
20	您的领导坚持不同意您认为正确的决定,这一情形的结果会____	1	2	3	4	5

计分方法:

① 计分时请直接把每道题的得分相加,就可以得到逆商总分。

② 60分以下,AQ偏低;61—70分,AQ中等偏下;71—80分,AQ中等;81—90分,AQ中等偏上;91—100分,AQ很高。

(四) 培养时间管理能力

时间对每个人而言都公平公正,既不吝啬也不照顾。当大学生进入职场时,有的同学可以高效利用时间,有的同学在不经意间浪费了大量时间,差别就在于时间管理能力不同。

有效规划,目标分类。习惯决定命运,大学生在校期间需要主动规划时间,合理规划学习实践、休闲放松等板块,做到张弛有度。进入职场后先确定工作任务目标,进行工作量评估,以便于制订时间节点和分期目标实施计划并如期推进。

合理排序,分清主次。将每日工作进行重要性排序,例如事件 1、事件 2、事件 3……每天一开始,先全力以赴做好事件 1,直到完成或准备妥当,然后全力以赴地做事件 2,依此类推,从而有效管理时间。在事件的先后排序方面,可以参照二八原则,又称帕累托原则(见图 5-2),其核心内容为:生活中 80% 的结果几乎来源于 20% 的活动,如 20% 的客户带来了 80% 的业绩,构成了 80% 的利润。因此,在生活中将注意力放在 20% 的关键事情上,以提升时间管理能力。

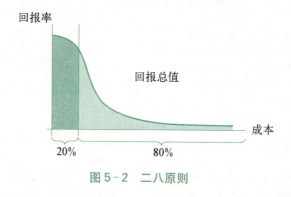

图 5-2 二八原则

(五) 培养团队协作能力

团队协作能力指团队成员发挥团队精神、相互协作、尽心尽力,以达到团队最大工作效率的能力。对团队成员而言,不仅需要具备个人能力,还需要掌握在不同的岗位上各尽所能、与其他成员协调合作的能力。

第一,建立和谐关系,营造良好氛围。高效的团队与和谐关系的建立密不可分,在团队协作中,应努力营造和谐氛围。即使部分成员间存在分歧,也要尽量避免出口伤人,注意自身素质,以防伤害他人自尊心。

第二,充分认知成员,增强协作精神。在团队协作中,认知成员,理解并深入体会成员的情绪感受,了解成员的脾气性格、兴趣爱好,并从对方立场考虑问题,以增强团队信任,促使团队拥有共同目标和理想信仰,增强团队协作精神。

(六)培养人际管理能力

在现代社会中,人需要相互交往,进而展现魅力。在大学生职业发展中,人际管理能力是事业成功的重要条件和保障。首先,培养同理心。需要改变从自我出发的单向观察与单向思维模式,学会换位思考,培养同理心。例如,从对方的角度思考问题,及时关注和感知对方,进而知他人语,善解他人意。其次,提升影响力。大学生可通过增强个人价值来提升影响力,具体方法如下:始终保持积极的工作态度,获得对方的认可和信赖,还要提升能力,让对方信服,在行动中得到对方的积极反馈,最终提升人际管理能力。

 相关链接

• 团队项目冲突解决 •

训练目标:

通过模拟职场情境训练提升情商技能。

背景设定:

你是一名即将毕业的大学生,被选为校内一个跨学科团队项目的负责人。该项目旨在开发一款面向校园市场的创新App,团队成员来自不同专业,包括计算机科学、市场营销、设计艺术等共10人。在项目进行到中期时,团队内部出现了明显的分歧和冲突:技术团队(主要由计算机科学专业学生组成)认为当前的设计方案过于复杂,难以实现且可能超出项目预算和时间限制,要求简化设计;设计团队(主要由设计艺术专业学生组成)则坚持认为现有设计能够吸引目标用户,是产品差异化的关键,不愿妥协;市场团队(主要由市场营销专业学生组成)则担心任何设计上的妥协都可能影响用户接受度,同时提出了一些新的市场策略,但需要技术团队的支持来实现。

任务要求:

1. 情绪识别

首先,你需要分别与三个团队的核心成员进行一对一的沟通,了解他们的具体担忧、情绪状态以及背后的原因。在沟通过程中,展现出你的同理心,让对方感受到你的理解和尊重。

2. 情绪管理

在了解了各方立场后,你需要管理好自己的情绪,确保在讨论过程中保持冷静、客观,避免个人情绪影响决策过程。

3. 冲突解决与协商

组织一次全体会议，邀请所有团队成员参与。在会议上，你需要做到以下几点。

(1) 清晰地概述各方的主要观点和担忧。

(2) 引导团队成员采用"我"的表述方式（如"我觉得这个设计可能过于复杂"），而非指责性语言。

(3) 提出一个或多个解决方案，鼓励团队成员共同讨论并达成共识。可能的解决方案包括：寻找折中的设计方案、重新评估项目预算和时间表、调整市场策略以适应技术限制等。

(4) 确保会议氛围和谐、积极、开放，鼓励每个人发表意见，并认真倾听和考虑他人建议。

4. 后续行动与跟进

会议结束后，制订详细的行动计划，明确每个团队和个人的职责、时间表和预期成果。同时，建立定期跟进机制，确保项目按计划顺利进行，并随时准备处理可能出现的新问题和冲突。

5. 评估标准

(1) 你是否能够有效地识别并理解团队成员的情绪和需求？

(2) 你在处理冲突时是否能够保持冷静和客观，展现出良好的情绪管理能力？

(3) 你提出的解决方案是否充分考虑了各方利益，并成功引导团队达成共识？

(4) 项目后续的执行情况是否证明了你的冲突解决策略的有效性？

【思考题】

1. 请对职业适应的内涵进行解析，并探讨在个人职业生涯发展中，如何体现并提升这种适应能力。

2. 案例分析题。

背景设定：范某是国内一家中型企业市场部的新入职员工，他聪明勤奋，但性格较为内向，不擅长主动与人交往。市场部是一个团队合作密切、沟通频繁的部门，项目多且要求完成的时间紧，同事间需要保持高效的协作与沟通。入职初期，范某在完成自己工作任务上表现出色，但由于缺乏与同事的有效沟通，导致在团队项目中时常出现信息不畅、协作不畅的情况。一次重要的市场活动策划中，因未及时了解到设计部门对活动海报的修改意见,范某提交的活动方案与最终设计成品存在较大差异,引起了客户的不满,也给团队带来了不必要的损失。

问题:分析范某在职场人际关系中遇到的问题及原因。请提出至少三项建议,帮助范某改善职场人际关系,提升团队协作能力。

3. 案例分析题。

小张是一名刚从大学毕业的软件工程师,进入了一家知名的科技公司工作。在校期间,他成绩优异,对编程充满热情,但进入职场后,小张发现自己面临着诸多挑战。他所在的团队项目节奏快、任务重,而且团队成员间沟通方式与他习惯的不同,常常使用专业术语和缩写,这让他在初期感到十分困惑和受挫。此外,小张还发现自己在学校学习的技术与公司实际使用的技术不完全匹配,需要快速学习新的技术和工具。这些因素导致小张的工作效率下降,自信心受挫,出现了职业适应障碍。

请分析小张在职业适应过程中遇到了哪些具体问题。针对这些问题,请提出至少三项具体的调试策略或建议,帮助小张尽快适应职场环境。

解析提示

第六章

求职技巧

教学目标

知识目标：掌握职业定位的含义、求职原则及方法，了解塑造个人良好职业形象的重要性。

能力目标：能够明晰自身职业定位，具备求职的基本能力，尤其是简历制作、笔试能力、面试技巧等，正确运用着装、谈话、礼仪的技巧，具备构建良好职业形象的能力。

素养目标：准确定位自己，在求职过程中运用知识和技巧展示自身良好的个人能力素质和职场形象，为顺利择业就业奠定坚实基础。

本章导语

　　求职择业对大学生来说，多为从未经历过的新鲜"历险"，是其人生道路上的一次重要关口，更是一种自我"推销"。大学生要顺利实现就业成为一个有责任感、能自食其力的人，除了要具备过硬的专业素质和能力外，还需要掌握一定的求职技巧。本章通过对职业定位、求职策略及职业形象塑造的阐述，帮助大学生掌握求职技巧，提高"推销"自己的本领，在择业中少走弯路、抓住机遇，找到理想的工作。

第一节 职业定位

 案例导读

"教父级"企业家是如何炼成的？

任正非，一个在中国企业发展史上熠熠生辉的响亮名字，他在人生低谷中创建华为，并带领着员工一路披荆斩棘，缔造出了中国企业发展的全新标杆，为中国通信事业作出了不可磨灭的贡献。

1963年，19岁的他考入重庆建筑工程学院，接受了工程教育，他坚信"知识才能改变命运"，咬紧牙关，苦学知识，不断地在伟人的思想里汲取着人生的智慧能量。1967年，经历苦难打磨的他在毕业后毅然选择应征入伍，这段经历对他的职业定位产生了深远影响，"一个人再有本事也得通过所在社会的主流价值认同，才能有机会"。他希望在社会的主流价值认同中找到自己的位置，这段军旅生涯也为他日后的管理和领导能力打下了基础。

然而，在复杂的时代背景下，无论他如何努力、如何出众，却始终没有拿到过应该属于自己的任何实质性嘉奖。也正是凭借着在苦味人生中磨练出来的、强大到无所畏惧的心理素质，他开始了创业之路。这一阶段，他的职业定位转变为企业家和公司领导者。他与五位好友筹借了2万元，创办了一个名叫"华为"的公司。彼时43岁的他，失业、离婚、负债，但站在人生低谷的他，依旧希望自己的公司可以担当起"中华有为"的重担。他在领导华为的路上始终冷静自持且无惧风浪，并成功带领华为走上行业巅峰。

任正非的职业定位经历体现了他的个人成长、时代背景和华为的发展历程。他从一个工程师转变为企业家，再到全球知名的企业领导者，这一过程不仅展示了他的领导才能，也反映了他对技术和商业的深刻理解。

来源：腾讯新闻

社会学上有一个叫"奥德赛时期"的概念，是指一个人在从学校毕业到投入稳定工作和个人家庭之间的这个阶段，通常会经过一段反复的、不确定的探索与漂泊，就像是在海上漂泊10年的奥德赛一样。他见过各种人，打了很多场仗，在经

过短暂停留后又离开,最终找到他要建设一生的国度。在我们求职择业过程中,也需要不断了解自身的特质、资源以及外部世界的规律,从而明晰有利于自身发展的职业定位。

一、何为职业定位

锚定目标不放松的追求

赵磊,某大学国际战略研究院副院长、二级教授、博士,研究生导师。

命运好像不是很眷顾他,但他却选择不平庸,始终抱着一股不服输的干劲,执着地在艰辛的求学之路上拼搏奋斗。1998 年,他从太原师范专科学校(太原师范学院前身之一)中文系毕业后,被派遣到某乡镇学校任教。即使在学校领导与广大学生及家长深深喜欢并盛赞他时,他也在深深思考着更高目标的人生规划。

在他心里一直有个遗憾,就是因高考失利而没能考上心仪的大学。"我这个基础,还能考上硕士吗?"他在徘徊中不断地反问自己,不甘心、不放弃的念头始终萦绕在他的心头。最终,他下定决心全力以赴备考。"试试看,考不上也不后悔!"正是抱着这样的心态,他两年后如愿考入中央党校,从此开启了新的求学生涯。

硕士毕业后,他并未满足于此,又向新的目标发起冲刺。通过不懈努力,一举获得法学博士学位。随后,他又进入清华大学公共管理学院博士后流动站深造。

每一次的进步,都是对自我极限的挑战;每一次的提升,都是对自己梦想的执着追求。如今,他已经成为享受国务院特殊津贴专家,2015 年入选国家高层次人才特殊支持计划青年拔尖人才,2016 年获中直机关五一劳动奖章,2021 年入选国家高层次人才特殊支持计划哲学社会科学领军人才、全国宣传文化系统文化名家暨"四个一批"人才(理论界)。

(一)职业定位的含义

职业定位是结合个人职业目标和主客观条件以谋求最匹配职业的过程,在这一过程中,要充分考虑性格、兴趣、特长、专业等个人因素与职业的匹配。

职业定位是社会定位与自我定位的统一。要准确做好职业定位,就要做到知己知彼,科学决策。做到知己,就是要了解自己能够做什么,面对专业和职业,自己应该如何选择;做到知彼,就要了解用人单位能够提供什么样的岗位、愿意为此支付多大的成本、所在的行业状况、发展前景等。科学决策就是要在了解自身和用人单位的基础上,使个人能力和用人单位的需求达到平衡。这是个人的价值量化,同时也是职业规划与职业发展的第一步。

(二)大学生职业定位的特点

大学生职业定位的形成和发展,一般具有以下几个特点。

1. 由不稳定到相对稳定

大学生的职业定位在一定时期内处于不稳定状态,这是由大学生在这一阶段自身认知水平的局限和心理成熟程度不高等原因造成的。随着大学生认知的不断深入和心理成熟程度的不断提高,其职业定位会逐渐趋于稳定。

2. 由单纯的主观动机到与客观现实的统一

大学生在职业定位的形成过程中,最初往往是个人的兴趣爱好或意愿占上风,其职业定位属于单纯的个人主观动机。只有到了一定阶段,受到各种现实条件的限制,才能促使大学生不断调整自己的职业定位,直至达到个人动机与客观现实的统一。

3. 由抽象到具体

大学生最初的职业定位表现为对于各种具体职业形象的倾向,但职业目标往往是含糊不清的,甚至是多种职业目标并存的,缺少具体的设想和追求。随着认知水平和评价能力的提高,其理想的职业目标才会逐渐具体化。

(三)不同阶段职业定位的要求

职业定位不是偶然产生的,而是有其特定的形成与发展规律。职业定位是社会历史发展的产物,是个体主观对客观社会职业的追求,伴随个体的成长、社会的发展和社会职业的发展变化而不断丰富完善。做好职业定位应做到以下几点。

1. 职业定位应从大学开始

大学是职业定位的开始阶段,这个阶段的职业定位要结合自身初步的职业规划寻找自己感兴趣的职业方向。在职业定位的起步阶段,大学生可以运用SWOT分析法来了解自身的优势和不足,选择自己感兴趣的领域,并积极参加社会实践活动,锻炼培养自身的职业能力,健全人格。

2. 职业定位初期应明确思路

职业定位的初步阶段,大学生对社会职业的认知能力逐步提高。但实际上,这一阶段大学生职业定位的确定具有较大的盲目性,容易随波逐流、人云亦云。因此,准确掌握职业定位的思路是大学生找到适合自己职业的前提和基础。职业定位的思路分为择业导向(见图6-1)与就业导向(见图6-2)。以择业为导向的职业定位是根据个人意愿、个人职业能力,最终确定自身职业方向。以就业为导向的职业定位是先寻找职业机会(工作实践),通过实践梳理个人职业能力,最终确定职业目标(见表6-1)。

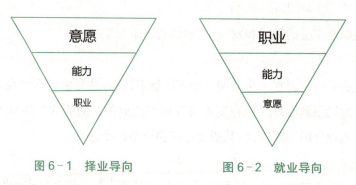

图6-1 择业导向　　　　图6-2 就业导向

表6-1 职业定位思路

	择业导向	就业导向
第一步	确定内在标准	寻找就业机会
第二步	梳理个人职业能力	梳理个人职业能力
第三步	确定自身职业方向	确定内在标准

3. 职业定位中期应稳定发展

在职业定位中期,我们对自身的职业定位已经有较为深入的了解。这个阶段的职业定位尽量在稳定发展的基础上充实自己,给自己"镀金"。一般来说,一个人了解一份工作通常需要1—2年的时间,达到熟练运作的程度需要3—5年时间。用人单位往往更看重相对稳定发展的职业人士。

4. 职业定位后期要不断完善

职业定位后期是职业准确定位的阶段。经过一段时间的实践和思考,伴随社会的发展变迁,个人择业、从业经历的不同,大学生对社会职业有了进一步的认识和理解,也对自身的职业定位有了更深入的认识,需要大学生牢固树立危机意识,正视和了解自身局限,主动寻找自身差距并不断完善,以接受职业活动的考验。

(四) 职业定位的三维度

1. 从自己的角度认识职业定位

职业定位是把握自己命运的开始,职业选择机制要求人们树立自立精神,以主动者的身份对待职业选择,择己所爱、择己所长、择世所需、择己所利。实践证明,只有这样才能获得较高的职业满意度,才能提高事业的成功率。

2. 从竞争的角度认识双向选择

选择势必存在竞争,以个人才能为基础的竞争是公平选择实现的条件。选择是双向的,求职者按照自己的意愿选择职业的同时,用人单位也在按照岗位的要求选择求职者。同学们如果不具备职业所要求的能力和素质,必然会在竞争中遭遇失败。只有树立市场意识和竞争意识,不断地调整和充实自己,才能提高自身的竞争力。

3. 从创造和发展的角度认识职业选择

职业选择为我们提供了把知识转化为物质财富的途径,这就要求大学生要树立发展的职业观,以创造为动力,以在职业活动中为社会、国家、民族作出更大的贡献为目的,适时做出调整,充分发挥个人优势和潜力。

二、就业途径及信息获取

(一) 就业途径

1. 即时就业

即时就业是指大学生在毕业前通过学校推荐、参加考试、招聘会等途径,与用人单位签订《就业协议书》,毕业后到签约单位就业的方式。目前,大学生实现即时就业的方式呈现出多元化趋势,主要表现为两种途径。一是自主择业,双向选择。即毕业生和用人单位经过双向选择,签订《就业协议书》;或者毕业生直接进入用人单位实习,待毕业后正式签订劳动合同,成为该用人单位的正式员工。二是参加国家公务员考试,被录用就业。我国对国家机关行政人员实行公务员制度,每年都会招考公务员,报考国家公务员也成为大学生就业的重要渠道。

2. 自主创业

党的二十大报告指出,要构建高水平社会主义市场经济体制,在毫不动摇巩固和发展公有制经济的同时,要毫不动摇鼓励、支持、引导非公有制经济发展。在此背景下,我国的就业机制也在向纵深发展,大学生就业渠道得到了进一步拓宽。有些大学生毕业后并未进入社会求职,而是充分利用自己所掌握的知识、技能进行了自主创业,即毕业生依靠科技创新、社会服务等某方面优势来创办公司。当前,自主创业已经成为大学职业选择的一种新的途径,与此同时,自主创业也对大学毕业生的知识、能力和综合素质等方面提出了更高的要求。

3. 升学深造

升学主要包括以下途径:参加研究生考试、普通高校专升本考试、成人高考、对口升学考试等。通过这些考试继续在学业上深造,既可以提高学历层次,又能缓解就业压力。

4. 出国留学与出国就业

出国留学指大学生毕业后通过参加对应的出国留学考试,如托福、雅思、美国大学入学考试(American College Test,简称 ACT)等,在考试通过后申请去其他国家继续学习。

出国就业一般指出国劳务、劳务出口,主要是指劳务输出国向劳务输入国提供劳动力或者服务。劳务输入国主要以美国、德国、法国、瑞士、加拿大等发达国家居多。

5. 基层项目就业

基层项目就业是指大学生参加国家、地方的基层专门项目就业。它主要包括大学生志愿服务西部计划、"三支一扶"(支教、支农、支医和扶贫)计划、"农村义务教育阶段学校教师特设岗位计划"、选聘高校毕业生到村(社区)任职计划和农业技术推广服务特设岗位计划。这些项目不仅可以解决当前就业的难题,还可以鼓励人才到广阔的农村和基层去,成为发展边远地区、缩小城乡差别和区域发展差距、促进社会全面协调发展的长远战略之策。

"耶鲁"村官秦玥飞

6. 携笔从戎

(1) 报考士官

士官即"职业士兵",高于士兵(普通士兵)。中国人民解放军士官一般从服役期满的士兵中选拔,也可从军外直接招募具有专业技能的公民成为士官。士官不属于干部序列,不佩戴资历章。

(2) 应征入伍服义务兵役

为了确保大学毕业生应征入伍这项工作顺利开展,教育系统会同步配合征兵系统开展征兵工作,并加强国家在征兵入伍方面出台的优先选拔使用、考学升学就业优惠、补偿学费或代偿国家助学贷款等优惠政策的宣传,鼓励高校毕业生应征入伍,投身军营,献身国防,报效祖国。

7. 灵活就业

灵活就业是指在收入报酬、劳动时间、保险福利、劳动关系、工作场所等方面有别于建立在工商业制度和现代企业制度基础上的传统主流就业方式的各种就业形式的总称。灵活就业包括其他录用形式就业与自由职业。其他录用形式就业是用人单位不签订就业协议或劳动合同,仅提供聘用证明、工资收入流水等证明材料。

自由职业者,如作家、自由撰稿人、翻译工作者、某些艺术工作者等。与传统就业模式相比,这种就业方式具有灵活性强、自由度大、适用范围广、劳动关系比较宽松等特点。

(二) 就业信息获取方式

1. 通过学校就业工作部门获取就业信息

学校就业指导中心等就业工作部门是毕业生获取求职信息的重要途径,它与地方各就业主管部门以及用人单位有着密切的联系,获得的招聘信息针对性、准确性也较强。一般来说,各高校都有相对固定的招聘信息发布平台,毕业生可以通过浏览学校就业指导中心网站、就业信息发布栏、就业信息报刊等,也可以通过参加学校就业指导中心或政府部门组织的人才交流会来获取就业信息,谋求相应岗位。

2. 通过校园宣讲会获取就业信息

在每年的校招季,很多企业会到大学召开招聘宣讲会。所谓招聘宣讲会,就是企业在校园开设的与招聘相关的主题讲座,通过讲座向毕业生介绍企业的情况、具体的薪资待遇、校园招聘的程序和岗位信息等,帮助毕业生深入了解公司情况,感受公司的企业文化。

3. 参加人才交流会

人才交流会也指各种招聘会,各级地方政府为保障高校毕业生顺利实现就业,专门设立了毕业生人才交流中心,并在求职高峰期集中举办各种类型的人才交流会。用人单位人才交流中心的主要任务就是发布、收集人才供需信息,传递人才余缺信息,办理人才交流登记,做好人才的推荐和介绍,并为单位招聘人才做好相应的服务和管理工作。

4. 借助网络求职

网络求职是利用网络发布用人单位招聘信息与个人求职信息,为供需双方建立联系,最终达成就业意向的过程。当下,网络求职已成为大学生求职的重要方式。近年来,为不断提升教育系统就业工作服务水平和数字化能力,促进高校毕业生更加充分、更高质量就业,教育部全面升级推出了"国家24365大学生就业服务平台",该平台为毕业生提供就业意愿登记、简历填写、职位检索、职位推荐、专场招聘、网上签约、去向登记等求职应聘服务;提供职业指南、职业测评、师兄师姐去哪儿、风险防范提示等就业指导服务;提供重点领域、国际组织、应征入伍和基层就业等引导服务。与此同时,陆续出现了包括智联招聘、前程无忧、猎聘网等招聘网站。这些网站、平台及时发布了大量可供毕业生选择的就业需求信息。网络求职因不受时间、地域的限制，信息容量大且求职成本低的优势广受大学生欢迎。

5. 筛选新闻媒体有效信息

近几年，网络求职成为广大毕业生求职的重要途径，但是，报纸、期刊、电视、广播等传统媒体因其信誉度高、易于接受等优势，仍然是人才需求信息发布的重要渠道。现在，很多电台、电视台都有求职招聘类节目，同时，报纸等纸质传媒也有自己的招聘专刊。比如，《教育面对面》《人社政策随身听》等广播平台，国聘行动《职场第一课》、中国教育电视台第一频道《一职为你》等电视平台，《中国人才报》《HR33招聘周刊》等报纸媒体平台。

6. 参加社会实践和实习

社会实践及实习包括以锻炼自我、增长见识、服务社会为目的实践与实习，以及为了解用人单位具体情况到企业进行参观访问等活动。这些实践活动既加深了用人单位和毕业生之间的深入了解，也增强了毕业生的就业竞争力，同时，毕业生可以通过实习了解企业和职位等相关信息，为大学生更好地适应企业需求创造了条件。

7. 利用各种社会关系

利用社会关系推荐也是一种比较常见的求职方式。通过自己的社会关系，如老师、班主任、校友和分布在社会各领域的亲朋好友的推荐，使得求职的针对性更强，社会关系网提供的就业信息越多，求职成功率也越高。

大学生选择职业途径时，应考虑自身兴趣、能力、风险承受能力和长远规划。每种职业途径实现方式都有其独特的优缺点（见表6-2），关键在于找到最适合自己的平衡点。

表6-2 职业途径实现方式优缺点分析

职业途径实现方式	优　点	缺　点
学校就业指导中心	针对性、准确性较强	获取的信息局限于本校资源；部分信息及时性、分类性不强
校园宣讲会	信息较真实，针对性强（针对应届毕业生）	公司描述信息较多，部分学生获得信息机会较少
人才交流会	面对面接触，信息量大、全面，专场的招聘会针对性强	招聘效果取决于是否在招聘旺季、主办方的宣传力和影响力

（续表）

职业途径实现方式	优　　点	缺　　点
网络求职	信息流量大、更新快，交流方便快捷	招聘信息"水分"多，缺少互动，信息反馈少
新闻媒体	信息量大、地域性强，信誉度高，受众面广	针对性不强
社会实践和毕业实习	命中率高，目标明确，针对性强，获得信息全面	短期内无法达成，对个人要求较高，需要长时间准备及规划
各种社会关系	命中率高，相对快捷，针对性强	信息主观性强

随　笔

第二节　求职策略

 案例导读

少有企业会拒绝有着强烈意愿的人

裔锦声在取得了博士文凭后的一天,看到了舒利文公司的招聘广告:要求求职者有商学院学位、至少有三年的金融工作或银行工作经验、能开辟亚洲地区业务。她很快就整理好个人资料寄了过去。

此后,她每天坚持与该公司联系,以致该公司人事部门一听到是她的声音,便想着各种理由婉拒。最后,她鼓起勇气拨通了舒利文公司总裁的电话,并在电话里坦言:"我没有商学院学位,也没有在金融业的工作经验,但我有文学博士学位。我在读书期间,遇到了许多歧视和困难,我不仅没有退缩,反而变得越发坚强。我相信贵公司会为我提供一个施展才华的平台。如果贵公司感觉在我身上投资风险太大,可以暂时不付我佣金。"总裁最终被打动,让她来公司参加面试。经过七次严格筛选,她成了那次面试中唯一的胜利者。

如今,裔锦声在华尔街建立了自己的重心集团,专为美国跨国银行和中国跨国企业提供全球人力资源与企业的管理咨询等业务。

来源:未兰《专家指导:跨专业求职两大典型案例》

一、求职原则

(一)理性看待就业形势

求职择业不是凭自己的理想按图索骥,而是要根据社会的需求作出选择。临近毕业,大学生自然会考虑到社会给自己提供了哪些职位,有多少选择的机会与可能,同时也要学会如何正确认识自己,及时进行调整,使个人作出最佳选择,尽快适应就业市场的挑战。因此,大学生要认清就业形势,正视就业现状,主动了解国家有关政策和法规,了解自己所学专业在市场的应用情况和发展趋势等。

面对不断变化的环境,大学生要主动关心就业市场动态,理性看待形势对自己求职择业的影响。比如,2024年高校毕业生人数达1 179万,创历史新高。求职

者如潮水般涌入就业市场,并在全国300余个城市提供的各类职位中展开竞争。在如此严峻的就业形势下,求职者不同程度地感受到与"求学压力"完全不同的"求职压力"。很多把自己的求职目标锁定在一线城市的求职者会发现,这些城市提供的招聘岗位有限。如果在校期间学的是一些冷门专业,毕业后很有可能会面临找不到对口工作的窘境。而那些曾经被认为是高薪且热门的专业,如互联网、金融等部门,如今也面临着巨大压力。

面对就业竞争激烈的现实,大学生要正视就业压力,将压力变成动力,及时调整自己的目标职业选择重点,积极行动起来,尽快充实、完善自己,以适应就业形势发展的要求。

(二) 分析确认就业目标

职业岗位既是人们创造财富的物质条件,同时也是人们追求事业发展、实现自身价值的平台。因此,在大学期间,如果你发现自己非常喜爱或偏好某些职业,请不要犹豫,尽可能利用时间去做一些必要的投入,如查找相关信息、不断地去了解该职业的最新动态等,同时,尽快弥补自己相关领域的专业知识和能力方面的不足。这样做的好处是求职时可以准备得更充分,心里更有底气,求职成功率也可能更高。大学生在确立目标职业时,应秉持求实进取的精神,对目标职业的发展前途认真了解和分析,不要过分看重眼前的薪酬待遇,应该从其未来的发展前景和上升空间进行认真分析,从职业对个人能力培养、职业技能提升、事业发展空间等几方面进行价值衡量。同时,也要对自己心仪的目标职业做比较准确的分析,包括以下几个方面。

一是行业分析,如目标职业所处行业的现状及发展趋势。

二是职业分析,如目标职业工作的具体内容、工作要求、个人发展空间及路径、员工职业满意度、职业发展前景等。

三是用人单位分析,如用人单位类型、管理理念、组织文化、发展战略、目前发展阶段、工作内容和要求、员工素质、工作氛围、岗位分工、人员匹配程度分析等。

四是地域分析,如目标职业所在城市的发展前景、经济发展水平、文化特点、当地行政管理水平、法治环境、气候水土、人际关系,以及人才分布和人力资源匹配分析等。

(三) 明晰职业取向

职业取向一般是指人们在职业上依据社会需求和个人条件而确立的职业奋斗目标,即个人向往和追求的职业境界。职业取向是人们对职业活动和职业成就的超前反映,与人的价值观、世界观、人生观、职业目标、职业期待等密切联系、息息相关。

许多大学生在孩提时代就萌发了最初的理想职业,有的想当医生,有的想当科学家,有的想当演员,这种懵懂的职业取向随着年龄的增长而愈加成熟与完善。因此,树立正确的职业取向是同学们人生启航的坐标点和职业归宿。

正确的职业取向有助于大学生在求职过程中正确处理国家、社会和个人之间的关系。因此,大学生在求职择业时不要偏离自己正确的职业取向,要把职业取向作为人生职业目标实现的精神支柱,让职业取向作为奋发有为的动力,促进自己在学业上锐意进取、顽强拼搏,用职业取向引领自己的求职择业,并按照自己的职业发展需要充实、完善自我,为实现自己的职业目标而不懈努力。

(四) 确立切合实际的就业期望

就业期望是指个人对职业的某项目标是否能够实现的概率估计,它包括两层含义:一是实现目标的可能性,即概率;二是目标本身是否具有价值,是否值得追求。也就是说,同学们在追求自己认为有价值目标的同时,还兼具获得这份理想工作的可能性,两者共同作用的结果就构成了就业期望。从心理学的角度来看,就业期望是个人的主观意愿,它好比一把双刃剑,把握得好,可以成为激励求职者奋发向上的动力;把握得不好,则会使求职者在美好的理想与无情的现实之间产生较大的心理落差,导致部分学生在求职择业过程中消极被动、坐失良机。

(五) 树立成功就业的信念

处在大学校园的大学生,对就业环境和就业压力了解得还不够深入,如有的同学还没有明确的目标职业,还有的学生虽然有目标职业,但对自己实际综合素质与目标职业要求之间的差距了解有限。当同学们真正面对求职择业时,才发现理想与现实、实力与要求之间都存在着巨大的差距,结果慌了手脚。对大学生来讲,确立目标职业不应只是说说而已,要发自内心地喜欢它,要把对目标职业的向往与追求变成一种创造条件、志在必得的强大动力,激励和促使自己自觉投入精力,主动加强学习,形成与目标职业相关的知识和技能结构,努力缩小个人素质与目标职业要求之间的差距,力争成功实现自己的就业目标。

二、求职方式

(一) 自荐

1. 选择恰当的自荐方式

自荐材料是同学们进入心仪单位的第一块敲门砖,在求职择业过程中是至关重要的。自荐的方式多种多样,就每位大学生而言,应当根据自身的实际情况决定采用哪一种自荐方式。例如,善于语言表达且能说一口标准流利普通话的求职者,采用口头自荐更能打动人心;能写一手隽秀的字、具有出色文采的求职者,选择书面自荐更能显示出择业的优势。

2. 准备必要的自荐材料

在自荐材料中,自荐信、个人简历、相关证明材料、学校推荐意见等要齐全、完整,不能有遗漏。这几种材料虽然都能单独成立,但各种材料的侧重点不同,自荐信表明的是个人工作态度和求职意愿;个人简历介绍了自己的经历;相关证明材料可以较好地强调自己的能力及所取得的成就;学校推荐意见体现了学校对自己的认可。缺了任何一个方面,自荐材料都不够完整。由于用人单位对求职者的要求不尽相同,自荐材料也应根据不同的需要而有所变化。例如,前往外事、旅游等部门求职,可以额外准备一篇外文自荐信;去少数民族地区就业,能用民族文字撰写自荐信则效果更佳。另外,自荐材料的份数亦应准备充足,即使是同一个用人单位,同时呈递几份自荐材料,为各招聘人员人手提供一份,这无疑为他们在共同商议是否录用时提供了便利。

自荐材料中最常见的是个人简历,也称为求职信,是对个人学历、经历、特长、爱好及其他有关情况所作的简明扼要的书面介绍。它是求职的必备材料,是自我"推销"的工具,也是应聘的书面交流材料。简历的制作标准如下。

(1) 重点突出,方向明确

重点突出就是强调自己在这个岗位上的业绩,方向明确指的是简历中的每一句话都跟企业的需求相符合。

(2) 提高关联性,以便供需匹配

很多同学没有工作经验,这就需要在相关的技能资历、荣誉、能力等方面下功夫,学会把企业需求相关的内容写详细、写清楚。例如,把个人所获奖项分为岗位相关奖项和其他相关奖项。

(3) 细节决定成败

第一,要检查成文的个人简历,绝对不能出现字词、语法、标点等低级错误。同时个人信息尤其是联系方式等一定要正确,以便于进入下一阶段面试。

第二,简历照片不宜用艺术照,应以一至两寸彩色半身职业近照为佳。

第三,个人简历最好用 A4 纸打印,尽量用宋体等常用字体,排版简洁明快,切忌标新立异。

第四,寄个人简历时可以附上一封简短的求职信,增加好感。

第五,要尽量提供个人简历中提到的业绩和能力的相关证明材料,并作为附件附在个人简历的后面。

3. 掌握自荐的技巧

(1) 积极主动

在求职过程中,任何消极等待都是不可取的。自荐是求职者的主动行为,在求职者了解到需求信息时,要积极主动,否则就可能错失良机。因此,为了让用人单位更全面地了解自己的情况,求职者要及时提交、寄送自荐材料。求职者在应聘前应事先准备好各种自荐材料,不要等对方索要;不等对方提问,要主动向对方介绍;不消极等待回音,要主动询问。这样的求职者往往给人以态度积极、求职心切、大方自信的印象。

(2) 重点突出

求职者在进行自我介绍时,要尽量突出自己的知识和能力,本人基本情况和家庭情况简单介绍即可,可以详细介绍自己的专长、兴趣、能力、经验等。为了获得对方的认可,有时还可以举例说明。例如,大学期间发表过的论文、实习见习经历、获得的奖励以及具备的工作经验、社会阅历等。介绍时要突出自己的优势和闪光点,因为与众不同的东西,可能就是你的魅力所在。平铺直叙、过分谦虚,也不利于用人单位对自己进行全面地了解和正确地评价。

(3) 重视细节

针对用人单位提出的具体要求,要强调自己的专业所长和社会经验,这样才能使招聘者相信你就是最理想的应聘者。例如,用人单位招聘管理人员,你的学生干部经验及组织管理能力可能会更受重视;用人单位招聘科研人员,你展示自己的语言才能,就不如展示科研成果和学业成绩来得实在;用人单位招聘文秘人员,你介绍自己如何具有公关能力,就不如介绍自己文史哲知识及写作才能。强调针对性的同时,也不能抹杀相关知识、才能的作用,专业特长加上广泛的知识面和兴趣爱好往往会更受用人单位青睐。

(二) 笔试

1. 笔试的类型

笔试是一种常用的考核方法,相对公平、公正、公开,因此被越来越多的用人单位所采用。它是用人单位采用书面形式对求职者的基本知识、专业知识、文化素养和心理健康等综合素质进行评估和考核的方法。目前常见的笔试有专业能力测试、心理测试和综合能力测试。

(1) 专业能力测试

专业能力测试主要是检验应聘者担任某一职务时是否能达到所要求的专业知识水平和相关能力。如近几年大学生热衷报考的国家公务员考试,笔试包括《行政职业能力测试》和《申论》;招聘行政助理、秘书方面工作的单位对应聘者文字能力的测试;部分单位对某种计算机语言有较高的要求时,测试应用特定语言编程的能力。这种测试往往在特定设置的工作环境中进行。

(2) 心理测试

心理测试是用事先编制好的标准化量表或问卷要求应试者完成,根据完成的数量和质量来判定其心理水平或个性差异的方法。一些用人单位经常以此来测试求职者的态度、爱好、动机、个性等心理素质。

(3) 综合能力测试

综合能力测试是检验求职者思维能力的方法。比如,应试者要在规定的时间内对一组数据、一组资料进行分析,找出其合理的地方和存在的问题,并设计出解决问题的方案。这是对同学们阅读理解能力、发现问题及分析解决问题的能力、知识面等素质的全方位测试,甚至有时问答都是用英语进行的,相对来说难度更大。

2. 笔试的应对方法

(1) 做好知识的准备

对专业知识及相关领域的知识进行认真复习是笔试准备的重要方式。一般来说,笔试都有一定的范围,同学们首先必须要熟悉考试的内容和形式,各种考试都会有所不同,要研究以往试题和模拟题,了解考题的难度和类型,以便适应题目风格并提前做好准备。其次,同学们要针对考试制订合理的学习计划,给自己足够的时间来复习各个科目,确保学习计划充分覆盖考试的所有内容。同时,还要练习真题和模拟试卷,提高解题速度,优化解题技巧。

(2) 保持良好的身心状态

要冷静、客观地对自己进行正确评估,克服自卑心理,增强自信心。临考前,要保证充足的睡眠,适当减轻思想负担,适度参加文体活动,使高度紧张的大脑得到放松休息,以充沛的精力参加考试。

(3) 临场准备

提前熟悉考场位置与环境有助于消除应试时的紧张心理。同时,还应仔细了解知悉考场注意事项。除携带必备的证件外,考试必备的文具也要预备齐全。

(4) 冷静答卷

要尽量挤出时间对容易出错的地方进行复查,特别注意不要遗漏题目,更不能

随 笔

跑题或出现错别字、词不达意、语法不通等错误。另外,应当注意的是保持卷面字迹清晰,书写过于潦草、字迹难以辨认也会影响考试成绩。认真的态度、细致的作风,会大大增加被录用的可能性。

（三）面试

1. 面试的形式

（1）个人面试与集体面试

① 个人面试。个人面试又称单独面试,是面试中最为常见的一种形式,指主考官与应聘者一对一面谈。个人面试是通过交谈,使双方进行深入了解,尽可能挖掘出应聘者的真实情况。

② 集体面试。集体面试主要考查应试者的组织领导能力、洞察与把握环境能力、人际沟通能力等。在集体面试中,通常会要求应试者分小组进行讨论,相互协作解决某一具体问题,或者让应试者轮流担任领导主持会议、发表演说等。

（2）一次性面试与分阶段面试

① 一次性面试。一次性面试指用人单位集中组织一次对应试者的面试。在一次性面试中,面试官的阵容一般都比较"强大",通常由用人单位业务部门负责人、人事部门负责人及专业测评专家等组成。在一次性面试情况下,应试者能否面试过关,甚至能否被录用,很大程度上取决于这一次面试的表现。

② 分阶段面试。分阶段面试又分为按序面试和分步面试。

按序面试一般分为初试、复试和综合评定三步。初试一般由用人单位的人事主管主持,将明显不合格者予以淘汰,初试合格者进入复试。复试一般由用人部门主管主持,以考查应试者的业务能力和专业知识为主,衡量应试者对拟任岗位是否合适。复试结束后,再由上述两个部门对每位应试者进行综合评定,最终确定合格人选。

分步面试一般是由用人单位的主管领导和工作人员组成面试小组,按照小组成员的层级,由低层次到高层次依次对应试者进行面试。面试的内容依层级不同而各有侧重,低层次一般以考查专业知识及业务知识为主,中层次以考查业务能力为主,高层次则实施全方位考查并进行最终把关。分步面试实行的是越来越严的逐层淘汰筛选制。

（3）常规面试与情景面试

① 常规面试。常规面试是面试官和应试者以当面问答形式进行的面试。在这种面试情况下,面试官处于较为积极主动的位置,应试者处于被动应答的姿态。面

面试现场须知与细节

试官根据应试者对问题的回答情况,以及应试者的知识储备、业务能力、仪表仪态、在面试过程中的情绪反应等对其综合素质作出评价。

② 情景面试。情景面试是面试形式发展的新趋势。在情景面试中,突破了常规面试即面试官和应试者一问一答的模式,引入了无领导小组讨论、公文处理、角色扮演、演讲、答辩、案例分析等情景模拟等形式。在这种面试形式下,面试的方法灵活多样,面试的模拟性、逼真性强,既能使应试者的才华能得到更充分、更全面的展现,又能使面试官对应试者的素质也能作出更全面、更深入、更准确的评价。

2. 面试技巧

(1) 运用一个法则

STAR 法则(见图 6-3),即 Situation(情景)、Task(任务)、Action(行动)和 Result(结果)四个英文单词的首字母组合。STAR 法则是结构化面试当中非常重要的一个理论,S 指身处的环境;T 指你是如何明确你的任务的;A 指针对这样的情况分析,你采用了什么行动方式;R 指结果怎样,在这样的情况下你学习到了什么。

图 6-3 STAR 面试法则

在面试过程中,大学生要运用好 STAR 法则。首先,要突出个人的特长、能力,提升与求职岗位需求匹配度。其次,要用具体的例子和数据支持,使其更具有说服力。最后,要清晰准确描述情景、任务、行动和结果,尤其是要讲清楚在具体事例中遇到了什么困难、挑战,以及自己是如何克服困难和挑战取得成功的。

(2) 做好三种准备

① 心理准备。求职面试其实质就是竞争,求职者应做好充分的心理准备。面试前多设想几种方案,确保面试时能冷静应对各种问题及突发情况。

② 业务知识准备。要熟知与应聘岗位相关的业务技能和业务知识,对面试时可能提出的问题最好预先模拟,做好应答准备。

③ 体能、仪表准备。面试前要保证充分睡眠和愉快的心情,以保持良好的精神

状态。同时还要注意仪表,穿着打扮应与身份、年龄、个性及应聘的岗位相协调。

(3) 把握四个"度"

体现高度,在交谈中展示自己的水平。用人单位一般会派出考察应聘者思想政治素质的人事干部和精通专业知识的业务干部,因此,求职者既要充分展示自己的思想政治素质和敬业精神,又要充分展示自己的专业水平与专业能力。

增强信度,在交谈中展示自己的真诚。首先,态度要诚恳,交谈时不要心不在焉;其次,表达要准确,尽量少用"可能""也许""大概"等模棱两可的词语;最后,内容要真实,尤其对自己的优缺点要一分为二,实事求是。

表现风度,在交谈中展示自己的气质。既要充分体现自身的外在美,也要充分体现内在气质。要做到主动问候、精神饱满、悉心聆听。

措辞适度,在交谈中展示自己的表达能力。交谈中称呼要恰当,学会用敬语;在面试中提出问题也一定要深思熟虑。

(4) 发挥五种效应的优势

① 首次印象效应。首次印象效应又称初次印象效应、优先效应或第一印象效应,是由美国心理学家洛钦斯首先提出的,指交往双方形成的第一次印象对今后交往关系的影响,也即"先入为主"带来的效果。事实上,第一印象并非总是正确的,但却是最鲜明、最牢固的,并且决定着以后双方交往的进程。如果大学生在初次面试时给人留下了良好的印象,双方就很容易相互了解,建立亲密的关系,用人单位就更愿意进一步接近,并会影响用人单位对他以后一系列行为和表现的解释。反之,对于一个初次见面就引起用人单位反感的人,用人单位就会产生厌恶的情绪,不愿再交往,对方即使因各种原因今后再接触,也会产生冷漠的对抗情绪。

② 自己人效应。自己人效应是一种心理现象,指的是人们倾向于对那些被视为"自己人"的人所说的话更信赖、更容易接受。这种效应在社会心理学中得到了广泛的研究和应用。其核心特征在于,当双方关系良好时,一方就更容易接受另一方的某些观点、立场,甚至对对方提出的难为情的要求也不太容易拒绝。这种效应不仅存在于人际交往中,也在大学生就业面试等情形下发挥着重要作用。在面试过程中,如果能努力寻找与对方的共同语言,建立亲善的关系,使对方感到与自己有一些共同点,便会使面试取得较好的效果。

③ 角色换位效应。角色换位效应是指在社会心理学中,人们通过将交往双方的角色在心理上进行置换,从而产生的一种心理效应现象。这种效应体现了角色置换的重要性,通过换位思考,个体能够更好地理解对方的情感和立场,从而促进更好地沟通和理解。角色换位效应的关键在于提高个体的情商,使其能够更好地适应不

同的社会角色,实现角色转换的适应。这种适应不仅影响个体的认知、情感、意志等心理过程,还直接影响个体的身心状态和行为表现。每个人在社会生活中都扮演着不同的角色,行使着角色赋予的权利和义务。任何人都不能摆脱角色的束缚,但由于个人性格、文化水平、能力等不同,所扮演的角色的多少和复杂程度也不同。在面试中,"角色换位"是尊重人、理解人、关心人原则的具体运用。一方面,设身处地地替对方着想,这样就能通情达理地谅解对方的行为和态度;另一方面,通过角色换位,以对待"客观之我"的方式来对待他人,就能采取较适当的行动,即所谓"己所不欲,勿施于人"。总之,角色换位效应通过促进角色之间的理解和沟通,有助于个体更好地适应社会角色的变化,实现身心健康和人生意义的追求。

④ 登门槛效应。登门槛效应,又称得寸进尺效应,是一种心理学现象,指的是一旦人们接受了一个较小的要求,就可能会更倾向于接受更大的要求。这种现象是因为人们为了避免认知上的不协调或想给他人以前后一致的印象,从而倾向于接受一系列逐渐增大的请求。在人际交往中,先请求小帮助(如帮忙拿东西),然后逐步提出更大的请求(如一起吃饭)。因此,在作出决策时,应意识到可能存在的登门槛效应,并考虑是否真的愿意作出更大的承诺。心理学家曾进行过一项实验,最终目的是要求家庭主妇同意在院子里竖立一块不很美观的木牌,上面写着"谨慎驾驶"。当直接提出时,只有17%的人同意;当要求她们在一项鼓励安全驾驶的请愿书上签名时,几乎全同意了。隔几周后,再提出立木牌的要求,结果有55%的人同意。这个实验告诉我们,要想取得面试的成功,首先不应提出最大的要求,而应首先提出较小的要求,然后再逐渐递增目标要求。

⑤ 鲇鱼效应。鲇鱼效应是一个著名的管理学概念,描述的是通过引入一种具有活力的元素(如鲇鱼)来激活一个原本缺乏活力的系统(如沙丁鱼群),其核心在于通过引入竞争或压力,激发系统内部的活力,从而提升整体的表现或效率。在企业管理中,鲇鱼效应被广泛应用。通过引入具有挑战性和活力的新员工或项目,可以激发老员工的工作热情和创新能力,从而提高整个组织的绩效。这种策略旨在打破组织的惰性,促进内部竞争和创新,以应对外部市场的变化和挑战。此外,鲇鱼效应也强调了压力和竞争对于个人和团队成长的重要性。适当的压力和竞争可以激发个人的潜能和团队的活力,促使他们不断进步和自我提升。鲇鱼效应在人才学中泛指与众不同、能给群体和企业带来活力的人对于个人和团队成长的重要性。在面试过程中,招聘人员会非常注意观察每个人的表现,谁最有活力、最有创意,谁最受青睐。在集体面试时,更要注意鲇鱼效应。在发表意见时,要力求主旨明确,观点鲜明,论证有力,才能脱颖而出。

第三节　职业形象塑造

10 分钟的面试

小张去一家知名的杂志社面试,如果能进这家单位,将意味着他达到同样的成绩要比在现公司少奋斗 5 年。所以,他相当重视他的这次人生抉择。临行前,他特意找到在这家单位工作的一位老乡,问她为这次面试他可以准备些什么。老乡的回答让他不知所措:这家单位的面试总共只有 10 分钟,应该没什么准备的。小张不解,10 分钟怎么够,还没介绍完自己,证明自己的能力就结束了。作为一家著名的杂志社,怎么能这么不负责任呢?老乡笑道:"其实 10 分钟就够了,从应聘者走进单位的大门,敲门进入主管的门,有礼貌地问声"你好",开始做个简短的自我介绍,也就 5 分钟的时间,再回答几个主管的问题,总共也不超过 10 分钟。而这 10 分钟的时间就足以判断你是否符合单位的基本标准。

有 10% 的人去面试衣冠不整,表明对他人缺乏应有的尊重;有 5% 的人进门不懂得敲门;8% 的人连句"你好"也没有,便单刀直入地推销自己……像这些人连 10 分钟也不用,也就一两分钟就被淘汰出局。因为他们缺乏最起码的修养。

小张听了,倒吸了一口气,原来最容易被人忽视的一言一行成了他人衡量人的基本标准之一。

来源:樊孝凯《大学生职业生涯规划》

职业形象是职场成功的重要因素之一。良好的职业形象不仅能够提升个人在职场上的竞争力,更有助于个人与同事、上级和客户建立良好的工作关系,从而获得更多认可和支持。因此,大学生应注重职业形象管理,塑造良好的职业形象,以赢得更多的成功机会。

一、职业形象的构成

职业形象就是指人们对某种职业承担者的所有行为和表现的总体印象和评

价,是人们在当前社会立足的无形资产。职业形象一般由个体的仪表形象、个体的精神面貌和个体的职业素质三个要素构成。

(一) 个体的仪表形象

仪表是职业人外在的形象,包括穿着、气质、言谈、举止等。实践证明,成功的形象能展示自信、尊严、力量和能力,使求职者在职场上有更专业的表现和更高的效率。

1. 职业气质

职业气质的形成,是一个人在长期的职业生活中历练的结果,是职业者个人内在的、长远的、深层次的职业形象。

2. 职业仪表

职业仪表在一个人的职业交往中有着非常重要的作用,人们往往通过职业者的职业仪表,判断他的身份、地位、素质、能力以及对所从事职业的态度。

(二) 个体的精神面貌

1. 职业取向

职业取向是指人们在社会分工的前提下,选择什么样的具体职业以及希望达到的职业成就,从而实现自己对人生目标的追求。

2. 职业道德

职业道德是一种社会行为规范,是社会道德在特定职业活动中的具体化表现,是职业者在长期的劳动实践中,在行业或组织的工作中,逐渐训练、养成的一种具有一定约束力的行为方式和传统习惯。《新时代公民道德建设实施纲要》中明确指出:"推动践行以爱岗敬业、诚实守信、办事公道、热情服务、奉献社会为主要内容的职业道德,鼓励人们在工作中做一个好建设者。"因此,我国现阶段各行各业普遍适用的职业道德的基本内容,即"爱岗敬业、诚实守信、办事公道、服务群众、奉献社会"。

3. 职业信念

职业信念是一个行业、一个组织或一个人认为可以确信并愿意作为自身行动指南的认识或看法。

(三) 个体的职业素质

1. 职业精神

职业精神包括敬业精神、职业责任、专业意识、创新意识、协作意识、规范意识、社会责任等。

2. 职业能力

职业能力即从事职业活动所具备的各种能力，包含职业基本能力、专业技术能力、职业发展能力等。

二、职业形象的特征

（一）稳定性与可变性相统一

职业形象的稳定性表现在两个方面：一是职业形象中的主要构成要素可以超越不同的社会和时代进行继承；二是在同一行业或组织中，由于长期的职业训练所养成的职业行为习惯、职业工作模式也都是大同小异的，而其基本要素又是不易改变的。

可变性是由于社会分工的发展和细化，引起了职业的变动性和多样化，这就为职业形象的变化提供了广阔的空间。加之形象与时尚的必然联系，职业形象的变动是必然的，是绝对的。因此，选择从事市场需求稳定、增长潜力大的相关职业将更有利于职业稳定性。

（二）个性化与规范化相统一

个性化是指不管是否刻意塑造，每个人都有自己的形象。我们可能不会有意识地去设计自己的形象，但这并不意味着别人就不注意你的形象，这就是职业形象的个性化特点。职业的个性化关键在于发掘并利用个人的独特优势、兴趣和价值观，同时保持真实和诚实。

规范化的特点不仅体现在职业着装上，更重要的是体现在职业心理、职业行为、职业习惯等方面，通过明确岗位职责、设定上岗条件、制定工作规程以及推进制度化、规范化工作等多方面的综合作用来实现，确保了职业活动的有序进行和职业素质的整体提升。

（三）主动性与被动性相统一

主动性是指从业人员对自我职业形象的一种自觉认同，主动、自觉地按照行业或组织的要求，设计自己，完善自己。

被动性是行业或组织乃至社会公众对从业人员的一种职业要求，从业人员必须按照某一特定标准来执行。只有保持积极主动的态度，才能在工作中展现出更大的潜能和价值，才能不断提升自己的专业能力和团队合作能力，为用人单位带来更好的业绩和竞争力。因此，展现积极主动性是大学生在职场都应具备的基本品质。

三、职业形象准备

对于大学生来说,打造一种与期待职位相符的良好职业形象是提高自身就业竞争力之必需,它并非进入职场后才需要经营,而是进入职场前的一门必修课。为此,大学生须在以下方面做好准备。

(一)树立良好职业形象

1. 积极主动确立职业目标

梦想、热情、能力是大学生披荆斩棘的"三把利剑"。在现代社会,大学生面临着无限可能,大学生对未来职业能否作出正确合理的规划,直接关系到未来职业的发展高度和生活幸福度,也关系到大学生能否挖掘自我潜力,实现自我价值。职业目标发展路线是沿着专业技术的发展路线发展,还是向着管理的发展路线发展,还是打算自主创业,成为影响大学生就业的关键因素。

古语讲,"凡事预则立,不预则废"。这就要求大学生在校期间能够确立适合自己的职业目标。因此,大学生从一年级开始就要了解自我,基于个人的兴趣和爱好,以点带面,全面发展,清晰定位自己擅长的领域;二年级则要分析自己的性格和气质,增长学识,培养个人能力,拓展视野;三年级就要根据以上的定位做好充分的准备,认真分析社会环境,有针对性地提高职业技能,进一步缩小选择的范围;四年级就要基于前三年的知识、能力储备作出职业选择,完成从学生到职业者的过渡。

2. 锻造过硬专业素质

专业能力和素质是大学生职业形象的核心内容,亦是大学生综合实力的直接体现。扎实的专业素质是大学生成才立业、立足社会、服务社会、贡献社会的根本保证。古人说:学如弓弩,才如箭镞。其意思就是学问的根基好比弓弩,才能好比箭头,只有依靠广博的见识来引导,才能让能力更好地发挥作用。

因此,大学生除了要掌握扎实的专业理论、知识和熟练的专业技能,还要通过实践实习环节来拓宽自己的知识面,获得实践经验,提升专业素质和能力。只有这样才能获得立足社会、立足职场的能力,也才能有效地拓宽发展空间,增强职场竞争力,从而实现人生价值,为实现中华民族伟大复兴的中国梦贡献青春力量。

3. 锤炼高尚品德修为

"人无德不立,国无德不兴""国有四维,礼义廉耻""大学之道,在明明德,在亲民,在止于至善"。从古至今,良好的品德修为始终是立世之本。

因此，广大青年要锤炼品德修为，"努力扣好人生的第一粒扣子"。

第一，要常怀对党、对国家、对人民、对社会的感恩之心，自觉树立和践行社会主义核心价值观，善于从中华民族传统美德中汲取道德滋养，从英雄人物和时代楷模的身上感受道德风范，从自身内省中提升道德修为，做到明大德、守公德、严私德，追求更有高度、更有境界、更有品位的人生。

第二，要明辨是非、守正创新。是非观是对事物正、反的判断和取舍，恪守正道是中华民族千百年来的品格追求。面对复杂的世界变局、纷繁的网络信息，同学们要作出正确的判断，知道什么事该做、什么事绝不能做，不要想当然，更不能混淆是非、指鹿为马。面对利益的诱惑，要切记"君子爱财，取之有道"，用个人的努力与奋斗去获得丰硕果实。

第三，要厚植家国情怀。在中华民族绵延几千年的历史长河中，家国情怀是我们不变的基因和底色。孟子说："天下之本在于国，国之本在于家，家之本在于身。"作为国家和民族的希望，同学们"不可不弘毅"，要爱家爱国，听党话、跟党走，为实现人生价值打下坚实的基础。

4. 展现良好职业形象

在竞争激烈的求职市场上，如果你不积极展示和推销自己，可能就会失去很多好的就业机会。所以，你要设法把自己最好的一面展示给用人单位，就像著名营销学家杰克·特劳特所说："一旦你奋力爬上山顶，最好是插上你的旗帜并拍些照片。"

（二）提升职业道德修养

劳动者的素质在很大程度上取决于其职业道德修养。习近平指出，在长期实践中，我们培育形成了爱岗敬业、争创一流、艰苦奋斗、勇于创新、淡泊名利、甘于奉献的劳模精神，崇尚劳动、热爱劳动、辛勤劳动、诚实劳动的劳动精神，执着专注、精益求精、一丝不苟、追求卓越的工匠精神。可以说，劳模精神、劳动精神和工匠精神进一步丰富、拓展了新时代职业道德建设的内涵。

1. 向榜样看齐，培养向上向善的劳模精神

劳模精神是劳动模范在职业活动中展现出来的优秀职业素质与职业道德的凝练，集中体现了劳动模范的优秀道德品质，是新时代职业道德建设的价值导向。劳动模范所遵循的正确价值观，既体现出他们对劳动意义与职业追求的认识、理解，更为我们在职业活动中辨析是非、善恶和美丑的界限提供了明确的价值观标尺。

对于大学生来说，要向榜样学习，将职业道德要求转化为具体行动，在日常职业活动中主动践行工作岗位的道德规范，干一行爱一行、钻一行精一行，用合乎职业道德

规范的劳动实践创造精彩的人生,在服务他人、服务社会的平凡岗位中实现自身的人生价值。

2. 劳动最光荣,树立健康积极的劳动精神

劳动是职业道德形成和发展的基础。马克思主义的劳动理论将劳动视为人类社会文明进步和人的自由全面发展的根本动力,恩格斯认为劳动创造了人本身。新时代为我们营造出尊重劳动者的良好社会文化环境。虽然劳动者社会分工不同,因职业岗位差异而形成的收入和待遇也有不同,但所有劳动者都以职业活动的方式为他人和社会作出了贡献。

作为大学生,应该发扬"崇尚劳动、热爱劳动、辛勤劳动、诚实劳动"的劳动精神,杜绝不劳而获、投机取巧和"躺平"享乐的错误行为。崇尚劳动,就是珍爱自己的职业岗位,认可作为劳动者的价值与地位,养成爱岗敬业的道德自觉;热爱劳动,就是要积极看待劳动。只有热爱劳动,才能热爱职业岗位;辛勤劳动,要求我们在职业岗位上积极投入、努力付出,只有辛勤劳动,才能在职业岗位上获得成功;诚实劳动,要求我们保持勤勤恳恳的工作态度,恪尽职守、踏实认真。

3. 择一事终一生,传承弘扬追求卓越的工匠精神

工匠精神是劳动者敬业美德的升华。从古至今,凡是在职业岗位和专业领域追求至臻境界的劳动者,在职业和专业目标锚定后,都能够做到方向不移、坚持不懈、忘我付出。劳动者以其对职业的敬畏、对工作的执着、对产品和服务质量的严格要求,塑造出不断追求完美和卓越的工匠精神,以专业的职业素养升华了"择一事终一生,不为繁华易匠心"的敬业美德。工匠精神要求我们无论从事何种职业、身处何种岗位,都应当对自己选择的职业和工作执着专注、心无旁骛、倾心投入。

现阶段,中国式现代化的实现亟待培养更多集知识、技能、创新和美德于一身的具有工匠精神的劳动者。大学生应当将工作作为职业使命和职业理想,在践行普遍性职业道德规范基础上,主动履行职业义务、职业责任,在"执着专注、精益求精、一丝不苟、追求卓越"的工匠精神感召下,练就高超的专业能力和专业素养,书写属于我们自己的精彩动人的"工匠故事"。

(三) 体现良好职业礼仪

1. 仪容仪表礼仪

仪容仪表干净整洁是职业形象礼仪的基本要求。面部保持清洁,女士淡妆上岗,忌浓妆艳抹,宜恰到好处,男士以整洁和反映自然具有的肤色、五官轮廓和气度为佳;发型保持整齐,发质松软亮泽;手部也要保持清洁,定期修剪指甲,并注意长度

不超过手指指尖；口腔卫生同样重要，要时刻保持口气清新。

2. 服装服饰礼仪

服装应得体大方。男士通常选择西装、深色皮鞋，袜子的颜色应与裤子、鞋同类色。女士可以选择套装或裙子，搭配适当的鞋子和饰品。注意保持整洁，避免过多的装饰或夸张的款式。

3. 仪态礼仪

仪态要保持优雅端庄。保持正确的姿势，避免驼背、弯腰等不良姿势。同时，注意保持微笑和友好的态度，展现出自信和专业的形象。

4. 言谈举止礼仪

言谈举止要得体。注意礼貌用语，尊重他人，避免粗鲁或冒犯性的言辞。在与同事或客户交流时，保持耐心和倾听，避免打断他人或随意插话。同时，尊重他人隐私是重要的礼仪之一。不要随意谈论他人的私人事务或敏感信息，避免给他人带来不适或困扰。

5. 职场办公礼仪

办公室要保持整洁、干净、有序。办公桌应该整理整齐，文件应该分类放置好。在办公室接听电话时要注意礼貌地打招呼，并且简明扼要地询问对方来电意图以便更好地为对方提供帮助或者解决问题。同时，也要注意保持电话畅通以免影响双方通话质量或者造成其他不必要的麻烦。在拨打电话时，要注意时机和时长控制，避免影响对方工作或者休息时间，同时也要清晰地表达自己的意思，避免使用模糊不清的语言造成误解或者延误时间成本等不必要的麻烦。另外，在挂断电话前应该再次确认事情已经传达清楚并且表示感谢之意。在公共场合或者会议期间，应该将手机调至静音或者振动模式，以免影响他人工作或者休息，同时也要注意不要在公共场合大声喧哗或者使用手机聊天，以免影响他人。另外，在使用手机时要注意保护个人隐私，不要随意泄露个人信息，以免造成经济损失或者其他不必要的麻烦。

6. 职场商务礼仪

握手是商务场合最基本的礼仪之一。握手时要坚定、自信，但不要过于强硬。在握手时，要互相问候，避免长时间握住别人的手。名片是商务场合中最重要的社交工具之一。交换名片时，要用双手递上自己的名片，同时接收别人的名片时也要用双手接过。电子邮件是商务沟通中最常用的工具之一。发送邮件时要清晰、简洁地表达自己的意思，避免使用过于口语化或随意的语言。

7. 职场沟通礼仪

职场沟通中要注意语言的选择和使用。使用礼貌、清晰、简洁的语言，避免使用粗俗、冒犯的语言。倾听是职场沟通中最重要的技能之一。在交流中要认真倾听别人的意见和建议,避免打断别人的发言。在沟通中要及时给予反馈,让对方知道自己的想法和意见。同时也要注意接受对方的反馈,及时调整自己的行为和态度。

8. 会议礼仪

在参加会议前应该提前了解会议议程及内容,同时要注意着装得体,符合场合和身份形象要求。另外,在参加会议前,应该提前准备好相关资料或者工具。在发言时,应该注意清晰、简洁表达自己的观点和建议,避免使用模糊不清的语言或者冗长的句子,同时也要注意语速适中,不要过快或者过慢以免影响他人听讲效果。另外,在发言时,还应该注意与其他参会人员保持眼神交流,以便更好地建立信任和合作关系。在发言结束后,应该礼貌地向其他参会人员致谢并等待其他人发言完毕再离开座位。

(四)职业形象塑造的途径

对于大学生而言,大学校园是走近职场的一个关键阶段。在此阶段,重视塑造个人与团队的职业形象管理至关重要,不仅有助于大学生尽快适应新工作环境,还能促进大学生顺利融入职场。为此,大学生可通过积极参与校园活动、积累实习经验以及在社交媒体上构建个人品牌等途径,有意识地塑造和管理自己的职业形象。

1. 校园活动中的职业形象塑造

参加校园活动是塑造职业形象的有效途径,校园活动中的职业形象塑造,要注意以下几点。

首先,要建立重视职业形象塑造的自觉意识与心理准备,这是大学生实现从校园角色向职场角色转变的首要任务。通过参加各类社团活动、志愿服务、学科竞赛等,大学生不仅能够锻炼个人的组织能力、领导能力、沟通能力和团队协作能力,还能在实践中学习如何在职场中展现专业素养与能力。

其次,要主动参与职业规划讲座、模拟面试、职业素质测评、咨询专业人士等活动,了解就业市场新生态、就业形势新趋势、就业政策新变化。通过参加各类校园模拟创业竞赛、学术讲座和社团管理等活动,大学生可感悟如何在正式场合着装得体,学习如何进行有效沟通和协作,以及思考如何展现专业特长、成果及价值观。不可否认,校园活动中获得的领导经验、项目管理能力和人际交往能力、团队协作能力,都是职场中极为看重的素质。

最后,要利用校园资源,如图书馆、在线课程等,培育职业素养,逐步塑造出符合个人职业定位和期望的良好职业形象。爱迪生说:"我没有失败,我只是发现了10 000种行不通的方式。"职业形象的塑造是一个多维且复杂的过程,不仅仅涉及外表的装扮,更涉及个人态度、专业能力、沟通技巧、职业素养以及个人品牌等多个方面。因此,大学生应珍惜在校园活动中的实践锻炼,分析借鉴成功人士的职业形象塑造经验,预测未来职场的发展趋势与挑战,并制订出相应的解决方案与调试策略。

2. 实习过程中的职业形象塑造

实习过程中的职业形象塑造至关重要,不仅可以帮助大学生运用所学知识解决实际问题,还可以帮助大学生学习如何在职场中建立良好的人际关系。大学生可以运用职业发展理论家埃德加·施恩(Edgar Schein)的职业发展模型,通过对个人在实习期间职业形象塑造的不断尝试和反馈,逐步构建起自己的职业身份。这种身份的构建,正是职业形象塑造的核心所在。

实习是大学生展示自我和学习职场规则的重要平台,能够帮助大学生清晰地认识到个人的职业定位,理解职业形象在实际工作中的重要性。在实习中,大学生通过观察和模仿职场前辈的行为,学会了在不同工作场合中如何遵守职场礼仪,并避免职场禁忌。通过参与项目会议,大学生学会了如何专业地表达个人的观点,从而展现出良好的职业素养和职业形象。

实习是大学生了解和学习职场文化的重要机会,大学生积极适应并融入其中,能够直观地体验职场文化。每家企业都有其独特的制度和规则,构成其单位的精髓。初入职场时,大学生要对职业单位的制度、规则深入了解并严格遵守,要了解并融入职业单位文化,建立良好的人际关系,打造自己的社交圈,以便在工作中遇到困难时能够得到帮助。

此外,实习还能够促进大学生将所学知识应用于实践,尤其是实习过程中能够发现个人知识储备和能力方面的不足,从而有效地增加知识储备,提升个人能力与专业素养,从而更好地应对实习中的挑战和需求。这种积极主动的学习态度,是塑造良好职业形象的重要组成部分,也是职场成功的关键因素。

3. 社交媒体中的职业形象塑造

社交媒体不仅改变了人们的交流方式,也深刻影响了职业形象的认知和构建。在当今数字化时代,社交媒体已成为大学生塑造职业形象的重要平台。《We Are Social:2023年全球数字报告》显示,目前全球有51.6亿互联网用户,47.6亿社交媒体用户,占全球总人口的59.4%,其中大学生群体占据了相当大的比例。人们每天花在社交平台上的时间已超过2.5小时。如LinkedIn(领英)作为职业社交网络的代表,为大学生提供了一个展示专业技能、建立行业联系和学习行业动态的平台。

大学生通过精心策划的个人资料、分享行业见解和参与专业讨论,能够在潜在雇主面前展现自己的专业形象和职业素养。

社交媒体上的互动和反馈机制为大学生提供了即时的反馈和自我评估的机会。通过观察点赞、评论和分享等指标,大学生可以了解公众对其职业形象的接受程度和反应,进而调整自己的社交媒体策略。在塑造职业形象时,大学生可以运用"个人品牌管理模型",明确自己的职业目标和价值观,有目的地发布内容,同时积极维护网络形象,确保其与个人职业发展目标相一致。

在社交媒体上的互动要具备独特性,即在维持专业性的同时,要展现个人的风格与魅力。首先,建立一个专业化的在线形象是关键。这包括定期更新与职业目标相关的积极内容,如学术成就、实习经验、行业见解等。其次,运用适当的隐私设置来控制个人信息的可见度,确保潜在雇主只能看到正面且专业的信息。利用社交媒体分析工具来监控和评估他们的在线形象。通过社交媒体互动情况,分析哪些类型的内容最受欢迎,哪些可能需要改进,从而优化职业形象内容策略。通过这些分析,大学生可以更好地理解如何在社交媒体上塑造和维护一个积极的职业形象。

社交媒体的双刃剑效应也不容忽视。社交媒体上的不当言论或行为会影响到求职机会。超过50%的招聘经理会通过社交媒体来评估求职者,其中不适当的照片、负面评论或不准确的言论,都可能导致求职者失去工作机会。因此,大学生在使用社交媒体时,要意识到其内容管理的重要性,采取策略来维护和提升自己的职业形象。同时,大学生在使用社交媒体时需要更加谨慎,以避免负面信息对个人职业形象造成损害。

(五) 职业形象的持续优化

1. 定期审视职业形象的适宜性

在职业形象优化的过程中,应通过自我评估与反馈机制定期检查职业形象的适应性,帮助个人识别自身在职业形象塑造方面的优势和不足,为持续改进职业形象提供方向和动力。大学生可以利用职业形象自我评估工具,如SWOT分析(优势、劣势、机会、威胁),识别个人在专业能力、工作态度和价值观方面的强项和待改进之处。可以运用360度反馈模型,从朋友、同学、老师等多个角度收集关于个人职业形象的反馈信息,从而获得一个全面的自我认知。这种多角度的反馈,能够看到自我评估中被忽视的盲点。

根据反馈结果,大学生应当设定具体、可衡量的目标来提升职业形象,比如参加沟通技巧培训或改善着装风格。如今,数字化转型已成为许多行业的核心战略。因此，大学生需要掌握数据分析、数字营销等技能，利用新兴的行业趋势，如人工智能、远程工作和可持续发展来更新职业形象。通过不断学习和实践，定期的自我评估和反馈循环，能够确保职业形象的优化与行业趋势保持同步，从而在职场中保持竞争力和影响力。

2. 适时调整个性化的职业形象

每个人都有独特的个性、技能和职业目标，因此，一个固定不变的形象塑造方案并不适合所有人。根据MBTI性格类型理论，内向的INTJ型个体可能需要更多地展现其深思熟虑和战略规划的能力，而外向的ESTP型个体则可能需要强调其在团队合作和快速应变方面的能力。通过个性化的策略调整，个体可以更好地展现其独特的优势，从而在职场中脱颖而出。

个性化策略调整还涉及对个人所处行业趋势的敏感度和适应性。通过分析行业趋势，识别哪些技能和知识将成为未来市场的稀缺资源，并据此调整个人的专业发展路径。麦肯锡研究报告预测，未来十年内，约有8亿全球工人将因自动化和人工智能而面临职业转换。面对这样的行业趋势，大学生必须灵活调整自己的职业形象，以适应市场的需求。

3. 持续推进职业形象的优化提升

在职业形象优化的长期规划与目标设定中，大学生应设定具体、可衡量、可实现、相关性强和具有时限性的SMART目标，也可设定在未来一年内通过参加至少三个行业相关的研讨会来提升专业技能，并在社交媒体上分享所学，以增强作为行业专家的形象，确保其职业形象能够持续成长并适应不断变化的职场。

跨界技能培养对大学生制订长期规划至关重要。随着科学技术的不断进步和全球化的影响，职场对多技能人才的需求日益增长。世界经济论坛《2023年未来就业报告》发现，到2027年，分析性思维、创造性思维以及人工智能和大数据能力将成为职场人才最需要的技能。对领导力与社会影响力以及好奇心与终身学习能力等其他技能的需求预计将不断增长。因此，大学生需要提前规划，通过积极参加跨学科的培训课程，参与不同领域的项目工作，借助网络平台学习新的行业趋势，与来自不同背景的专业人士进行网络媒体交流等方式来提升跨界技能。

在职业形象的持续优化过程中，心理调适与自我激励是不可或缺的内在动力。心理学家亚伯拉罕·马斯洛的需求层次理论中，自我实现处于较高阶段，而职业形象的持续优化正是实现个人潜能和自我价值的重要途径。在这一过程中，个体需要不断地进行自我评估，识别自身在职业形象塑造中的优势与不足，从而制定出切实可行的优化策略。据心理学家卡罗尔·德韦克的成长心态理论，个体应将挑战视为成长和学习的机会,而不是失败的标志。在职业形象优化的过程中,个体应将遇到的困难和挫折视为提升自我和塑造更佳职业形象的契机。

在实际操作中,大学生可以通过多种方式来实现职业形象的持续优化。例如,定期参加专业培训和研讨会,以保持与行业发展同步;也可以通过阅读相关书籍、文章或观看教育视频来不断充实自己;还可以通过建立个人品牌,如撰写行业相关领域的博文或参与公共演讲,展示自己的专业知识和独特见解,从而在职场中树立起良好的职业形象。

 案例导读

相关企业对简历的偏好

华为:喜欢低调务实的人

华为的员工秉承了公司创始人任正非所倡导的核心价值观——低调、务实和团队合作精神。在招聘过程中,华为特别重视应聘者的团队合作经历,认为团队合作精神的重要性远超个人技术能力。即便个人能力卓越,若缺乏团队协作精神,亦难以获得公司的青睐。作为通信行业的领军企业,华为的产品具有高度标准化和低可替代性的特点,因此公司更倾向于追求"规范""标准""效率",而非仅仅强调"创造力"。此外,公司文化中强调的低调和务实态度同样至关重要。即便在华为被公众誉为"民族英雄"之际,任正非也多次公开强调"华为是一家民营企业",并劝导消费者不应仅基于爱国情感而选择华为产品。为了选拔符合这些特质的员工,华为还设有特色的性格测试。因此,对于期望获得华为工作机会的求职者而言,除了具备技术能力外,性格特质同样是一个关键考量因素。

字节跳动:喜欢理性派的人

字节跳动近年来成为有意进入互联网行业的应届毕业生的首选雇主,以其优厚的薪酬和福利著称。公司特别青睐那些以数据为导向、擅长理性分析的求职者。在字节跳动,任何创新想法都需经过数据验证,数据是决策的最终依据。公司旗下的产品,如今日头条、悟空问答、火山小视频等,其命名和App设计细节都是经过大量市场测试和AB测试优化确定的。因此,对于有意加入字节跳动的候选人,无论申请的是运营、产品开发等技术岗位,还是财务、法务、人力资源等保障职位,都必须展现出对数据的敏感性和分析能力,这一要求体现在整个招聘流程中,包括简历筛选、笔试和面试。

美的:喜欢自律韧性的人

美的集团是一家业务多元的全球科技企业,涉及智能家居、工业技术、楼宇科

技、机器人与自动化以及数字化创新等多个领域。公司专注于技术研发和产品创新,旨在成为提供全屋智能家居及服务的高科技企业。在招聘过程中,美的集团强调自律、韧性和变革创新的文化价值观,并通过实施轮岗制度,致力于提升人才的多元化和多样性。同时,公司高度重视求职者的研发创新能力,并持续增加研发投入,以攻克技术难题。

来源:搜狐网

相关链接

• 面试自我介绍模板(专业不对口)•

基本信息:

您好,我叫×××,在××大学读××专业。非常感谢给我这次面试机会。

和岗位相关的在校经历:

虽然专业不对口但是凭借超强的学习能力和自控能力,在保证本专业学习的基础上,还考取了其他技能证书,参加了许多社会实践:

(1)我考取了技能证书,(根据自己的实际情况列举)包括英语四六级证书、计算机等级证书、普通话证书、职业类证书(如教师资格证、会计专业技术资格证)。

(2)我比较喜欢××(和岗位相关),曾在××单位担任××职务,期间不断学习××技能,取得了××成就,现在已经可以熟练使用××软件。

(3)(和岗位相关的项目、比赛、活动等)我还参加了××比赛,获得了××奖;我主动发起了××活动,有××人参与;我参加了××项目,取得了××成果……

实习经历:

我曾经有过×份实习经历(可列举1—2个和岗位相关的、有成果的例子),××年在××公司××部门,负责××工作,取得了××成就。

稳定性:

基于大学期间的种种尝试,现在我非常清楚以后的职业方向了,就是××(面试岗位),而且在校期间我已经初步掌握了相关技能和做事方法,相信入职以后可以有更大的进步。

最后总结:

好的,我的整体情况就是这样,我相信自己可以很好地胜任这份工作,希望贵公司可以给我这个机会。

【思考题】

1. 你怎样看待大学生"慢就业"现象？对于这种现象，你有什么对策？

2. 吴某，某高校文秘专业高材生，毕业后就职于一家公司做文员。为适应工作需要，上班时，她毅然放弃了"青春少女妆"，化起了整洁、漂亮、端庄的"白领丽人妆"：不脱色粉底液，修饰自然、稍带棱角的眉毛，虽化了妆，却好似没有化妆，整个妆容清爽自然，尽显自信、成熟、干练的气质。但在公休日，她又给自己来了一个大变脸，化起了久违的"青春少女妆"：粉蓝、粉绿、粉红、粉黄、粉白等颜色的眼影，彩色系列的睫毛膏和眼线，粉红或粉橘的腮红，自然系的唇彩或唇油，看上去青春有活力，鲜亮淡雅，整个身心都倍感轻松。心情好，自然工作效率就高。一年来，吴某以自己得体的外在形象、勤奋的工作态度和骄人的业绩，赢得了公司同仁的好评。

你如何评价吴某的两种妆容？对"化妆不只是技术，还是一门艺术、一种生活"这句话你是如何理解的？

3. 请结合你的求职目标，根据简历要素的要求完成求职简历的撰写。

第七章

自主创业

教学目标

知识目标：了解创业政策，认知创业的基本内涵和创业活动的特殊性，掌握创业的基础知识和基本理论，熟悉开展创业活动的基本流程和基本方法。

能力目标：培养学生识别创业机会、挖掘创业市场、防范创业风险、快速行动的创业能力。

素养目标：培养学生的企业家精神，即社会责任感和奉献精神、懂感恩愿回报的道德素养，以及勇于挑战自我、创新探索、创业实践和创造价值的精神内涵。

本章导语

　　党的二十大报告指出,要完善促进创业带动就业的保障制度,支持和规范发展新就业形态。什么是创业?为什么创业?如何创业?对于这些基本问题不同回答折射出不同的人生观、价值观和创业观。创业是一系列品质和能力集合的过程,无论是个人、组织,还是社区、社会,只有具备这些品质和能力,才能在面对不确定、变革和挑战的时候,具有更大的灵活性、创造性和适应性。创业者所共有的创业品质和创业精神是可以通过教育和训练来培养的。对于怀揣创业梦想的大学生而言,只有不断优化自身的知识结构,储备丰富的创业知识与素养,方可成为高素质创新创业人才。本章主要在创业认知、创业策略、风险防范三个方面帮助大学生全面认识创业并为此做好准备。

第一节　创业认知

 案例导读

创业孵化基地的刷卡自助洗车机

某工业大学机械专业学生小李，在校期间，设计并推出了一款创新的刷卡自助洗车机，它集免维护、环保节能与智能切换泡沫和清水等特性于一身。此款洗车机自面世以来，迅速赢得了市场的青睐，不仅在全国范围内多个省市实现了销售覆盖，还取得了年销售额突破千万元的佳绩。更为重要的是，这一项目的成功还激励了上百名校友投身于创业与就业的浪潮中，共同推动了相关产业的发展。

小李创业的成功不是偶然，而是与国家和学校的创业政策的鼓励密不可分。步入大学后，她偶然接触到了学校的创业孵化培训班，学会了进行创业自我评估，掌握了创业的基础步骤和技巧，同时对国家的法律规章及政策有了深入的理解，于是，产生了创业想法。她参加了学校组织的创业比赛、创业沙龙、讲座、项目路演等，组建了自己的创业团队，并在老师的带领下演练、模拟公司的成立和运营。通过与其他创业团队同台竞争脱颖而出，她获得入驻学校创业孵化基地的机会。

设计刷卡自助洗车机的创意，源于她大二时春节回家的一次经历。她回到家中，注意到自家门前洗车点"150元一次"的牌子，尽管价格不菲，但顾客依然络绎不绝。她想到，如果人们能够自己动手清洗车辆，既能节约金钱又能节省时间。她想要制造一种简易洗车装置，于是，她购买了市面上的自助洗车设备进行分析，发现这些设备的性能很不稳定，通常使用两个月就会出现各种问题，需要频繁维修。为了改善这一状况，她向机械专业的老师寻求帮助，并希望借助更先进的技术和设计，打造出一台更加可靠的洗车机器。在老师和同学们的支持下，她终于找到了最优的研发方案，顺利进入学校的创业孵化基地，利用技术优势吸引了企业的投资支持，创立了自己的自助洗车机品牌。

目前，创业已经成为大学毕业生就业的一种新选择，但创业未必适合每一个人，并且创业失败比择业失败损失更大，需要我们慎重作出选择。

随　笔

一、创业精神

（一）创业的内涵

美国著名的经济学家富兰克·奈特最早定义了创业，他认为创业是一种能力，这种能力有助于人们成功地预测未来。后来，美国经济学家蒂莫西·盖特纳利用德尔菲法探究创业的概念，认为创业包括了创业者的个人特征和创业行为的结果。创业者的个人特征包括人格、创新性、独特性、开拓和发展新的事业；创业的结果包括价值的创造、追求利益、成为企业的所有者和管理者，以及组织的创建。英国经济学家詹姆斯·莫里斯梳理了在欧美的创业中心期刊和主要教材上出现的77条创业定义，通过在这些内容中出现关键词的频率，揭示创业内涵。在77条定义中，出现频率较高的词组主要有：开创新事业，建立新组织，创造新资源组合，创造机会，捕捉机遇，风险的承担和价值的创造。

 案例导读

返乡创业的"新农人"

小程，是一个土生土长的农村孩子。他所在的村庄三面环水，风景优美，却面临交通不便的难题。大学毕业后，他放弃了待遇优厚的工作岗位，扛起背包返乡创业。

"以前村里的农民只靠种地赚钱，几乎没有其他收入，优质的大米卖不上好价钱。"他认为，解决当前困难的重要突破点是让村民参与村集体经济发展，共享发展红利。因此，他回乡的第一件事，就是开始学习农业经营管理。他利用专业知识，对他们村发展进行设计和策划。很快，他们村形成了"村集体＋公司＋农户"的新模式，村集体负责统一谋划，企业来具体运营，村民把自建房屋改造成民宿、农家乐。

2018年，小程成立了某生态农业有限公司，同时创建了某大米专业合作社、米业加工厂和旅游度假村。在他的带领下，村里陆续开了9家农家乐和家庭旅馆，每年接待游客约15万人次。

通过乡村游的引流，他以创业带动就业，把"农闲"变为"农忙"。近几年，成功带动本村及周边村民共5 000余人增收致富。农民利用农闲时间在公司打工赚钱，也参与村集体、公司的分红。经过多年的发展，他们村如今已成为集乡村旅游、新型农业、精品民宿为一体的现代化村庄，成了远近闻名的"网红村"。

来源：新华网

尽管社会对创业的定义各不相同，但我们对创业可以有一种较为宽泛的看法：创业就是发现并捕捉机遇，从而创造新的产品、服务，或者实现其潜在价值。

（二）创业精神的要义

创业精神是指在创业者的主观世界里，那些具有开创性的思想、观念、性格、意志、作风和品质等。一般认为，创业精神主要包含以下几个方面。

1. 勇于创新

创新是一个民族进步的灵魂，是一个国家兴旺发达的不竭动力，也是中华民族最深沉的民族禀赋。谁排斥变革，谁拒绝创新，谁就会落后于时代，谁就会被历史淘汰。不创新不行，创新慢了也不行。如果我们不识变、不应变、不求变，就可能陷入战略被动，错失发展机遇，甚至错过整整一个时代。实施创新驱动发展战略，是应对发展环境变化、把握发展自主权、提高核心竞争力的必然选择，是加快转变经济发展方式、破解经济发展深层次矛盾和问题的必然选择，是更好引领我国经济发展新常态、保持我国经济持续健康发展的必然选择。

富有创业精神的人也往往是最具创新能力的人。为了在激烈的商业竞争中获得领先优势或者生存下来，创业者需要不断创造新的模式，研发新的产品或服务，引入新的工作方法。只有最富有创新意识和创新能力的人，才能在艰苦创业中走到最后，直至拨云见日。

2. 雄心壮志

雄心壮志是一个创业者必须具备的精神。创业者的雄心壮志是影响企业未来的重要因素，也是将企业建设成为一家成长型企业的必备条件。大多数企业都会低调地开办并长期缓慢发展，但是创业者的雄心往往会帮助企业很快地度过这段时间并使企业迅速成长。具有这一精神的创业者往往会更多地考虑企业今后的发展，有将事业做大、做强的决心，在这样的决心之下，往往能够提升企业的发展动力。

3. 坚持不懈

坚持不懈，就是勇于克服困难和挫折，对要达到的目标不轻易放弃。创业者应该根据市场需要和变化，确定一个正确的、催人奋进的目标，并带领员工在逆境中实现这个目标。在确定方向和目标后，创业者要一步步地朝既定目标前行，纵有千险万难、迂回曲折，也不会轻易地改变原意、半途而废。坚持不懈的精神一直激励着无数创业者在迷茫失落的日子里直面失败，吸取教训，继续在创业的大道上阔步前行。只有坚持不懈的创业者，才有可能创业成功。

（三）创业者的社会责任

创业者手握开启世界变革的钥匙，是引领创新、驱动经济增长和促进社会进步的重要力量。因此，在创业的征途中，创业者们必须成为道德准则的坚定守护者和积极承担社会责任的表率。这不仅是创业成功的关键保障，也是成功创业者不可或缺的核心品质。

企业的社会责任（Corporate Social Responsibility，简称 CSR）涉及企业在追求经济利益、确保股东权益的同时，亦需积极履行对各利益相关者的责任，致力于保护他们的合法权益，使其能够在经济、社会、环境等多个维度上可持续地发展。

2024 年 7 月 1 日起施行的《中华人民共和国公司法》修订版（简称《公司法》）第十九条规定："公司从事经营活动，应当遵守法律法规，遵守社会公德、商业道德，诚实守信，接受政府和社会公众的监督。"第二十条规定："公司从事经营活动，应当充分考虑公司职工、消费者等利益相关者的利益以及生态环境保护等社会公共利益，承担社会责任。国家鼓励公司参与社会公益活动，公布社会责任报告。"这两条法律规定将企业社会责任的理念纳入基本条款之中。由此可见，企业社会责任在我国获得了法律层面进一步的认可。国家政策的指向非常明确，积极倡导企业承担社会责任并公布其企业社会责任报告。

加强创业者社会责任已成为现实问题。新企业在成立之初就应当明确承担企业社会责任，这是人类社会发展与进步的显著标志。创业者应从以下几个方面增强其承担社会责任的意识与能力。

第一，制定并实施体现企业社会责任的竞争战略。在勇于承担社会责任的同时，打破传统企业竞争战略的局限，塑造企业新的竞争优势，这已成为我国新一代创业者的必然选择。

第二，将企业社会责任意识建设融入企业文化建设之中。企业文化建设是企业发展战略的一部分，不仅能提升企业的竞争力，还能让员工在工作中感受到生命的价值。企业社会责任意识已经成为企业文化整合与创新的关键要素，并且是全球企业文化进步的主要方向。

第三，将企业社会责任的抽象理念转化为具体可行的实践举措。在企业的日常经营管理中，企业不仅要履行承担对股东和员工的社会责任，还需兼顾维护客户与供应商的权益，同时还应积极承担生态环境保护等社会公共利益的职责。

第四，创业者应注重企业社会责任的创新。创业者需要不断探索和尝试新的社会责任实践方法，如利用互联网技术开展公益项目、通过共享经济模式促进资源的合理利用等。创新不仅能够提高企业的社会责任实践效率,还能为企业带来新的发展机遇。

第五,创业者应重视企业社会责任的评估与反馈。企业社会责任的实践是一个持续改进的过程,需要建立一套科学的评估体系,了解其在经济、社会和环境方面的表现。创业者应积极倾听来自各方的反馈意见,及时调整和优化社会责任策略,确保企业社会责任实践的持续性和有效性。

利益相关者

二、创业者

(一)创业者素质

创业者素质是指创业者身上应当具有的特殊品格与个性,它是随着创业活动的发展而不断提高和逐步完善的。创业者素质是影响创新型企业成败的关键因素之一。一般认为,成功的创业者需要同时具备过硬的身体素质、心理素质和文化素质。

1. 身体素质

强健的体魄是创业成功的首要前提。创业初期,受资金、环境等方面因素的限制,许多事情都需要创业者亲自去做,他们要不断思考和改进经营状况,加上长时间的工作和巨大的压力,如果没有健康的身体、饱满的精神状态和敏捷的思路,必然是力不从心,难以承担创业的重任。身体是革命的本钱。如果要创业,就必须有一个健康的身体,因此在日常生活中,创业者要注意锻炼身体。

2. 心理素质

创业者的心理素质主要包含创业意识、责任意识、合作意识三个方面。

(1)创业意识

要想获得成功,创业者就必须有强烈的自我实现和追求成功的创业意识。强烈的创业意识可以帮助创业者在创业之路上克服各种艰难险阻,把创业的目标当作自己人生的奋斗目标。创业成功是长期努力的结果,事业上的成功始终属于有思想准备的人,也始终属于具有创业意识的人。有了强烈的创业意识,创业者就会更加积极地挖掘自身潜力,营造创业氛围,积极为创业提供条件。创业意识是不断提升、不断累积的复杂过程,其形成包括创业需求、创业兴趣、创业动机、创业理想和创业信仰等阶段。

(2)责任意识

决定一个创业者成功的最关键因素并非智商、领导能力和沟通能力,而是责任意识。只有那些善于、勇于承担责任的创业者,才是可信赖的创业者。责任感是促进创业者勇往直前的动力之源,成功的创业者应该具有很强的责任感。创业是一种社会活动,是各利益相关者合作运营的系统,只有对各利益相关者都负责任的创业者才能赢得大家的认同。创业者应该把责任植于内心,使其成为大脑中一种强烈的意识,在日常行为和工作中,这种责任意识会使创业者的表现更加出色。

(3) 合作意识

社会发展至今,行业的分工逐渐细化,没有一个人能独立完成创业所需的所有工作。真正的创业者是善于合作的,并且能够将这一合作意识延伸到企业员工中去。面临困境,只有有合作意识的团队成员才能集结起来共同面对。在创业之路上,通过各种形式与周围人进行有效交流和沟通,可以提高办公效率,增加成功机会。在创业过程中,需要和客户交流,与媒体交流,与销售商交流,与员工交流等,这些交流可以排除障碍、化解矛盾、降低工作难度、增加信任度,从而促进企业发展。一个缺乏合作意识的创业者,不可能把事业做大。

3. 文化素质

自信心是克敌制胜的法宝,文化自信是更深层次的自信。文化素质是在知识社会取得成功的必要素质。一个人的文化素质通常集中体现在思想道德、专业知识和思维方式等方面。思想道德素质既是文化素质的主要内容,也是大学生创业成功必不可少的条件。人的文化修养,不仅表现在思想道德与专业知识方面,还集中体现在人们的思维方式上。思维方式是人们文化素质的最终表现方式。作为创业者,要不断转换思维,切不可思想僵化。

(二) 创业者的性格

性格决定命运,这是心理学家荣格的观点。对于创业者而言,良好的性格对创业者的创业之路会起到主要影响。也就是说,创业者的性格特征不仅影响创业者对创业机会的把握,还对创业者创业活动的开展以及对创业风险的调控有很强的影响力。被用来广泛分析创业者人格特征的分析模型之一的"大五模型",对创业者的性格可以进行比较科学的测定。

大五模型从五个维度来对人的性格特征进行测度,分别为开放性(Openness)、尽责性(Conscientiousness)、外向性(Extraversion)、宜人性(Agreeableness)和神经质性(Neuroticism)。

1. 开放性与创业者的性格

开放性反映了个体对环境的认知风格。开放性维度高者会有更强的好奇心,更有创造力和想象力,思维更加跳跃,是不依从习俗的、独立的思想者。与之相反,开放性维度低者会更趋于传统,思维比较迟钝。面对创业环境的不确定性,开放性维度高者会表现出更加开放的态度;开放性维度低者则会表现出回避态度,思维更加局限,缺乏创造性。

2. 尽责性与创业者的性格

尽责性反映了个体管理控制自己的能力和行为的坚持性,是一个人自律与否的重要指标。尽责性强者会倾向于严谨、自律,有很强的使命感,他们深知责任的重要意义,在完成任务上会更加努力,会通过奋斗获取成就找到自尊,遇到压力时,会对于压力的感知程度更低,更不易产生抑郁、消极情绪。尽责性差者倾向于懒散、冲动,做事不可靠,在遇到压力时,会相当敏感,容易被困难吓倒,还会产生不良情绪。

3. 外向性与创业者的性格

外向性维度高者喜欢社交,积极主动,富有冒险精神,倾向于体验多种人生经验,对多领域保持热情,面对压力时能将情绪发泄出来。反之,低外向者安静祥和、谨慎、缺乏活力,更加享受独处的时间,倾向于对事物进行深度的钻研,讨厌冒险,对刺激不感兴趣,面对压力时能将压力憋在心里不外放,表面看似风平浪静实则内心暗流涌动。

4. 宜人性与创业者的性格

宜人性反映了个体对待他人的态度。宜人性高的创业者比较友善、有同情心、乐于助人、亲和力强,这就决定了他们在群体中会得到更高的信任度。宜人性低者往往不易信任他人,容易猜忌别人,与人交往时会表现出戒备心强,自私,对别人的痛苦没有强烈的感受。这就导致其在群体中由于人际关系不良最终影响人格的健全。因此,注重创业者高宜人性的培养至关重要,尤其现代社会中的团队合作更需要宜人性高的创业者。

5. 神经质性与创业者的性格

神经质性主要是反映了个人的情感调节能力。神经质性表明一个人情绪的稳定性,而情绪是否稳定是判断人格是否健全的重要指标。在神经质维度上得高分的创业者更容易体验到消极情感,更容易情绪化,这导致他们在应对外部压力时的表现相对更差。在神经质维度上得分低的创业者平时会倾向于冷静、放松,不易出现极端和不良的情绪反应。

(三) 创业者的能力

创业者需要具备相应的能力,包括组织领导能力、交往协调能力、政策察视能力、专业技术能力、商业洞察能力等。

1. 组织领导能力

组织领导能力主要包括战略管理能力和决策学习能力。战略管理能力包括战略思维、战略规划和设计等，是一个创业者的核心领导能力。正确决策是保证创业活动顺利进行的前提。决策正确，要求创业者应具有较强的信息获取和处理能力，能敏锐地洞察环境变动中所产生的商机和挑战，形成有价值的创意并付诸创业行动。

2. 交往协调能力

交往协调能力是指能够友善地处理与公众之间的关系，以及能够协调下属各部门成员之间关系的能力。创业者应该做到妥善处理与外界的关系，尤其要争取政府部门、工商以及税务部门的支持与理解，同时要善于团结一切可以团结的人和力量，求同存异，协调发展，做到不失原则、灵活有度。

3. 政策察视能力

政策察视能力是指理解、把握、运用政策的能力。创业者需要有一定的政治敏锐性。通常而言，创业者敏锐的政策察视能力主要体现在以下两个方面：一是要时刻关注政府行动，从中收集相关信息，并以此为依据不断调整企业的发展方向；二是通过研究国家的相关法律、政策，尤其是新近颁布的相关法规与政策，联系实际情况，作出有利于企业发展的重要决策。

4. 专业技术能力

专业技术能力是指创业者掌握和运用专业知识进行专业生产的能力。专业技术能力的形成具有很强的实践性。许多专业知识和专业技巧要在实践中摸索，逐步发展、完善。创业者要重视在创业过程中积累专业技术方面的经验和训练职业技能，使理论知识和经验在加深理解的基础上得以提高、拓宽；对于新知识和经验要勇于探索，在探索的过程中要详细记录，认真分析，进行总结、归纳，上升为理论，形成自己的经验特色。

5. 商业洞察能力

商业洞察能力是指深入事物或问题的能力，是人们对个人认知、情感、行为的动机与相互关系的透彻分析。商业社会要谋求发展，则要求个人必须有较强的发现新兴事物、发现现有事物之发展方向的能力。创业者的商业洞察能力，在对商业机会的快速反应中显得尤为重要。

三、创业团队组建

当我们拥有了一个有市场切入点的产品雏形或产生一个有市场潜力的创意后，

下一步就是组建一个合适的创业团队（见图7-1）。在硅谷流传着这样一句话：一个哈佛MBA加上一个麻省理工的博士就是获得风险投资青睐的有效保障。一个优秀的团队组合，既要考虑成员各自不同的专业背景，以形成学科间的交叉融合，还要注意性格和思维上的互补，以保证团队在思考问题时的多元化和多角度。

图7-1 创业团队必备的三类人员

不同类型的创业项目所需的团队不一样，其创建方法也不尽相同。概括来讲，组建程序包括以下几个环节。

1. 明确创业目标

创业团队的总目标就是要通过完成创业阶段的技术、市场、规划、组织、管理等各项工作，实现企业从无到有、从起步到成熟。总目标确定之后，为了推动团队最终实现创业目标，可把大目标分成许多容易达成的、可衡量的、能在短期内实现的小目标，使团队更有前进的动力。

2. 制订创业计划

在确定了总目标及阶段性子目标之后，还需要研究如何实现这些目标，这就需要制订周密的创业计划。创业计划是在对创业目标进行具体分解的基础上，以团队为整体来考虑的计划。创业计划确定了在不同的创业阶段需要完成的阶段性任务，通过逐步实现这些阶段性目标来最终实现创业目标。

3. 寻求合作伙伴

招募合适的人员是创业团队组建最关键的一步，一般主要考虑两个方面。一是互补性，即考虑其能否与其他成员在能力或技术上形成互补。一般创业团队至少需要管理、技术和营销三个方面的人才。二是适度规模，适度的团队规模是保证团队高效运转的重要条件。团队成员太少则无法实现团队的功能和优势，而过多又可能会产生交流的障碍，还有可能会分裂成许多较小的团体。一般认为，创业团队的规模控制在2—12人最佳。

4. 划分团队职权

为保证团队成员执行创业计划并顺利开展各项工作，就要妥善处理好团队成员的各种权利和利益关系，预先确定好谁适合从事何种关键任务和承担相应的责任，做到权责分明。划分团队职权既要避免职权的重复，也要避免无人承担责任造成工作上的疏漏。此外，由于还处于创业过程中，创业环境又是动态复杂的，不断会出现新的问题，团队成员也在不断更换，创业团队成员的职权也应根据需要不断地进行调整。

5. 构建制度体系

创业团队制度体系体现了创业团队对成员的管理和激励能力，主要包括团队的各种约束制度和各种激励制度。一方面，创业团队通过各种相关制度（主要包括纪律条例、组织条例、财务条例、保密条例等）确定成员的行为规范，保证团队的稳定秩序。另一方面，创业团队要建立有效的激励机制（主要包括利益分配方案、奖惩制度、考核标准、激励措施等），使团队成员看到自己的职业发展前景，对未来的发展充满希望和动力。要实现有效的激励，必须把成员的收益模式界定清楚，尤其是关于股权、奖惩等与团队成员利益密切相关的事宜。创业之初的相关制度最好形成具有法律效力的文书形式，使团队成员明确与个人利益相关的各项事宜。

6. 团队的调整融合

任何事情都不可能在最初就计划周全，创业团队在运营过程中，会遇到新问题、新矛盾，这就需要在企业发展过程中不断进行相应的调整。随着公司的成长和团队的运作，团队在人员匹配、制度设计、职权划分等方面会显现出不合理之处，团队成员的职权要根据需要不断进行动态调整，使企业保持行为和意志的一致性，能够持续保持企业的活力。在进行团队调整融合的过程中，最为重要的是要保证团队成员间经常热情真诚、积极有效地沟通与协调，及时化解误解和不信任，形成强大的凝聚力，创建和谐高效的团队。

四、创业的类型

（一）自主型创业和企业内创业

根据新企业建立方式的不同，可以将创业划分为自主型创业和企业内创业。

1. 自主型创业

自主型创业指的是从零开始的创业，要求创业者充分发挥自己的能力，结合现实经历，充分实践自己的想法。这需要统筹现实生活中各方面的有利因素，使其得到充分应用。在这种创业的过程中，由于一切都是从头开始，所以会在一段时间里保持相对新鲜的感觉，不会重复繁杂的工作。自主型创业分为三种具体类型：创新型、从属型和模仿型。

2. 企业内创业

企业内创业是指相对成熟的企业为了保持经济增长以激发企业的活力，授权企业内部的人员创业，并提供资金、技术支持创业人员。每一个产品不可能永久性满足消费者的需求，它们只有在一定时间和条件下才会受到欢迎。一个企业只有在创新的环境下，才能不断地研发新的产品，并投身市场，从而保持生命力。创业需要的理念和文化,在成熟企业发展的过程中同样是必不可少的,需要创业者在企业内部利用并整合公司的资源。企业的创业过程是一种动态的过程。正是通过二次创业、三次创业甚至连续不断地进行创业,企业的生命周期才会不断得到延长。

(二) 依附型创业、尾随型创业、独创型创业和对抗型创业

根据创业风险的高低,创业通常可以分为依附型创业、尾随型创业、独创型创业和对抗型创业。

1. 依附型创业

依附型创业有两种形式。一是与大企业或行业链相依附。负责一个产业链中的一部分,为大型企业提供服务。二是特许经营权。利用特许人品牌效应和成熟的管理模式,以受许人身份经营创业,主要依靠大型企业,没有太大的风险。

2. 尾随型创业

尾随型创业指的是模仿别人的创业,在现有基础上,寻找市场上适当的企业进行模仿。这种企业常常缺乏创新,但可以根据他人的已有经验改进创新,在已有企业没有注意到的或尚未开发的市场上大展身手,也有可能获得成功。

3. 独创型创业

独创型创业具有两个不同层次的特征:一是弥补了市场发展需要的行业空白;二是弥补了市场发展需要的产业形式空白。前者的经营项目具有独创性,完全从零开始,丰富了市场。它不仅具有独创性的商品,还具有独创性的技术。后者的经营项目是创造原有内容的新形式,经营商品没有什么变化,但服务方式发生了改变,从而提高了竞争力。

4. 对抗型创业

对抗型创业指的是在已经有企业在某个行业中形成垄断的情况下,加入这一市场与之对抗较量。这种类型的创业必须准确分析对方垄断的优势与劣势,找准自己的定位,充分发挥自己的优势,弥补劣势,找准时机进入该行业并取得一定的地位。

五、创业团队管理

"创业即管理",是因为新创立的公司不仅代表了一种产品或者一个项目的产生,而且更重要的是形成了一种机构或者制度。创业团队管理的重点是在维持团队稳定的前提下发挥团队多样性优势。有效的团队管理,能使各个原本分散的个体和具有不同能力与个性的人组成一个有共同目标又相互协调的整体。

1. 打造团队创新精神

团队精神是各个成员的精神支柱,是创业成功的基石。具有创新竞争的团队精神能充分调动整个小组成员的团队意识。首先,需要重视团队精神、形成团队精神和塑造团队文化。形成团队精神,需要培养成员的敬业精神,需要促进成员在兢兢业业做好本职工作的基础上,始终如一地保持工作的热情和不畏困难的态度。其次,建设学习型团队。如在美国排名前25位的企业中,有八成的企业是按照"学习型组织"模式进行改造的;我国一些企业也通过创办"学习型企业"给企业带来了勃勃生机。最后,建立竞争型团队。在当前激烈的市场竞争条件下,必须把竞争意识渗透到团队建设之中,建立一个竞争型团队。

随 笔

2. 塑造团队优秀文化

团队文化是由团队价值观、团队使命、团队愿景和团队氛围等要素综合在一起形成的。如果说创业团队各成员就像一部机器的各个零件,需要互相配合才能有效运转,那么企业文化或者团队精神就像机油,是企业源源不断取得成功的源泉。优秀的团队都非常重视团队文化的塑造,尤其是价值观的培养。因此,塑造团队文化的关键在于在团队形成与发展的过程中提炼团队的价值观、团队使命和团队愿景,并以此为基础逐渐形成相对稳定的团队文化氛围。团队文化的精髓就是强调合作与创新的精神,只有团结合作才能成就共同的目标,从而满足团队成员的各自需求,为团队营造一种快乐工作和积极进取的氛围。形成真正良好的团队氛围,关键要素在于彼此的信任。

3. 设置团队组织结构

团队在设置组织结构时,必须以自己的战略任务和经营目标为依据并贯彻实施,最终实现企业的战略目标和经营目标。设置组织结构,要注意以下内容。首先,权责分明,团队的任何一项工作只有协作配合好,才能顺利完成管理工作。其次,在设置不同组织结构时,分工要适当。团队负责人一定要统观全局,合理安排,在出现问题时能在最短时间内调解矛盾,避免内耗。最后,适时联动,建立由打破部门分工的相关职能部门人员组成、完成特定任务而成立的专项工作小组,建立快速、及时、高效的工作机制。

4. 优化团队运作机制

创业团队内部需要妥善处理各种权利和利益关系,确定谁适合从事何种关键任务以及承担何种相应责任,避免权利和责任的重复化。首先,做好决策权限分配,一定要建立起团队治理和管理规则,解决好指挥管理权问题。在治理层面,主要解决剩余索取权和剩余控制权问题。在管理层面,要做到制度面前人人平等,遵循秩序和原则。其次,制定员工激励机制,妥善处理创业团队内部的利益关系。一个新创企业的报酬体系不仅包括诸如股权、工资、奖金等物质报酬,而且包括个人成长机会和提高相关技能等其他方面的报酬。要认真研究和设计整个团队生命周期的报酬体系,使之具有吸引力。最后,建立业绩评估体系,业绩考核必须与个人能力、团队发展、团队成员扮演的角色和取得的成绩结合起来。成功的公司在绩效管理方面已经不再限定于只注重个人的绩效,而是进行了改进——实时交流,更加注重整体的表现。

相关链接

创业团队的相关理论

硅谷三人组合模式。在英特尔的辉煌创业史中,诺伊斯、摩尔和格鲁夫三人团队精诚合作的故事广为传颂。德鲁克在《管理的实践》中描述了一位理想的"董事长",这个人实际上是个三人合一的理想人:一个善于对外交往的人,另一个善于思考的人,还有一个善于行动的人。在三人团队模式中,一个定格公司文化,我们称之为精神领袖;另一个引领技术,我们称之为技术领袖;还有一个负责执行,我们称之为执行领袖。

3H模式。美国的创业者普瑞尔·萨拉伊总结出了团队的一般模式:潮人(Hipster)、黑客(Hacker)和皮条客(Hustler),简称3H模式,也称创业团队"三剑客"。这种模式,不是从书本上学来的,而是在街面上"混"的时候,悟出来的一些道理:它不可以传授,也不可以复制,我们称之为"街头智慧"。潮人不循规蹈矩,也不会古板地按照市场调查来做判断,而是被内心的某种直觉所指引,敏锐捕捉方兴未艾的时尚元素,率先引领这种时尚潮流,是时尚前沿的弄潮儿。黑客,能够发现现有技术的某些漏洞,并且能够点"漏"成金,把漏洞变成商业机会。皮条客的最大特点是八面玲珑,是一群出色的交际者,对内能够增强整个团队的凝聚力,又能够让外面形形色色的客户感到宾至如归。

来源:朱燕空《创业学什么:人生方向设计、思维与方法论》

难得的创业五兄弟

第二节　创业策略

随　笔

案例导读

雷军与小米生态链

"雷总说,如果未来这个手机一按就能把空调开了,一按就连上电视机,一按把我们手机上的想法,一些PPT都投上去多好。未来如果我们有机会,应该不单只做手机,还是希望能够做小米的生活方式。让每一个消费者用很好、很漂亮的智能设备。当年我想创业,雷总跟我讲了一下他的想法,这个让我挺激动,所以我义无反顾跟他创业了。"追溯初创的历程,林斌感觉历历在目,记忆犹新。

"小米生态链"这一构想,已然成了雷军口中常提的愿景,尤为难忘的是在一次小米新品发布盛典上,雷军将生态链合作伙伴的展示作为序幕,一连串的创新智能硬件——从小米空气净化器到小米手环,从小蚁高清摄像机到iHealth智能血压仪,纷纷登场,展现了小米生态的蓬勃生机。小米的版图远不止于手机、电视与路由器的辉煌,更有一片由众多生态链企业共同编织的繁星点点。这些产品在智能硬件的蓝海中破浪前行,不断挑战与重塑国产电子产品的形象,力求将"物美价廉"的标签升华为"匠心独运的艺术品",让每一款产品都成为科技与美学的完美结合。

手机作为中心,统一连接并管理各类智能设备。"在初期,小米会以入股的方式来推进生态链的建设,在发展到一定阶段后,会开放小米的生态链。团结一切可以团结的人,不管是初创公司还是家电巨头,小米都愿意成为其合作伙伴。"雷军构想孵化百个小米模式企业,旨在重塑中国制造业风貌。小米致力于跨界融合一百个行业,借力互联网思维,推动中国企业跻身全球竞争力巅峰,引领中国在多个领域树立全球商业实践的标杆。届时,"中国制造"的标签将华丽转身为"中国智造",彰显创新与智慧的光芒。中国正屹立于"互联网+"的浪潮之巅,小米积极定位,力求精准扮演其独特角色。小米及其"生态链伙伴"的辉煌成就,根植于坚实的实力基础,而非偶然。

小米以及"生态链企业"取得成功,靠的是实力。目前,小米的产业链战略在促进产业的升级和转型上取得了显著的成果。小米通过广泛的投资,打造了一个庞大的生态网络,吸引了众多企业加入,其中超过一百家专注于智能硬件和日常消费品的研发,多次赢得工业设计大奖。这一从单点突破到全面布局的跨越,预示着小米在星辰大海征途中的曙光初现。

小米的成长历程,作为"中国故事"的生动篇章,不仅彰显了中国在科技进步与创新领域的强劲实力,更在全球舞台上赢得了令人瞩目的赞誉。

来源:小米公司十年创业之路:点燃梦想(有删改)

一、创业机会的把握

(一)创业机会的含义

创业是从识别、掌握、运用某个或一些商业机会开始的,也可以说商机问题是创业过程的核心,商业机会驱动创业过程。商业机会的规模、形式和特点决定了创业者和企业的规模、形式和特点,而外部环境的变化,如政策调整、市场波动、技术发展等都可能带来商业机会。因此,有些理论认为创业机会也是商业机会或市场机会,指有吸引力的、较为持久的和适时的一种商务活动空间,并最终表现在能够为消费者或客户创造价值或增加价值的产品或服务中。实际上,创业机会并不等同于商业机会,创业机会仅仅是适于创业的商业机会。

创业机会是具有较强吸引力的、较为持久的、有利于企业的商业机会。创业者和企业通过整合资源为客户提供有价值的产品或服务,并使自身从中获益。创业机会的本质属性在很大程度上决定了创业者对机会未来价值的预期,而创业者的个人素质(包括先前经验、认知风格、社会网络和创造性)则是识别创业机会的重要影响因素(见图7-2)。

图7-2 识别创业机会的重要影响因素

(二)创业机会的来源和分类

1. 创业机会的来源

(1)满足用户需求

满足用户需求是创业的根本目的,创业机会往往来自未得到满足的客户需求,寻找和发现自己或他人在满足目标客户需求上的问题,就是在寻找创业机会。根据目标客户需求的特点、规模、程度去发现和识别创业机会,并在创业的过程中满足目标用户的需求,就能更容易在创业活动中占据先机并取得成功。

(2) 适应环境变化

创业机会大多存在于创业者和企业的外部,尤其是蕴含在市场环境当中,市场需求、市场结构等随时都在变化,也随时蕴含着发展的可能,适应市场环境的变化对寻找创业机会至关重要。具体来说,市场的变化主要体现在产业结构变化、科技进步、通信革新、政策调整、信息化与服务化水平提升、价值观与生活形态的变革以及人口结构变化等方面。

(3) 市场缺口

市场缺口一般来自竞争对手的缺陷和不足,这也是创业机会的重要来源。面对复杂的市场,很难有企业能够提供十分全面和相当完善的产品和服务。因此,只要在资源利用、技术水平、产品质量等方面较竞争对手更加优秀,就能提供有效的市场机会。当前市场环境的飞速发展与快速改变,极大提高了市场缺口存在的可能。

(4) 科技发展

经济的快速发展推动着科学的不断进步,科学的不断进步同时推动着经济的发展。知识经济为创业活动提供了丰富的机会,这要求提升创业者和企业的素质,提升创业者和企业运用知识谋求生存的能力,从科学中汲取养分,发现机会。

2. 创业机会的分类

依据探寻的价值和创造价值的能力两个维度,可将创业机会划分为梦想、商机、价值转移和企业形成四个类型。探寻的价值是机会潜在的市场价值,代表着创业机会的潜在价值是否明确。创造价值的能力具体来说是人力资本、财务能力等有形资产,代表创业者是否能够利用创业机会,呈现出机会价值与创业者实现价值能力都不确定的特点。梦想是机会价值不明确,同样,是否具备实现这一价值的能力也不确定。商机是机会价值明确,而不明确是否有能力实现这种价值。价值转移意味着技术正在寻找应用环境,即在有能力实现价值的前提下,未能明确机会价值。企业形成也称为创业,探索价值与创造价值的能力都明确,成功的可能性最大。

(三) 识别创业机会的方法

识别创业机会主要可以运用系统分析、问题分析、消费者分析和培养创造性思维等方法,其中创造性思维主要有发散思维、逆向思维、联想思维(见图 7-3)。

图7-3 识别创业机会的方法

1. 系统分析

系统分析包括宏观环境分析、微观环境分析两方面。宏观环境分析主要包括政治环境、法律环境、技术环境、人口环境以及环境的变革等,这些都会给创业机会的识别与把握带来影响。微观环境主要包括具体的顾客群、竞争对手、供应商、销售商等。无论是宏观环境分析还是微观环境分析,都有一个不可跨越的环节——市场调研。开展市场调研,在宏观环境、微观环境的变化中发现创业机会,是识别创业机会的普遍方法和一般规律。

2. 问题分析

问题分析就是要找出个人或组织的需求和他们面临的问题。这些需求和问题有时候是明确的、显而易见的,有时候且绝大部分时候是含蓄的、被掩盖的、不确定的。在问题分析的过程中,要全面了解顾客的需求,寻找满足需求的方法。对创业者来说,有效并有回报的解决问题的方法是识别创业机会的基础。

3. 消费者分析

消费者分析就是从消费者的想法中寻找创业机会。创业者对消费者及其建议进行分析,获得新产品的构想。这种分析简单、直接、有效。此外,消费者在使用产品的过程中,往往会提出一些有助于产品改善的建议。留意消费者的非正式建议有助于发现创业机会。在一定程度上看,从消费者的想法中发现创业机会,直面消费者需求,能更有效地解决问题、把握创业机会。

4. 培养创造性思维

创造性思维也称创新思维,是相对于再现性思维而言的。在创业过程中,也有很多问题无法解决,这就需要创业者的创造性思维。创造性思维不是再现式的,而是创造式的,打破固有的逻辑思维方式,以独具匠心的思维方式寻找具有新颖性和实用性的问题解决方法。创造性思维在创业阶段的体现具有一些基本特性:第一,开放性,即不受条条框框的约束,只要是能够解决问题的都采纳;第二,求异性,即不是用原来的方法来解决问题,而是寻找新的、不同的方法来解决;第三,隐藏性,即这种思维方式非一眼看见,需要进行深刻的思考、分析。所以,创业者需考虑如何把握这些思维特性,根据思维特性寻找思维训练方式。

(四) 创业机会的识别过程

创业是一个动态的过程,商业机会、资源、创业团队是其三个核心要素。创业过程是三大要素匹配和平衡的过程,其中商业机会是创业过程的核心驱动力,创业团队是创业过程的主导者,资源是创业成功的必要保证。商业机会具有模糊性、不确定性,所以,创业团队需要具备良好的创造力。沟通则在捕捉商业机会和整合资源之间发挥作用。创业本质上是利用机会创造价值的过程(见图7-4),创业团队是创业过程的关键组织要素,创业资源是创业过程中不可或缺的支撑要素。

识别和选择创业机会同样是一个动态的过程,创业机会的选择和评估贯穿创业活动的全过程。创业机会识别和评价是零星的思维片段通向创业实践的桥梁。一般来讲,创业机会的识别过程主要可分为以下三个阶段(见图7-5)。

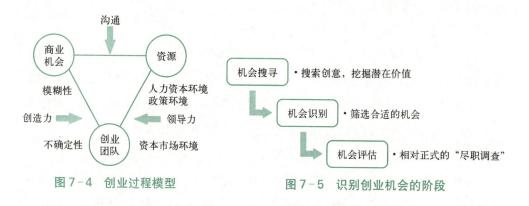

图7-4 创业过程模型　　图7-5 识别创业机会的阶段

1. 机会搜寻

机会搜寻是创业者对市场中所有可能的创意进行搜索的活动,当创业者认为某一创意具有潜在的发展价值,可能是潜在的商业机会,且具有潜在的发展价值,则进入下一阶段。

2. 机会识别

机会识别阶段不同于整体意义的创业机会识别,属于创业机会识别的一个步骤,一般从狭义上理解,即从创业中选择合适的机会。在机会识别阶段中,主要有两方面工作:一方面是通过对市场环境的整体把握和对行业情况综合分析,进而判断该机会是否属于有利的创业机会;另一方面的识别工作更具个性化,具体来说,就是审视这一机会对创业者与投资人是否具有价值。

3. 机会评估

机会评估是对创业机会的进一步调查，通过正式的考察，对财务指标、创业者与创业团队、创业机会等有更加系统深入的分析。创业机会识别与机会评估是并存的，创业机会的评价蕴含在机会识别的各个步骤当中。

在实际的创业过程中，机会识别的难度较大，需要从多个方面对事物进行认识、评估。许多创业者会在创业机会的识别过程中错误地挑选符合自己兴趣的产品或服务，而忽视人们需要或愿意购买的产品或服务。无论采用什么方法评估创业机会，都应该把握一定的判断标准。这些标准主要有创意及其竞争力、行业和市场、创业团队、经济因素和回报等。

（1）创意及其竞争力

创意是否具有价值，核心是其是否具有新颖性、真实性和价值性。如果具备以上三个特性，就需要具体分析其在市场上的竞争力。一般来说，要确认并且列出所有竞争产品和竞争企业，而且至少要与三个满足相似市场需求的竞争对手的产品或服务进行对比。通过分析突出自己产品或服务的差异性，形成独特的卖点。只有那些具有价值和竞争力的创意，才值得投入时间和精力去进行开发。

（2）行业和市场

行业一般是指生产同类产品或具有相同工艺过程或提供同类劳动服务划分的经济活动类别。行业由出售者，即生产者或劳务提供者构成。市场是由一切具有特定需求和欲望，并且愿意和能够通过交换的方式来满足需求和欲望的顾客构成。

评价创业机会时，首先要关注提供相同或类似产品或劳务的行业，包括其竞争情况、收益条件等，在行业的机会窗口打开期间进入才能获利；其次要关注市场，只有市场足够大，才能够收回成本获取利润。创业者一定要能够清晰界定细分市场。一般来说，市场数据应随时收集，至少三年系统集成一次，要尽可能多地收集二手数据。充分了解竞争的行业和有较大潜力的细分市场，可以为创业机会的成功开发提供基本保障。

（3）创业团队

创业团队永远是创业中最核心的因素，是决定创业成败的关键，也是风险投资家最看重的因素。在进行评估时，要确保团队中至少有一人具备新创意所属行业领域的相关经验，而且团队成员要对拟开发的项目感兴趣，以保证机会的成功开发。

（4）经济因素和回报

创业的目的是获取经济回报，因此，经济因素和投资回报当然是评价创业机会时需要重点考虑的标准。创业者应尽可能在成本效益原则的指导下，在较短时间内，以较低成本获得较高的回报。

创业者还可以依据蒂蒙斯的评价框架①,以及大卫·贝奇提出的标准打分矩阵法②、文斯汀豪斯(Westinghouse)法③、泊泰申米特(Potentionmeter)法④和Baty选择因素法⑤四种创业机会评价的定量分析方法进行创业机会的理性辨识。

除了借助各种定性和定量评价方法之外,创业者还应基于创业机会进行自我评价,评价内容包括个人优势、社会资源和经济条件等。在个人优势评价方面,应考虑创业者以前的工作和生活经验,以及个人是否具备足够支撑后续开发创业机会所必需的知识和技能。在社会资源的评价方面,应考虑创业者身边熟悉的人能否支持后续机会发展所必需的资源或其他因素。社会关系网络越广,个体越容易发现创业机会,也更容易把握创业活动。在经济条件的评价方面,应考虑创业者能否承受从事创业活动所带来的机会成本,以及创业机会的价值潜力能否在一定时期内弥补因放弃工作而造成的损失。一般来说,成长较快的行业、收益率较高的行业都是具有吸引力的领域,也是竞争较激烈的领域,所以,创业者在开发创业机会时要能够进行风险分析和管理,并设计好商业模式。

二、创业的资源开发与利用

相关链接

把我的资源与你共享,你多赚的钱分点给我;把你的资源与我共享,我多赚的钱多分点给你。

——"中国资源整合第一人"周嵘

---

① 蒂蒙斯总结概括了一个评价创业机会的框架,其中涉及8大类53项指标。尽管现实中创业者的创业机会未必会与这个评价框架完全吻合,但这个框架几乎涵盖了需要考虑的全部内容,是一个比较完整的评价体系。

② 标准打分矩阵法即通过选取对创业机会成功有影响的因素,专家小组针对每个因素进行打分(分为三个等级),最后求出各创业机会在这些因素上的加权平均分,从而进行直观的比较。

③ 文斯汀豪斯(Westinghouse)法是通过计算,比较各个创业机会优先级的方法。创业机会优先级的计算公式如下:创业机会优先级=[技术成功概率×商业成功概率×平均年销售数×(价格−成本)×投资生命周期]/总成本。在该公式中,技术成功概率和商业成功概率以百分比表示(0%—100%);平均年销售数以销售的产品数量计算;成本以单位产品成本计算;投资生命周期是指可以预期的年均销售数保持不变的年限;总成本是指预期的所有投入,包括研发、设计、制造和销售等费用。特定创业机会的优先级越高,该创业机会就越有可能成功。

④ 泊泰申米特(Potentionmeter)法是通过创业者填写的针对不同因素的不同情况,预先设定好权值的选项式问卷方法,可快速得到特定创业机会的成功潜力指标。

⑤ Baty选择因素法通过设定11种选择因素,对创业机会进行判断和评价。如果某个创业机会只符合其中6个或更少的因素条件,该创业机会很可能不可取。相反,如果符合其中7个或7个以上因素条件,则表示该创业机会具有较大的可行性。

(一) 资源与创业资源

资源是一切可被人类开发和利用的物质、能力和信息等的总称,是自然界和人类社会中一种可以用来创造物质财富和精神财富的具有一定量的积累的客观存在形态。

创业资源作为一般资源的特殊表现形式,从创业成长的角度分析,创业资源是企业建立与发展不可或缺的基础和条件,并且整合创业资源的行为贯穿企业活动的始终。对于初创企业,需要创业者和企业判断并选择充足的资源完成创业活动;对于成长和发展中的企业,需要创业者和企业对创业资源进行不断整合与运用。

一般认为,创业资源是指创业企业在创业的全过程中所拥有、控制或整合的各种有形、无形的要素与要素组合,是创业所依赖的资本。也可以说,创业资源是企业创立与成长过程中所需要的各种生产要素和支撑条件,是新创企业在创造价值过程中所需要的特定资产。拥有、控制和整合是获取与利用创业资源的方式、途径,有形资源和无形资源是资源存在的两种形态。企业价值的创造与产出是通过要素与要素组合实现的。

(二) 创业资源的类型

通过对不同类型的创业资源进行识别,有助于更加深入地了解创业资源,提升创业资源的开发利用效率。

1. 按利用方式和参与程度分类

(1) 直接资源

直接资源是指直接参与企业战略规划的资源要素,如经营管理资源、人才资源、财务资源与市场资源等。

(2) 间接资源

间接资源是指对于创业战略的规划起到间接作用的资源要素。间接资源只有通过创业者与企业的管理才能被企业使用,如政策资源、科技资源和信息资源,通过间接作用为创业提供支撑。

2. 按资源的基础性分类

(1) 核心资源

核心资源是指在创业过程中具有基础性的、创业必须拥有的、资源质量较高的、能够为创业事业的进行与发展提供保障和支持的资源要素。核心资源主要包括管理资源、人力资源和技术资源,这些资源在创业活动中容易形成竞争优势,凝聚企业的核心竞争力,联系着创业机会的识别、运用和筛选,对企业活动起基础性作用。

(2) 非核心资源

非核心资源是指在创业过程中虽起不到基础性作用,但可以通过全面的积累提升创业成功可能性的资源。非核心资源主要包括资金资源、场地资源和环境资源。能否有效地融资并稳定地进行资金周转,同样制约着企业的发展。企业的存在需要研发、生产和经营的场所,通过优化场地资源可以降低企业经营成本,扩大营销市场。环境资源为企业提供信息、文化等,促进企业成长。

3. 根据资源所有权分类

(1) 自有资源

自有资源是指创业者自身所拥有的可用于创业的资源。自有资源的质量、规模会对获取外部资源产生很大影响,当自有资源呈现出质量高、结构优、规模大等特点时,获取外界资源的能力就越强。自有资源一般包括创业者自有的资金、技术、信息、社会关系、管理团队和经营管理能力等。

(2) 外部资源

外部资源是指并非创业者本身拥有的资源。外部资源的主要来源是创业的社会关系,如亲属、朋友、合伙人、投资人等,其他人的资金或者可以借来的场地、设备、人员等,也可能存在通过服务换取的政策支持等。对于初创企业,通常存在着资源不足的情况,所以,充分调动外部资源对企业的发展发挥着重要作用。

(三) 创业资源的开发与利用

1. 创业资源的开发

初创企业的资源开发过程包括资源识别、资源获取、资源配置和资源利用四个阶段。这四个阶段并不是简单的线性关系,而是同时并存、相互交融的。创业资源作为企业的基石,是将创业机会转化为创业实践的关键要素,初创企业时刻面对着资源供给匮乏与大量资源需求的矛盾。所以,创业资源的开发,在一定程度上决定着企业成败。初创企业的资源开发过程就成为创业过程的核心。

2. 创业资源开发的过程

(1) 创业资源的识别

创业资源识别是指创业者根据自身禀赋,对企业创业所需资源进行分析、确认,并最终确定企业所需资源的过程。创业者要认真分析自己的资源禀赋和初创企业资源的拥有情况,进而对所需资源、当前资源与企业机会的差距进行评价。由于资源情况复杂多变,所以,在识别资源的过程中要对资源的种类、数量、质量等因素进行综合考量。

(2) 创业资源的获得

创业资源是初创企业创建、成长和扩张的基础,初创企业通过占有和获得关键资源实现最终的价值创造。创业资源的获得是指在识别并确认资源的基础上,利用其他资源或途径得到所需资源并使之为企业服务的过程。

影响创业资源获取的因素主要有创业者特质、创业网络、初始资源、创业机会和创业环境。由于创业者始终主导着新企业资源开发的过程,因此,创业者的特质对资源的获取始终产生影响。具体来说,如内控型人格、风险承担性、创新性和成就需求等都属于创业者特质。创业网络是创业者或企业所拥有的各种社会关系,包括个体网络与企业的组织网络。初始资源是创业者拥有的资本综合,可以为创业活动提供价值。创业机会为创业活动提供了方向和前景。创业环境始终在外部影响着企业的资源获取情况。

(3) 创业资源的配置

对于复杂琐碎、没有系统化的创业资源,必须运用科学的方法对其进行综合、集成和激活,形成对原有资源的重新构建,将原有的价值优势有机结合,相互补充,相互协调,发挥资源最大优势与使用价值,产生最大商业效益与企业利润。资源配置作为资源获取和资源利用的中间环节,一方面起到对资源进行有效筛选的作用,排除那些起负面作用或者不起作用的无效资源,规避创业资源存在的先天不足;另一方面,准确、高效的资源配置不仅可以丰富企业的资源总量,也为创业者发现新的创业机会提供了可能。资源配置过程需要充分发挥主观能动性,在复杂动态的过程中将内部和外部、系统和局部、数量和结构、有形和无形、传统与现代、横向和纵向等资源充分整合,也要利用杠杆提升资源配置的质量和有效性。

(4) 创业资源的利用

创业资源的利用就是使用所获取并经过整合的创业资源,通过发挥资源与能力的作用生产出产品和服务,为客户创造价值的过程。创业资源的利用过程是实现创业资源价值的过程,是实现初创企业业绩绩效的过程,也是客户消费享受产品和服务的过程。只有合理利用经过识别和开发的各类资源,创业资源的开发才能取得成功,企业的竞争优势才得以彰显。

三、创业融资

创业融资是指创业者为了将某种技术或者创意转化为商品,根据创业计划和企业战略,通过不同渠道、采用不同方式筹集资金以建立企业的过程。

（一）私人资本融资

相对传统的融资方式，比如银行贷款、直通款等方式，私人资本融资可以说是资金到账最迅速、最便捷的一种。因此，大部分创业者的创业启动资金或是第一笔融资都是通过私人资本融资获得的。私人资本融资主要包括自我融资、向亲朋好友融资、天使投资、众筹等。

1. 自我融资

自我融资是获得资金最简单的融资方式，也是创业初期的一种有效融资渠道。它具有相对快速、灵活的特点，也可以对创业者进行自我激励。但在实际创业过程中，创业者的自有资金毕竟有限，要谨慎投向那些先期投入较大的行业。

2. 向亲朋好友融资

亲朋好友不仅是生活中的重要社会关系，同时也是创业融资的重要来源。家庭成员和亲朋好友，由于与创业者有较多的交往和深入的了解，双方建立了较为亲密的社会关系，因而愿意给予投资。在创业初期，创业者往往缺乏正规的融资渠道以及申请贷款的抵押资产，也缺乏进行社会筹资的商业信誉和业绩，使得从创业者的家人、亲戚和朋友处获得创业所需资金的这种非正规的金融借贷，成为一种有效的融资方式。

从家庭成员和亲朋好友处获得资金相对容易、快捷，但与其他的融资渠道一样，向亲朋好友融资也有其不利的一面。虽然这种融资渠道是基于传统的社交网络，但也必须用现代的市场经济体制的契约原则和法律法规来规范借贷双方的融资行为，以保障各方利益，从而减少不必要的纠纷。创业者要将创业存在的所有风险明确告知家庭成员和亲朋好友，并签订书面借贷合同，将融资的所有细节规定下来，包括资金的数量、本金利息返还条件、投资者的权利和责任等。

3. 天使投资

天使投资一般是指由天使投资人对那些有较好创意的创业项目或是初创企业进行的一次性前期投资，是一种非组织化的创业投资形式。天使投资有三个主要特征：一是直接向企业进行权益投资；二是天使投资不仅提供资金，还提供专业知识和社会资源等方面的支持；三是投资程序简单，短时期内资金就可到位。

天使投资的"3F法则"

天使投资人一般有两类：一是创业成功者，二是企业的高管或科研机构的专业人员。他们拥有充足的资金，也具备一定的专业知识和丰富的管理经验。他们进行天使投资，不仅是为了获得丰厚的资金回报，同时还希望以自己的资金和经验，来帮助那些有创业意愿、创业精神和创业能力的创业者们，通过自己的不懈努力，实现创业梦想。

4. 众筹

众筹是互联网与金融有机结合的一种主要融资手段。众筹一般是指项目发起人通过网络平台或社交媒体向公众公开发布融资需求筹集资金的行为。"众筹是筹集资金和激发你对产品热情的最佳方式,几乎所有创始人都应该认真考虑这种方式。"[①]与其他的传统融资方式相比较,众筹具有门槛低、草根性、创新性等特点,而且项目发起人与投资人通过网络众筹平台,可以直接对接,方式自由、灵活,操作简单、快捷,比较适合大学生群体创办小微企业。众筹一般分为产品(服务)众筹和股权众筹。

(1) 产品(服务)众筹

产品(服务)众筹是指项目发起人以低于市场价给予投资者某项产品或服务作为参与众筹的回报,其采用的是"团购＋预售"的模式。产品众筹的主要流程是:项目发起人向众筹平台提交申请;平台对项目进行审核,通过后发布到网络平台进行资金筹集;筹资过程中,投资者可以与项目发起人进行沟通,并对新产品提出自己的建议,从而参与到新产品的设计中;当投资者的购买数量达到众筹预设数额,则众筹成功。否则,众筹失败,已筹集资金返还给投资者。众筹成功后,项目发起人将生产的产品或服务提供给投资者。产品众筹不仅可以筹集资金,还具有提前锁定消费者从而占领一定的市场份额、免费进行广告宣传、改进和优化产品、降低成本等多重功能,同时还可以为创业者分散创业风险。

(2) 股权众筹

股权众筹是指项目发起人将公司的股权作为回报给予投资者,投资者成为公司的股东。2015 年 7 月,中国人民银行等十部委联合发布的《关于促进互联网金融健康发展的指导意见》(银发〔2015〕221 号)指出,股权众筹融资主要是指通过互联网形式进行公开小额股权融资的活动。股权众筹融资必须通过股权众筹融资中介机构平台(互联网网站或其他类似的电子媒介)进行。股权众筹融资中介机构可以在符合法律法规前提下,对业务模式进行创新探索,发挥股权众筹融资作为多层次资本市场有机组成部分的作用,更好地服务创新创业企业。投资者应当充分了解股权众筹融资活动的风险,具备相应的风险承受能力,进行小额投资。股权众筹解决了线下创业者与投资者信息不对称的难题,使得创业者可以通过网络众筹平台面向众多的投资人充分展示自己的创业项目,大大提高了融资的成功率。此外,线上的投资者来自各行各业,具有丰富的专业知识和投资创业经验,能够为创业者带来各种资源。

[①] 朗龙杰.创业道:融资宣讲、合伙人团队组建与股权分配[M].曹百英,等,译.北京:人民邮电出版社,2020:146.

(二) 机构融资

1. 商业银行贷款

可以说,向银行贷款以获得创办企业所需资金,是最常见的一种融资渠道。相对其他融资渠道而言,银行贷款成本低、期限长、风险小、方式灵活、资金到账快、资金供应量大。但是,大部分中小企业,尤其是初创企业,规模较小、盈利较少、经营风险较大,可抵押的资产较少,因此,银行一般不大愿意冒太大的风险向创业企业提供贷款,即使同意发放贷款,往往也要求企业提供担保,包括抵押、质押、第三人担保等。

近年来,我国出台了一系列银行贷款政策。2015年,国务院印发《关于进一步做好新形势下就业创业工作的意见》(国发〔2015〕23号),将小额担保贷款调整为创业担保贷款,同时将贷款最高额度由针对不同群体的5万元、8万元、10万元不等统一调整为10万元。2018年,国务院印发《关于做好当前和今后一个时期促进就业工作的若干意见》(国发〔2018〕39号),继续加大创业担保贷款贴息及奖补政策支持力度。对符合申请条件的自主创业人员,将贷款最高额度由10万元提高到15万元;符合申请条件的小微企业,可申请最高不超过300万元的创业担保贷款。2020年以来,为更好发挥创业担保贷款贴息资金引导作用,加强资金保障,财政部、人力资源和社会保障部、中国人民银行联合下发《关于进一步加大创业担保贷款贴息力度全力支持重点群体创业就业的通知》(财金〔2020〕21号),增加了创业贷款支持群体,降低了申请门槛,将符合条件的个人最高可申请创业担保贷款额度由15万元提高至20万元,同时对个人及小微企业贷款展期与贴息政策也都进行了调整。

关于进一步加大创业担保贷款贴息力度全力支持重点群体创业就业的通知

根据国家政策,各地市也相继出台了诸多创业担保贷款政策。比如,太原市人力资源和社会保障局于2020年5月印发《创业担保贷款政策须知》,规定各经办银行对符合条件的个人发放的创业担保贷款最高额度为30万元,贷款期限不超过3年,可展期1次,不超过1年;各经办银行对符合条件的小微企业根据企业实际吸纳就业人数合理确定创业担保贷款额度,最高不超过300万元,贷款期限不超过2年,可展期1次,不超过2年。

2. 创业投资基金

创业投资(venture capital,简称 VC),也称风险投资,其起源最早可以追溯到15世纪的英国、葡萄牙、西班牙等西欧各国创建远洋贸易企业时期,到19世纪美国西部创业潮时期,"创业投资"开始在美国流行起来。1946年,世界上第一家风险投资公司——美国研究与发展公司(ARD)在美国成立。20世纪70年代以来,伴随着科学技术的发展,风险投资步入高速成长时期,培育出了一大批世界知名的高新企业,如微软公司、苹果公司、惠普公司、英特尔公司、雅虎公司、谷歌公司等[1],同时也造就了比尔·盖茨、乔布斯、杨致远等一大批知名的创业企业家。

创业投资主要由专业投资机构向那些具有增长潜力的高新技术企业或创业企业提供资金,获得一定股权并参与其管理,通过股权转让获得资本增值收益的投资行为。创业投资主要有三方面的特性:第一,创业投资主要投资于高科技和创新企业,更看重企业的发展前景和增值潜力;第二,创业投资属于权益性投资,因此会持有投资企业的股份,拥有企业的部分控制权,往往也会参与企业的经营,从而控制创业投资的风险;第三,创业投资通过在适当的时机转让所持股份,来获得资本的增值收益。

(三) 政府政策融资

2015年6月,国务院印发《关于大力推进大众创业万众创新若干政策措施的意见》,这是推动大众创业、万众创新的系统性、普惠性政策文件,对各级政府大力推进创新创业活动起到了纲领性的指导作用。该意见出台后,各地政府充分意识到了创新创业活动对经济发展的推动作用,尤其是科技型创新企业对增强地方经济和地区竞争力、解决就业问题的重要意义。为此,各级政府相继制定出台了一系列的优惠政策,来帮助和支持创业企业的创立和发展。政府政策融资主要包括科技型中小企业技术创新基金、面向特定群体的创业优惠政策、地方性优惠政策等。

1. 科技型中小企业技术创新基金

科技型中小企业技术创新基金(简称创新基金)是由国务院批准设立的。创新基金自成立以来,深入贯彻落实创新驱动发展战略,按照加快发展方式转变和经济结构调整的总体部署,紧紧围绕加快培育战略性新兴产业,强化企业技术创新主体地位,以全面提升科技型中小企业技术创新能力为目标,不断优化技术创新创业环境,充分发挥财政资金的引导作用,引导社会资金和其他创新资源支持科技型中小企业发展,取得了很好的成效。

创新基金由科技部主管、财政部监管,通过无偿资助、贷款贴息和资本金投入三种方式,支持科技型中小企业创新创业,已形成了资助种子期、初创期企业的技术创

---

[1] 木志荣.创业管理[M].北京:清华大学出版社,2018:237-238.

新项目、资助中小企业公共技术服务机构的补助资金项目和引导社会资本投向早期科技型中小企业的创业投资引导基金项目。

2. 面向特定群体的创业优惠政策

（1）支持高校毕业生及在校大学生创业

支持高校毕业生及在校大学生创业的优惠政策主要包括通过实施大学生创业引领计划，构建大学生创业支持体系；建立高校和科研院所双创示范基地以及创业孵化基地，为大学生创业提供创业导师、团队、场地、资金、技术等支持；通过举办大学生创业计划竞赛、"互联网＋"创业大赛等，为创业大学生提供资金支持。

（2）支持农民工返乡创业

支持农民工返乡创业主要是对有创业意愿的农民进行创业培训，鼓励和引导返乡农民工按照法律法规和政策规定，通过承包、租赁、入股、合作等多种形式，创办家庭农场林场、农民合作社、农业企业、乡村旅游等新型农业经营主体。鼓励和引导农民，开展互联网思维和技术培训，通过发展农村电商平台，实施"互联网＋"现代农业行动，进行网上创业。为农民开展创业开通"绿色通道"，提供政策、资金、技术等方面的支持。

（3）支持海外人才回国创业

针对海外留学回国人员制定各项就业创业优惠政策，鼓励留学人员以知识产权、技术等无形资产入股方式创办企业。通过简化学历认证手续、降低服务门槛、实施有效人才引进和资金支持政策等措施，吸引更多留学人才回国，投身创新创业。

3. 地方性优惠政策

大学生创业究竟如何融资

各地政府在支持创业者和创业企业的发展方面，纷纷推出了诸如税收优惠、小额贷款、中小企业信用担保、创业基地建设等各项扶持政策。我国针对创业就业的主要环节和关键领域陆续推出了一系列税收优惠措施，覆盖了企业的初创期、成长期、成熟期整个生命周期。

四、企业的法律组织形式

《辞海》对企业的解释为：从事商品和劳务的生产经营、独立核算的经济组织，如工业企业、农业企业、商业企业等。企业是社会发展的产物，随着社会分工的细化和发展，企业也不断发展和壮大起来，成为市场经济活动的主要参与者，是市场经济的基本单位。企业一般以营利为目的，以实现投资者、客户、员工、社会大众的利益最大化为使命，运用劳动力、资本、土地、信息技术等各种生产要素向市场提供商品或服务,实行自主经营、自负盈亏。

企业的法律组织形式是企业存在的形态和类型,是一个国家法律法规规定的企业在市场环境中存在的合法身份。创业者在创立企业之前,必须确定创业企业的法律组织形式。在我国,适合创业者选择的企业的法律组织形式主要有五种:个体工商户、个人独资企业、合伙企业、有限责任公司、股份有限公司。

(一)个体工商户

《中华人民共和国民法典》第五十四条规定:"自然人从事工商业经营,经依法登记,为个体工商户。"《个体工商户条例》第二条规定:"有经营能力的公民,依照本条例规定经工商行政管理部门登记,从事工商业经营的,为个体工商户。个体工商户可以个人经营,也可以家庭经营。"

个体工商户是一种简便的创业组织形式,申请登记的条件比较低,对投资额没有限制,经营者可以是个人,也可以是家庭。《个体工商户条例》规定,申请登记个体工商户的投资主体要求为有经营能力的公民。香港特别行政区、澳门特别行政区永久性居民中的中国公民,台湾地区居民可以按照国家有关规定,申请登记为个体工商户。申请登记为个体工商户,应当向经营场所所在地登记机关申请注册登记。申请人应当提交登记申请书、身份证明和经营场所证明。个体工商户登记事项包括经营者姓名和住所、组成形式、经营范围、经营场所。个体工商户使用名称的,名称作为登记事项。

(二)个人独资企业

个人独资企业是历史最古老也是最常见的一种企业法律组织形式。《中华人民共和国个人独资企业法》第二条规定,个人独资企业是指依照本法在中国境内设立,由一个自然人投资,财产为投资人个人所有,投资人以其个人财产对企业债务承担无限责任的经营实体。在各类企业当中,个人独资企业的创设条件最简单,投资人既是企业的所有者,又是企业的经营者,其企业内部机构的设置比较简单,经营管理和决策程序也较为灵活。

依据《中华人民共和国个人独资企业法》,申请设立个人独资企业应当具备下列条件:投资者为一个自然人;有合法的企业名称;有投资人申报的出资;有固定的生产经营场所和必要的生产经营条件;有必要的从业人员。《个人独资企业登记管理办法》规定,投资人申请设立登记,应当向个人独资企业所在地的登记机关提交下列文件:投资人签署的个人独资企业设立申请书;投资人身份证明;企业住所证明;国家市场监督管理总局规定提交的其他文件。设立申请书应当载明下列事项：企业的名称和住所；投资人的姓名和居所；投资人的出资额和出资方式；经营范围。

（三）合伙企业

合伙企业是各合伙人订立合伙协议，共同出资经营、共负盈亏、共担风险的一种企业组织形式。《中华人民共和国合伙企业法》规定，合伙企业是指自然人、法人和其他组织依照本法在中国境内设立的普通合伙企业和有限合伙企业。普通合伙企业由普通合伙人组成，合伙人对合伙企业债务承担无限连带责任。有限合伙企业由普通合伙人和有限合伙人组成，普通合伙人对合伙企业债务承担无限连带责任，有限合伙人以其认缴的出资额为限对合伙企业债务承担责任。

设立普通合伙企业，应当具备下列条件：有两个以上合伙人，合伙人为自然人的，应当具有完全民事行为能力；有书面合伙协议；有合伙人认缴或者实际缴付的出资；有合伙企业的名称和生产经营场所；法律、行政法规规定的其他条件。合伙企业名称中应当标明"普通合伙"字样。

有限合伙企业由两个以上五十个以下合伙人设立，但是，法律另有规定的除外。有限合伙企业应当至少有一个普通合伙人。有限合伙企业名称中应当标明"有限合伙"字样。有限合伙人可以用货币、实物、知识产权、土地使用权或者其他财产权利作价出资。但有限合伙人不得以劳务出资。

（四）有限责任公司

有限责任公司，简称有限公司，是指由一定人数的股东共同出资，股东以其出资为限对公司承担责任，公司以其全部资产对其债务承担责任的公司。有限责任公司是比较常见的一种企业法律组织形式。

《中华人民共和国公司法》规定，有限责任公司由一个以上五十个以下股东出资设立。有限责任公司设立时的股东可以签订设立协议，明确各自在公司设立过程中的权利和义务。有限责任公司设立时的股东为设立公司从事的民事活动，其法律后果由公司承受。公司未成立的，其法律后果由公司设立时的股东承受；设立时的股东为二人以上的，享有连带债权，承担连带债务。设立时的股东为设立公司以自己的名义从事民事活动产生的民事责任，第三人有权选择请求公司或者公司设立时的股东承担。设立时的股东因履行公司设立职责造成他人损害的，公司或者无过错的股东承担赔偿责任后，可以向有过错的股东追偿。设立有限责任公司，应当由股东共同制定公司章程。有限责任公司章程应当载明下列事项：公司名称和住所；公司经营范围;公司注册资本;股东的姓名或者名称;股东的出资额、出资方式和出资日期;公司的机构及其产生办法、职权、议事规则;公司法定代表人的产生、变更办法;股东会认为需要规定的其他事项。股东应当在公司章程上签名或者盖章。有限责任公司应当置备股东名册,记载下列事项:股东的姓名或者名称及住所;股东认缴和实缴的出资额、出资方式和出资日期;出资证明书编号;取得和丧失股东资格的日期。记载于股东名册的股东,可以依股东名册主张行使股东权利。

(五)股份有限公司

股份有限公司,简称股份公司,是指由一定数量的股东投资成立,全部资本分为等额股份,股东以其所持股份为限对公司承担责任,公司以其全部资产对其债务承担责任。股份有限公司是现代企业中最典型的组织形式。

《中华人民共和国公司法》规定,设立股份有限公司,可以采取发起设立或者募集设立的方式。发起设立,是指由发起人认购设立公司时应发行的全部股份而设立公司。募集设立,是指由发起人认购设立公司时应发行股份的一部分,其余股份向特定对象募集或者向社会公开募集而设立公司。设立股份有限公司,应当有一人以上二百人以下为发起人,其中应当有半数以上的发起人在中华人民共和国境内有住所。股份有限公司发起人承担公司筹办事务。发起人应当签订发起人协议,明确各自在公司设立过程中的权利和义务。设立股份有限公司,应当由发起人共同制订公司章程。股份有限公司章程应当载明下列事项:公司名称和住所;公司经营范围;公司设立方式;公司注册资本、已发行的股份数和设立时发行的股份数,面额股的每股金额;发行类别股的,每一类别股的股份数及其权利和义务;发起人的姓名或者名称、认购的股份数、出资方式;董事会的组成、职权和议事规则;公司法定代表人的产生、变更办法;监事会的组成、职权和议事规则;公司利润分配办法;公司的解散事由与清算办法;公司的通知和公告办法;股东会认为需要规定的其他事项。

股份有限公司的资本划分为股份。公司的全部股份,根据公司章程的规定择一采用面额股或者无面额股。采用面额股的,每一股的金额相等。公司可以根据公司章程的规定将已发行的面额股全部转换为无面额股或者将无面额股全部转换为面额股。采用无面额股的,应当将发行股份所得股款的二分之一以上计入注册资本。股份有限公司应当制作股东名册并置备于公司。股东名册应当记载下列事项:股东的姓名或者名称及住所;各股东所认购的股份种类及股份数;发行纸面形式的股票的,股票的编号;各股东取得股份的日期。

五、商业模式

(一) 商业模式的含义与构成

1. 商业模式的含义

一般认为,商业模式就是指企业通过某种途径或方式来赚取利润,构成赚取利润的服务和产品的整个体系。也可以说,商业模式是企业进行赖以生存的业务活动的方法,决定了企业在价值链中的位置。"商业模式以价值创造为核心,描述了企业如何创造价值、传递价值和获取价值的基本原理。"[①]当前,对商业模式新的理解认为,商业模式是一个企业满足消费者需求的系统,这个系统组织管理企业的各种资源,形成能够提供给消费者无法抗拒且必须购买的产品和服务,因而具有自己能复制而他人不能复制,或者自己在复制中占据市场优势地位的特性。

2. 商业模式的构成

商业模式本质上是利益相关者的交易结构,主要包括企业定位、业务系统、关键资源能力、盈利模式、现金流结构和企业价值六个相互联系的方面,它们构成了企业创造、传递和获取价值的动力机制。

(1) 企业定位

企业定位是企业满足客户需求的方式,通过定位理解企业状态,如产出何种产品或提供何种服务、何种市场定位、处于行业价值链的哪个环节、经营活动特点、商业伙伴特点以及利益分配方式等。

(2) 业务系统

业务系统是指企业达成定位所需的业务环节、各业务合作伙伴扮演的角色,以及利益相关者合作与交易的方式和内容。

(3) 关键资源能力

关键资源能力是指让业务系统运转所需要的重要的资源和能力。明确企业商业模式高效运转的关键资源能力,并且构建和运转这种能力是构建商业模式的重点工作。

(4) 盈利模式

盈利模式是指企业利益相关者之间的利益格局中企业利益的表现,如收入渠道、分配成本和利润获得等。良好的盈利模式在为企业带来收益的同时,也为企业形成有利的价值网。

---

① 亚历山大·奥斯特瓦德,伊夫·皮尼厄.商业模式新生代[M].王帅,毛心宇,严威,译.北京:机械工业出版社,2011:4.

(5) 现金流结构

现金流结构是指企业经营过程中产生的现金收入扣除现金投资后的状况,其贴现值反映了采用该商业模式的企业的投资价值。

(6) 企业价值

企业价值也称为企业的投资价值,是指企业预期未来可以产生的自由现金流的贴现值,企业的投资价值是评价企业商业模式的标准。

(二) 商业模式的特征和分类

1. 商业模式的特征

(1) 有效性

商业模式的有效性包括两个方面。一方面是指,对于客户需求来说,能够精准地识别并满足用户需求,在此基础上不断提升客户价值;另一方面是指,有效的商业模式也能够为创业者和商业伙伴带来商业效益。商业模式的有效性体现在平衡企业、合作伙伴、客户以及竞争者之间的关系,在满足客户、实现赢利的同时超越竞争对手,在创业过程中形成竞争优势。

(2) 创新性

正如任何事物运动发展的规律那样,商业模式也必然经历一个产生、发展、衰落到灭亡的过程,这要求商业模式要不断适应市场成长环境的变化,形成与竞争对手不同的具有自身特色的竞争优势和价值取向。如果能够形成竞争对手短时间难以复制和超越的优势,则更有利于企业提升产品质量和服务水平,吸引更多的客户、人才和投资者。

(3) 持续性

虽然商业模式始终处于变化之中,但是还应保持相对稳定的发展,即具有持续性。过于频繁地调整和更新,容易造成企业本身和客户的混乱,为了保持商业模式的相对稳定,在设计之初就要具有前瞻性,同时处理好发展与稳定的关系,形成多元平衡、动态调整的格局。

2. 商业模式的分类

(1) 运营性商业模式

运营性商业模式主要解决企业与环境间的相互作用关系,如企业与生产价值链环节的关系。一方面包括产业价值链,即企业在产业价值链中的地位、所处价值链的性质以及企业发展的前景;另一方面包括赢利模式设计,即企业收入渠道与方式、收入分配等。

(2) 策略性商业模式

策略性商业模式是在运营性商业模式基础上的扩展和应用,进一步设计了企业生产经营的具体方面。它主要包括以下几种模式：业务模式，即企业向客户提供的价值、服务和产品的具体内容；业务渠道，即企业提供产品和服务的方式；组织模式，即企业建立先进管理模式的方式。

由于商业模式涉及行业众多，在概念上十分宽泛，面对不同的行业也有其特殊的分类方式。在制造业中，商业模式可以分为直供、总代理、联销体、仓储式、专卖式和复合式商业模式等。在电子商务领域可以分为 B2B、B2C、C2B、C2C 等模式。

（三）商业模式画布绘制

1. 商业模式画布的含义

商业模式画布就是将复杂的商业模式精髓集中于一幅直观的画布之上。此画布是一种用于梳理商业逻辑的重要工具，巧妙地将商业模式的描述、评估与变革过程简化为一张精炼、可视的图表，让创业者一目了然。借助商业模式画布，创业者能够轻松催生新颖创意，有效降低决策风险，同时有助于实现目标市场的精准定位与问题的有效解决，以及有助于帮助创业者或企业正确审视现有业务和探索新业务等。

2. 商业模式画布的组成

以"蜜雪冰城"为例讲述商业模式画布的绘制思路

商业模式画布以其直观的可视化特性，成为团队成员间达成共识的桥梁，确保每位成员在讨论时都能采用统一的语境和视角。这张画布精心构建了九大模块，紧密相连，构成一个动态平衡的系统。同学们可参照表 7-1"商业模式画布（九模块）"分析感兴趣企业的商业模式。"蜜雪冰城"企业的商业模式画布提供了良好的示例（见表 7-2）。

表 7-1　商业模式画布（九模块）

(8) 重要伙伴	(7) 关键业务	(2) 价值主张	(4) 客户关系	(1) 客户细分
主要合作伙伴是谁？ 家人？ 朋友？ 同学？ 同事？ 同行？ 老师？ ……	主要经营活动是什么？ 提供产品？ 提供服务？ 提供平台？	客户购买理由是什么？ 创新需求？ 物美价廉？ 性能改善？	客户连接如何建立与保持？ 私人服务？ 自动化服务？ 与客户合作？	目标客户群是谁？ 都市白领？ 职场新人？ 单身贵族？ 家庭主妇？ 老年群体？ 享乐一族？ 企业组织？ ……
	(6) 核心资源 最主要资源是什么？ 信息？ 技能？ 渠道？ 资金？ ……	产品和服务是什么？ 情绪价值？ 身份成就？ 提高效率？	(3) 渠道通路 销售渠道是什么？ 线上？ 线下？	

（续表）

(9) 成本结构	(5) 收入来源
成本结构是什么？ 时间？ 精力？ 资金？ 物资？ ……	获利来源是什么？ 商品销售收入？ 使用服务费？ 广告费？ 租赁费？ 会员费？ 使用许可费？ ……

表 7-2　商业模式画布——蜜雪冰城

1997 年，正在上大学的张红超，在郑州开了蜜雪冰城的首店，并确立了蜜雪冰城的使命："让品牌更强大，让伙伴更富有，让全球每个人享受高质平价的美味"。经过 20 余年的发展，企业自建工厂、自建供应链、自产核心原材料，利用低价爆款的模式，打出品牌知名度，带动未来更加广阔的整体产品销量。2024 年，蜜雪冰城企业估值 670 亿元，在《2024 全球独角兽榜》(Global Unicorn Index 2024)中位列第 62 名①。

(8) 重要伙伴	(7) 关键业务	(2) 价值主张	(4) 客户关系	(1) 客户细分
① **供应商**：包括原料供应商、设备供应商和数字化技术供应商。② **外卖平台**：与淘宝、京东、美团、饿了么等平台合作，扩大销售渠道。③ **加盟店**：各加盟店的相继加入，不断扩展着蜜雪冰城的事业版图。	① **自建的中央工厂**：原材料把控，产品好喝关键在"真材实料"；包材自产，价格更低，质量更有保证。② **自建仓储物流体系**：拥有四大物流基地，能运送到国内大部分的城市和乡村。③ **产品标准化操作**：茶饮师在上岗前需历经全面培训与严格考核，以确保产品质量稳定且可控。④ **新产品研发**：持续开发新口味和新产品。	企业核心价值观：真人真心真产品，不走捷径不骗人。① **极致的性价比**：借助低成本原材料与规模化生产策略提供价格低廉的饮品和冰淇淋。② **多样化的口味选择**：不断推陈出新，以满足消费者日益变化的口味需求。③ **便捷的购买渠道**：随处可见的门店网络，为消费者提供随时随地轻松购买的便利。	① **线下门店会员制度**：通过积分和优惠券提升复购率。② **线上社交媒体互动**：在微信、抖音等平台上积极与客户互动，及时发布新品信息及诱人的促销活动。③ **完善的售后服务**：积极倾听客户反馈，迅速响应并有效解决客户投诉与疑问。	① **年轻消费者**：价格敏感度高，热衷于探索新奇口味。② **家庭消费者**：特别是有孩子的家庭，以产品的多样性和价格的亲民性服务获得青睐。

---

① https://www.hurun.net/zh-CN/Rank/HsRankDetails? pagetype=unicorn

(续表)

(6) 核心资源		(3) 渠道通路	
① **品牌形象**：在国内市场具有较高的品牌知名度和美誉度，雪王IP家喻户晓。② **供应链管理**：高效的供应链体系，确保原材料低成本和稳定供应。③ **门店运营能力**：一套成熟的门店运营模式，包括选址、装修、人员培训等环节。		① **线上平台**：通过与美团、饿了么等主流外卖平台合作，提供在线订购和配送服务。利用小程序、App等数字化工具，实施精准营销与销售策略。② **线下门店**：截至2023年12月31日，蜜雪冰城在全球拥有超过34 000家门店。	
(9) 成本结构		(5) 收入来源	
① **原料成本**：作为总成本中的核心构成，借助大规模采购手段来削减成本。② **人力成本**：包括人员的薪资和培训费用等。③ **运营成本**：门店租金、水电等日常运营费用。④ **营销成本**：品牌宣传费用与市场推广开支。		① **产品销售收入**：核心产品（饮品和冰淇淋）销售收入，占比最高。② **加盟费收入**：从加盟商处收取的加盟费用和物料销售收入。	

(1) 客户细分(Customer Segments)

企业会将客户群体细化为多个特定的分组，每个分组内的客户共享相似的需求、行为方式和共同的特征。在商业模式中，企业可以确立一个或多个客户细分组，这些组的规模可以根据需要调整，灵活选择大小。

此板块的核心在于明确回答两大问题：我们正在为谁创造价值？谁是我们最重要的顾客？

(2) 价值主张(Value Propositions)

价值主张板块，其核心在于打造并推广一系列能够满足特定客户细分需求的产品与服务。价值主张板块涵盖了创新性、功能性、个性化、优质完成、美学设计、品牌或社会地位、定价、成本节约、风险管理和可获取性等方面。

这一板块主要回答以下问题：应向客户传达哪些价值？协助客户解决哪些问题？满足客户的哪些需求？向客户细分群体提供哪些系列产品或服务？

(3) 渠道通路(Channels)

渠道通路板块，详细阐述了如何针对特定客户群体，构建有效的沟通桥梁，并传递其独特的价值主张。渠道通路是至关重要的客户接触点，深刻地影响着客户体验的每一个环节。企业与客户之间的互动平台由沟通、分销和销售等多种渠道组合而成，共同构建了互动界面。

这一板块需要回答的问题包括：我们有哪些渠道触及客户细分群体？目前，我们是如何利用这些渠道与他们互动的？我们的各个渠道之间如何协调一致？在所有这些渠道中，哪些最为高效？从成本效益的角度来看，哪些渠道表现最佳？我们又该如何将这些渠道与客户的日常活动无缝对接？

（4）客户关系（Customer Relationships）

客户关系板块，描绘了企业与不同客户细分群体之间所构建的关系模式。企业需要清晰界定其期望与这些客户细分群体建立的关系模式。

这一板块我们需要回答的问题是：针对各个客户细分群体，他们希望我们建立并保持怎样的关系？到目前为止，已经与哪些客户细分群体建立了这样的关系？这些关系的维护成本是多少？该如何将这些关系与我们商业模式的其余部分进行有效整合？

（5）收入来源（Revenue Streams）

收入来源板块，用来描绘从各个客户细分群体中获得的现金收益情况（收益中需减去成本）。在一种商业模式里，通常会涵盖多种收入形式，可以是暂时性的交易收入，也可以是重复性的收入。

关于收入来源，我们主要回答：哪些价值能够吸引特定的顾客群体进行消费？目前顾客愿意为哪些产品或服务支付费用？他们通常采用哪种方式支付？顾客更倾向于哪种支付方式？各种收入来源在总收入中所占的比重是多少？

（6）核心资源（Key Resources）

核心资源板块，是用来描绘商业模式可以有效运转所需的关键因素。核心资源可以是实体资产、知识资产、人力资源、金融资产等。这些资源既可以是企业自有的，也可以是通过与重要合作伙伴的合作而获得的。

这一板块主要回答的问题有：我们的价值主张需要什么类型的核心资源？我们的渠道通路需要什么类型的核心资源？我们的顾客关系需要什么类型的核心资源？我们的收入来源又需要什么类型的核心资源？

（7）关键业务（Key Activities）

关键业务板块，是指企业为了确保其商业模式的可行性而必须执行的重要任务。每一种商业模式都必须开展一系列关键业务，这些业务对于构建和提供价值主张、进入市场、保持客户关系以及赚取收入至关重要。不同商业模式的关键业务各有不同。

这一板块,我们需要回答:我们的价值主张需要哪种关键业务?我们的渠道通路需要哪种关键业务?我们需要哪些关键业务来维护客户关系?我们的盈利模式又依赖于哪些关键业务?

(8) 重要伙伴(Key Partnerships)

重要伙伴板块,描绘了高效运营商业模式所依赖的供应商与合作伙伴的合作网络。这种协作关系是支撑众多商业模式的核心要素,通过构建合作网络,企业能够实现商业模式的优化、降低运营中的不确定性,并获取关键的资源支持。

在这一部分,主要回答的问题是:我们有哪些至关重要的合作方?哪些供应商对我们的业务至关重要?我们当前从重要伙伴那里可以获得哪些核心资源?重要伙伴在哪些关键业务上发挥了作用?

(9) 成本结构(Cost Structure)

成本结构板块,主要用于展现公司在运营某一商业模式时所需支付的整体成本情况。商业模式中的每一个板块都会产生一定的成本支出。

商业模式画布分析模板

关于成本,我们主要回答:在我们的商业模式中,哪些固定成本是最关键的?哪些核心资源的投入最大?哪些关键业务的支出最高?

六、撰写创业计划书

(一) 创业计划书的概念

创业计划书,是创业者撰写的书面计划材料,旨在详述和阐释建立一家新公司的所有关键要素,也是创业过程中重要的组成部分。创业计划书的核心在于解答五个"W"和一个"H",即创业者身份(Who)、计划执行的事项(What)、执行事项的动机(Why)、计划的实施时间(When)、实施地点(Where)以及实施方式(How)。创业计划书是以创始人为作者,以创业者在初期时介绍与创业计划有关的外部要素和内部要素为主要内容,以创业为主线和目标的书面文本计划,该计划书的主要目的是向潜在投资者展示,以便他们评估企业或项目,并据此作出投资决策,从而为公司争取到必要的资金支持。

创业计划书涵盖了创业的定位、市场前景预测、商业模式的构建、资源的统筹(包括人力、财务、物资等)、经营策略的制定,以及商业理念和企业发展战略的制定。这样的计划书能够为创业项目提供指导性的行动方针,也是一份具有条理性、指导性、目的性的商业行动指南,也是创业者创业之前或在项目初期,通过进行详尽调查、分析和规划,形成初步的思想成果,为后续创业活动的顺利开展奠定了基础,并提供了必要的计划性文本。

(二) 创业计划书的特点

创业计划书是创业活动的纲领性文件,是展现创业思想、阐述创业思路、体现创业产品或服务、指导创业活动的基本线路图,具有如下几个特点。

1. 创新性

创意与创新构成了创业计划书的核心特质。创业者的独到创意和革新的商业模式必须通过创业计划书转化为实际的创业行动。这种将创意与新产品(或服务)的市场定位、资源分配、营销策略等多方面要素,以及企业内部条件与外部环境的完美融合,深刻揭示了创业计划书创新本质的特征。这也是创业计划书与常规工作计划和项目提案之间最本质的区别所在。

2. 系统性

系统性是创业计划书的重要特征。一份详尽的创业计划书能够全面展现创业过程的系统性。它包括了创业者的创意构思、机会的发现与识别、市场调研与分析、市场拓展与运营策略、产品或服务的开发流程、整体发展战略、营销战略、管理团队的构建、财务分析以及退出策略等关键要素。这些部分相互关联共同构成了一个完整的系统,每个环节都是为了实现系统整体目标而精心设计的子系统。

3. 指导性

创业计划书的核心目的在于展示创业理念,详尽地阐释创业构思,并突出创业产品或服务的独特价值,同时为创业活动提供明确的指导。计划书清晰地界定了创业团队的职责分工和管理运营架构,作为创业活动的纲领性文件,具有显著的指导意义。

4. 客观性

创业计划书是基于市场调研和深入分析提出的一个具有高度可行性的商业构想和经营模型,具有显著的客观性特征。

5. 易懂性

创业计划书应以简洁明了的语言呈现,确保逻辑严密、格式规范、结构清晰、内容通俗易懂,以便于投资者和相关利益方能够轻松理解并便于实施。

(三) 创业计划书的作用

1. 帮助创业者进行融资

获取贷款与投资的重要条件之一是拥有一份详尽且内容充实的创业计划书。这样的计划书能够帮助投资者快速且有效地全面了解潜在的投资项目,从而增强他们对项目的信心,并促使他们决定投资,进而帮助项目成功筹集到所需资金。

2. 协助创业者深入剖析自己的企业状况

透过精心策划的创业计划书,创业者能对其企业获得一个更为完整且深入的理解。它不仅助力创业者剖析目标消费群,还规划了市场渗透战略,构建了定价模式,并对竞争激烈的商业环境进行了界定,以便在其中脱颖而出。创业计划书的制定确保了所有这些关键要素能够和谐统一,共同推动企业向前发展。

3. 向合作伙伴提供有价值的合作信息

创业计划书旨在向商业合作伙伴及其他相关利益方提供全面而深入的信息,以便他们能够迅速洞察企业核心价值与运营机制,进而推动彼此之间建立更加紧密的合作关系或投资联系。

(四) 创业计划书的构成要素

创业计划书的构成要素主要包括事业描述、产品(或服务)的价值、市场状况、地点选择、竞争力分析、管理制度、创业团队、财务需求与运用、风险预测、企业成长与发展等方面,一般由十大要素构成。

1. 事业描述

可从以下问题进行思考:事业的本质究竟是什么?必须明确所要涉足的行业领域,是商业贸易、生产制造还是服务行业?销售何种商品?提供哪些服务?主要目标客户群体是谁?所选择的产品处于生命周期的初创期、成长期、成熟期还是衰退期的哪个阶段?即将进入的企业是初创企业,还是加入现有企业或接管现有业务?是以个人独资的形式,还是选择合伙经营或成立公司?如何确保盈利?

2. 产品(或服务)的价值

可从以下问题进行思考:产品或服务到底是什么,还是两者都有涉及。有什么特色的产品?能带给客户什么价值?跟竞争对手相比有什么差异?倘若产品或服务具有创新性和独特性,我们应如何激发消费者的购买欲望?反之,如果产品或服务并不具备显著特色,我们又该如何说服消费者选择我们的产品?

3. 市场状况

东西要卖给谁,首先要做好清晰的"市场定位",界定目标市场在哪里。可从以下问题进行思考:我们的目标或潜在客户是处于哪个年龄阶段?是在既有的市场去服务既有的客户,还是在既有市场去开发挖掘新客户?要知道真正的客户在哪里,产品对客户有什么样的价值?要用哪种营销方式,是直销还是找经销商?怎样去定位、上市、促销？市场是否竞争激烈，如果市场竞争激烈又该如何占据主导地位？怎么做好产品的定价，预算要怎么做？

4. 地点选择

对于大多数公司而言，地点的选择可能不会产生重大影响。然而，对于开设实体店的情况，店面位置的选择则至关重要。一个不理想的地点可能导致商店无法维持运营，而一个优越的地点则可能带来更高的利润。

5. 竞争力分析

进行竞争分析时，需密切关注与竞争者的关系。在开拓新市场之前，务必先进行详尽的竞争分析。竞争可能源自直接的竞争对手，亦可能来自其他行业。因此，每当有新竞争者加入市场，都应进行深入的分析。分析可从以下五个维度展开：识别最接近的竞争者、了解他们的业务模式、评估他们的业务与我们自身的相似度、探究能从他们那里学到哪些经验及思考如何超越他们。

6. 管理制度

要构建有效的管理制度，深入了解创业团队的专业技能及相关背景，要明确团队成员之间的互补性，识别团队的优势与劣势。此外，必须清晰地界定每个成员的职务和责任，确保分工明确。除了团队本身，是否有其他资源可分配和取得。

7. 创业团队

可从以下问题进行思考：要考虑人事需求是什么，还需要引进哪些专业技术人员？有专业技术的人在哪里，可否引入？是全职引入还是非全职，薪水是算月薪还是时薪？所提供的福利有哪些？有没有教育培训，这些人事成本会是多少？

8. 财务需求与运用

可从以下问题进行思考：如何有效地运用筹集或融资的资金？是用于日常运营周转，还是购置新设备？是用于采购原材料，还是投入技术开发中？资金的使用时机又该如何把握？此外，对于规格、品牌、价格、数量、运费、税金等具体需求，我们又该如何进行周密的考虑和精确的计算？筹集的资金对公司的盈利将产生怎样的积极影响？是否已经对接下来三年的损益表、资产负债表以及现金流量表进行了预测和规划？

9. 风险预测

经营企业必然伴随着风险，因此需时刻保持警惕。风险并不仅限于竞争的出现，可能源于多种因素。要充分考虑政策风险（宏观经济调控及产业政策导向等）、市场风险（技术、质量、服务、销售渠道及方式等）、财务风险（资本结构、资产负债率、应收应付款及现金流问题等）、法律风险（违约、欺诈、知识产权侵害等）和团队风险（核心团队问题及员工冲突、流失和知识管理等）。还要思考当风险来临时如何应对。

10. 企业成长与发展

创业计划书要阐明几个问题：下一步要怎么样？三年后要怎么样？五年以后要怎么样？创业计划若要长远经营，在规划时要能做到深耕化、多元化和全球化。

（五）创业计划书的撰写原则

高质量的创业计划书，应坚持以下的原则。

1. 目标清晰明确

创业计划书的阅读性很强，不同的阅读者关注的重点不同。因此，创业计划书的目标指向应当清晰明确，并在创业计划书中充分体现。切忌用一个格式写出"万能"的创业计划书。一份高质量的创业计划书应当具备明确的目标与鲜明的特色，长期目标应当精准定位，既能鼓舞团队士气，又能有效吸引投资者的目光。

2. 关键要素齐全

创业计划书的关键要素完备，具体来说，企业概况、产品或服务的详细分析、市场状况的深入研究、团队构建、经营策略、财务预测以及退出机制等都应充分地阐述。缺少关键要素的创业计划书，会使投资者觉得不够可靠、准备不足或遗漏隐瞒什么情况，会降低投资者对创业项目的认可度，影响其投资决策。

3. 论证分析透彻

创业计划书是一份以数据为支撑的书面报告，其说服力并非源自空洞的论调或浮夸的辞藻，而是建立在深入调查研究和大量一手数据的基础之上。通过精心的加工整理、综合提炼，并进行透彻的分析论证，这份计划书以直观、精确的语言概括了创业者的观点和意见。它描绘了发展的趋势、优势与劣势，确保投资者能够感受到这是一份值得信赖、可靠且具有说服力的创业计划书，从而激发投资者投资的信心。

4. 细节同等重要

好的创业计划书要形式规范，编排程序符合要求，重点突出，在细节方面更要精益求精，没有纰漏，能让投资者感到这是一份内容与形式完美统一的创业计划书，能够让投资者确信创业者具有极为认真的态度，从而消除他们对投资方面产生的疑虑，激发他们进行投资的意愿。毕竟，细节是成败的关键。一份内容杂乱无章、充满漏洞的创业计划书，是难以赢得人们信任和投资的。

（六）撰写创业计划书的禁忌要求

创业计划书是指导创业者创业、吸引投资者投资的重要参考，务必做到资料真实、分析到位、描述准确,避免出现如下错误。

1. 长篇大论,语言混乱

创业计划书应该简洁明了,避免冗长和繁琐的叙述。"长篇大论"不仅会让读者失去兴趣,还可能掩盖项目本身的亮点,同时也要注意语言上的逻辑性,避免撰写混乱,缺乏可读性,给读者造成"阅读障碍"。

2. 缺乏重点,分析不够

创业计划书要能让投资者从中清晰地感知到产品的优势及定位,需要明确项目的核心价值和竞争优势,避免泛泛而谈。如果分析只是停留在表面,就会让别人觉得项目"假大空",从而削弱项目的可信度,会让投资者觉得团队缺乏思考能力和创新能力。

3. 市场洞察未充分展开

市场洞察未充分展开主要表现在过于乐观的市场预测或缺乏深度的市场分析。例如,对市场和竞争对手的描述缺乏具体资料和数据,对市场容量和市场份额的估算方法不科学等。

4. 缺少数据支撑观点和预测

缺乏必要的数据支持会导致分析过于表面,提供的数据缺乏说服力,这无疑会引起投资人的担忧,使得项目的可行性和发展前景难以评估。

5. 团队描述不清晰

如果没有清晰地介绍创业团队的背景、经验和能力,或者对团队的重要性描述不够,可能会使投资者对团队能否成功执行计划产生疑虑。

6. 过多细节,忽视执行

不要过于强调产品的功能细节,而是应该聚焦于产品如何解决用户的问题。投资人更关注的是产品能够带来的实际效益,而不是技术实现的细节。

7. 缺少执行计划和里程碑

没有详细的执行计划和关键里程碑,无法展示创业项目的推进步骤和时间表,可能会让投资者感到项目的执行难度较大。例如,强调面临的市场容量或生产能力,制定了销售目标,却缺乏销售目标的具体执行计划。

8. 忽视风险与挑战

创业过程中难免会遇到各种风险和挑战,对风险及挑战预计不足,过于乐观或者忽视这些问题,都会使计划书显得不够成熟。相反,应当客观描述可能产生的风险,并提出相应的解决方案或应对策略。

9. 财务预测不切实际

过分乐观的财务预测、没有依据的数据或忽略成本和风险的财务规划,都会削弱计划书的可信度，因此，务必确保财务预测基于合理的假设和市场数据。

（七）创业计划书的撰写内容

创业计划书的内容多少主要取决于使用者对信息的需求，综合考虑到内外部使用者的需求，一份完整的创业计划书应涵盖以下关键部分：企业描述、产品或服务（产业分析、产品分析、市场分析）、竞争分析、创意开发（研发计划、生产经营计划、营销计划）、创业团队、财务分析（资源需求、融资方式、投资回报）、风险分析和退出策略等（见图7-6）。

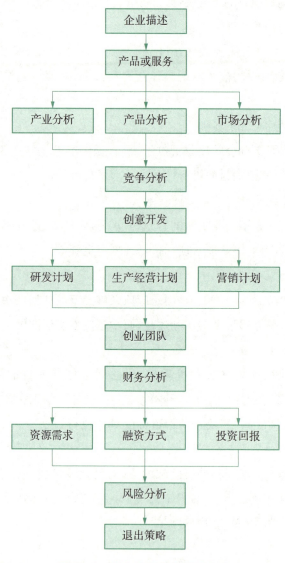

图7-6 创业计划书的撰写内容

（八）创业计划书的框架结构

一份完整的创业计划通常由四方面内容组成。

1. 封面和扉页

封面应包含公司名称、创始人姓名、联络方式、电子邮箱、公司地址、成文日期以及创业计划编号等信息。扉页通常包含保密声明，声明中需明确指出该创业计划书含有商业机密，其所有权归特定公司或项目所有。因此，未获得授权的情况下，禁止对计划书进行复制、泄露或传播给第三方。保密须知会对创业项目起到法律保护作用。

2. 目录

目录就是正文的索引，按照章节顺序逐一排列并对应页码。切记不要遗漏项目或者标错页码，细节决定成败，这个是态度问题。内容不宜过于细致，只体现章节或者重点即可，排列要有序和工整。

3. 正文

创业计划书的关键部分是正文，涵盖摘要、主体和结论三个主要章节。

（1）摘要

摘要作为创业计划书的序言和核心概览，提供了一个全面而直观的框架，必须精准地传达创业计划书的精髓和品质。通常，摘要应涵盖以下关键信息：企业的基础资料、核心竞争优势、市场分析、营销策略、管理策略、财务预测以及团队介绍。摘要往往是阅读者关注的焦点，决定该计划是否能吸引投资或在竞争中脱颖而出至关重要。因此，创业者在撰写创业计划书时，应特别重视摘要部分的编写。

摘要是创业计划全部要点的概括，切记内容要简洁和一目了然，使阅读者在短时间内对创业计划有个大致了解，内容要鲜明、有特点、有亮点，彰显项目的独特性、市场潜力以及其实施的可行性。

（2）主体

主体是创业计划的核心部分，需要将创业计划的各个方面内容具体展开叙述，具体内容包括企业描述、产品和服务、市场分析、管理团队、研发和生产、营销策略、竞争分析、财务预测、风险分析与对策、退出策略等相关内容。

主体部分繁多且复杂，其逻辑关系要极为清晰。切记无论几人分工完成，在分工前一定要对创业项目有清晰、统一的认识。各个部分的原始数据，应是团队通过前期的市场调研与预测统一获得的，只有这样才能保证前后数据的一致性。

(3) 结论

结论是对于创业计划展现内容的总结式概括,与摘要首尾呼应,体现了创业者创业计划的完整性,一般包括撰写团队分工介绍、撰写过程中的感受、创业项目的后期执行设想与致谢。切记结论千万不要省略,内容不宜过多,应做到精练概括。

总之,正文是创业计划书的主要内容,不同的创业计划书正文部分有所差异,但大多数创业计划书正文部分所包含的内容大同小异。

4. 附录(附件、附表)

附录是主体内容提及的相关数据和资料的补充,供阅读者参考查阅。把证明创业项目的各种参考资料、数据分析情况和各种资质呈现出来,用以佐证创业者对于创业项目的资质和信心,便于阅读者参考和更为清晰地了解创业项目与创业者的能力,增强阅读者对于创业者的信心。附录一般包括专利授权证书、技术说明、企业营业执照、商业合同、市场调查问卷、企业管理制度以及项目相关的获奖证书等。由于创业计划主体篇幅有限,附录是对于创业项目很好的补充。

创业计划书的结构与内容可通过表格展现出来,见表7-3。

表7-3 创业计划书的结构与内容

序号	结构	主要内容	注意事项
1	封面和扉页(保密要求)	项目或企业名称、创始人姓名、联络方式、电子邮箱、公司地址、成文日期以及创业计划的编号等	标题页放置企业的项目标识或重要产品图;保密要求可以置于标题页,亦可安排在扉页
2	目录	各部分内容及页码	注意确认目录页码和内容的一致性
3	正文	项目概述、管理团队介绍、产品/服务描述、技术研发情况、市场与企业前景分析、营销策略、生产流程、经营管理、融资计划、财务预测以及风险防范措施	作为创业计划书的主体部分,提供详实的数据支持以增强可信度,同时应聚焦关键信息,确保内容真实可靠
4	附录	详细的数据、表格、报告等	对正文中提及的相关数据、资料的补充,供参考查阅

第三节　风险防范

美国世通公司(Worldcom)为什么会破产

世通公司是美国第二大电信公司,曾在美国《财富500强》中排名前100位。

然而就在2002年,世通公司被揭露采用将运营性支出伪装成资本性支出等手段进行财务造假。1998年至2002年期间,虚报利润110亿美元。

事件发生后,世通公司的股票价值急剧下降,从峰值的96美元跌至0.9美元。2002年末,世通公司向法庭提出了破产保护申请,这成了美国历史上最大规模的破产案件之一。2003年底,世通公司已经完成了重组。世通公司的四位高级管理人员,包括首席执行官和首席财务官,承认其参与了共谋欺诈的行为,并因此遭到了联邦法院的刑事指控。

这是美国最大的个案,美国证监会和法院调查发现:世通的董事会持续赋予公司的CEO(Bernard Ebbers)绝对权力,让他一人独揽大权,而Ebbers却缺乏足够的经验和能力领导世通。美国证监会的调查报告指出:世通公司缺乏有效的监督机制,其董事会未能履行对管理层的监管职责。审计委员会的年度会议仅持续3到5小时,记录简略,且仅限于审阅内部审计部门的总结报告或其摘要,从未对内部审计的工作计划提出过改进建议。此外,公司给予高层管理人员的高额薪酬和奖金远超其对公司的贡献,形成了一个利益固化的集团。

世通公司向高层管理人员支付的薪酬和奖金数额庞大,远超过他们为公司带来的实际价值,这一现象促使了一个内部特权团体的形成。这个团体的存在,加剧了公司内部的资源分配不均,最终导致世通公司的破产。

来源:《世通公司破产的启示》(有删改)

一、风险与影响因素

(一) 创业风险的含义

一般认为,创业风险是指"由于创业机会与创业企业的复杂性、创业者与创业团队能力与实力的有限性、创业环境的不确定性导致创业活动偏离预期目标的可能性"①。创业风险会对创业者及企业的现有资产、商业模式和潜在利润带来不同程度的损害。

由于风险的客观性,在创业的过程中进行风险管理非常必要,识别创业风险、规避和化解风险是创业过程的重要任务之一,并贯穿于创业过程的始终。大学生群体自身存在着社会经验不足、创业管理知识不够以及资金来源不稳定等特点,在创业中,更要对创业风险有系统深入的认识,并在此基础上建立有效的风险管控机制,进而提升创业成功的可能。

(二)影响创业风险的因素

创业的过程中时时刻刻存在着创业风险,创业者需要了解不同因素对风险作用的方式与机制,从而对各个因素进行有效调整,并在各个因素的综合作用下有效管控风险。影响创业的风险因素一般被概括为人、财和事,即创业团队、资金和项目三个方面。

1. 创业团队

人是社会生产中最活跃的因素。创业成功最关键、最核心的因素是人,具体来说企业中的人就是创业者与创业团队,优秀的创业者与创业团队可以将好的想法、创意转化成为具体可行的项目。人作为活动的主体,在创业过程中可以充分发挥主观能动性,通过知识、情感与意志的共同作用,改造客观的环境,为成功的创业活动服务。同时也应注意到,环境对人的影响以及人的不稳定性,片面地认识人的主观能动性反而会增加风险所带来的危害。

(1)团队成员的背景与经历

团队成员的经历与经验对创业者与创业团队有至关重要的影响。一支新的创业团队,团队成员的经验与背景是创业团队的重要起点,在一定程度上体现着创业团队的业务水平、人际关系和综合实力。为了避免团队内部产生的风险,更好地化解环境带来的风险,注重团队的分工与搭配就显得尤为重要,团队的有机构成可以发挥出整体力量大于部分力量之和的合力优势,克服前进道路上的风险与挑战。如果在团队分工职能上有所缺失,必然存在着潜在的风险,成为企业成长的短板。

---

① 张香兰,程培岩,史成安,高萍.大学生创新创业基础[M].北京:清华大学出版社,2018:139.

（2）团队的情感与意志

人既是理性的，也是感性的。在创业过程中，创业者不同的情感态度也会在面对同一问题时产生分歧，特别是面对风险的发生时，必须及时协调团队成员，做好团队核心成员的沟通工作，形成统一意志。心往一处想，劲往一处使，共同面对风险。始终保持初心，不仅要体现在业务工作上，也应当贯穿在情感与人际当中。

2. 资金

资金是企业生存的命脉，所有的企业活动都需要资金的支持。项目和团队只有在资金的支持下才能实现企业的各项活动。在企业的经营活动中，资金可以分为现金流和资本两个部分，其中现金流是企业活动的血液，资本则是企业发展的动力。因此，资金影响的风险往往具有决定性。对于大学生创业者，面临更多的是资金缺乏的风险。

（1）现金流

现金流对于初创的企业具有极为重要的战略意义，是维持企业发展稳定的重要因素，解决现金流的问题，本身就是解决企业风险的问题。在企业创办的初期，创业者和创业团队要运用一切办法维持现金流，使得企业能够真正生存下去。对于新企业，资金短缺风险十分突出，现金流中断是新企业的致命伤，这一点大学生创业者务必要注意。

（2）资本

资本作为企业发展的动力，与企业体现为对立统一的关系。一方面，资本与企业有相互合作的意向，表现为资本与企业的有机统一；另一方面，资本与企业在控制权上始终存在对立与斗争。为了解决这一矛盾，要抓住谈判这个最大的风险点，经过谈判后，企业的支配权、利益的分配权、责任的划分都将确定，所以要关注谈判带来的风险。在资本的进入过程中，由于资本本身具有增殖的可能并带有扩张性，因此必须处理好企业控制权的问题，同时要分辨不同种类的资本，要在外部搜寻有价值的资源，以免带来长期的隐患。

3. 项目

创业人与创业企业的活动都是围绕着项目来展开，企业存在的意义就是执行和完成项目。项目本身由其内因和外因两方面构成。

在项目中，不受外界控制和影响的、构成项目本身的即项目内因。一方面，项目的产品与服务是项目的基础，产品和服务的技术水平、代际转换和销售渠道都是企业面临风险的因素。另一方面，项目的商业模式是企业的经营方式，即使对同一种服务,采取不同的商业模式也会产生不同的效果。商业模式影响着市场、客户以及盈利方法,同样是影响企业风险的因素。

项目的发展始终处在一定的环境之中,并受到环境的影响,这些因素即项目外因。主要包含三个方面:一是行业选择,也就是创业机会选择,在机会选择的过程中蕴含着风险,机会选择直接影响了企业的发展;二是市场环境,市场环境具体体现在用户需求变化、产品技术更新、竞争对手活动和资本的流入与转出等方面,所有的变化都会对项目的发展产生影响;三是政策支持,政策作为影响项目的重要因素,紧密地联系企业,对于一些与政策导向密切相关的企业,政策的变化甚至决定企业和项目的生死存亡。

二、风险的防范与管理

(一) 创业风险的防范

1. 系统性风险防范的可能途径

由于创业者和企业很难对系统性风险产生影响、进行控制,也无法采取有效措施进行消除。因此,创业者与企业应当运用合理的方法手段进行规避,主要有认识分析、准确预测和科学应对三个方面。

(1) 认识分析

创业者与企业要认识和分析外部环境,把握环境的变化。创业者与企业既要对宏观环境有正确的认识和把握,正确认识社会环境、国家政策、行业发展趋势等,也要系统地了解微观环境,对地区政策、人口特点、市场情况精准识别。通过对外部环境的认识分析,增强对系统性风险认识的准确性。当前,我国正在实施更加积极的就业政策,贯彻鼓励创业的方针,在税费减免、小额贷款、户籍政策、项目支持、技能培训等方面都为大学生创业提供了政策的便利,为大学生创业提供了新环境、新机遇。

(2) 准确预测

经过对外部环境的认识分析,掌握系统风险的发生规律,进而对系统风险进行预测。创业者和企业利用以往经验、知识,调动团队内外力量,运用科学的方法对系统风险进行分析,掌握创业活动变化的规律,预测可能发生的风险以及风险带来的影响,从而制定好应对系统风险的策略。

(3) 科学应对

在认识分析和准确预测的基础上,面对具有不可分散性的系统风险,科学的应对策略尤为重要。创业者与企业对预测发生的系统风险采取科学巧妙的措施,尽可能规避或降低系统风险带来的损害。如在预测到经济走势低迷时,增加现金持有量,减少环境带来的不利影响。

2. 非系统风险防范的可能途径

非系统风险一般由特定的创业者和企业自身因素引起,并只对该创业者或企业产生影响,创业者和企业可以通过一定的方法手段进行预防和分散,也能在一定程度上对非系统性风险进行控制。

(1) 机会选择风险防范

要求创业者在创业之初对创业的风险和收益进行全面的调查与评估,将预期收益与现实情况进行比较,分析权衡创业的选择与机会。只有在条件较为成熟时,才可以通过创业实践将商业机会转化成为创业项目,并且自身的成长发展也能够在创业活动中得到满足,应当抓住机遇,开始创业。反之,当各方面条件尚不充足、创业资源比较匮乏、创业时机较为模糊、难以作出判断和选择时,则不宜直接进行创业机会的选择,要继续积累经验,提升能力,确保作出正确的选择,规避风险,选择机会。

(2) 人力资源风险防范

人才是创业活动中最重要的资源,也是最活跃的因素,要充分关注人力资源的风险。创业者要提升自身素质,通过学习与实践提升自己的素质和创业能力,使自身能力能够与创业活动相匹配。创业者还要科学地进行团队管理,运用沟通、协调、激励、惩罚和评价手段,提升团队管理有效性,提高创业团队凝聚力。合理配置创业团队构成,根据职能要求组建创业团队,重视团队成员的准入与吸收,明确团队成员权利与义务,做到人岗匹配、各尽其职。

(3) 技术风险防范

科学技术作为第一生产力,在创业的过程中也发挥着重要作用。创业者和企业在开发或应用新技术前,要对技术开发与技术选择进行充分论证,系统地讨论是否可行,以及存在的风险和收益,对可能发生的技术风险进行预警。通过建立联合开发组织、技术联盟、创新联盟等组织,进行共同的技术开发,将技术风险进行分散。提高技术创新的能力、技术进步的动力,用技术的发展解决技术风险问题。知识型、技术型的产业要注重知识产权的保护,及时进行专利申请、技术标准申请等保护措施,有效利用法律手段维护自身合法权益。

(4) 管理风险防范

管理者与管理团队的素质在创业过程中始终发挥着作用。管理者要不断提升创业团队核心成员素质,丰富管理知识,提升管理水平。管理团队要适应环境的发展变化，与时俱进开展管理与决策工作。管理者还要处理好民主与集中的关系，既要发扬民主合理分配权利，又要统一集中，形成集体智慧与集体力量。

(5) 财务风险防范

融资困难、资金结构不合理是许多企业财务的主要问题和财务风险来源。创业者与企业要对资金进行合理规划和准确估计，避免资金不足给企业带来的风险。注重创业者和企业的信用建设，提升融资水平和有效性。创业者和企业要立足长远，辩证对待当前与长远的关系，合理设置财务结构。同时密切关注企业现金流，警惕现金流发生严重问题。

(二) 创业风险管理策略

1. 风险规避

风险规避是指主动放弃或拒绝实施某些可能引起风险损失的方案，也是处置风险最常见、最彻底的一种方法。在风险到来之前，主动放弃能够带来风险的项目，就能够完全消除该风险可能造成的损失。但是，风险规避的局限性也很明显，放弃了项目带来风险的可能，同时也放弃项目带来收益的可能。所以，当某一特定风险导致的损失频率和损失幅度相当高，且其他管理方法也呈现出管理成本大于收益时，才能将风险规避作为有效手段。

2. 风险控制

风险控制是指有意识地采取行动，设法降低损失概率和损失幅度的方法。风险控制策略主要是针对不想放弃且不想转嫁的风险，包括预防损失控制和减少损失控制两种主要手段。要加强顶层设计、规范业务流程、选好商业模式等，建立全面立体的内控机制，提高风险控制的有效性。

3. 风险转移

风险转移是将面临的损失风险转移给其他主体的行为。需要进行转移的风险往往损失大于可以控制的风险，一般采取保险和非保险两种手段。保险手段是将风险转移至保险公司，要规划好投保方案，选择可靠安全的保险公司。非保险手段多使用合同、协议等将责任分散或转移给其他主体。如出售企业风险资产，也可作为企业风险转移的手段。

4. 自担风险

自担风险也称为风险保留与承担，是指企业依靠自己的资金实力弥补已出现的风险损失的一种方法。一般用于处置残留风险或不能避免的风险，主要方式为设立应急基金，自担风险会造成较大损失，与经营成本风险不同。

【思考题】

1. 根据市场需求并结合自身优势提出一个切实可行的创业项目,撰写一份创业计划书。

2. 创业者需要具备的能力有哪些?如何组建自己的创业团队?

3. 识别创业机会的方法有哪些?创业者如何识别和选择创业机会?

4. 创业的风险主要有哪些?如何防范和避免创业风险?

5. 任选一家中国知名企业,分析其商业模式画布。

第八章

互联网创业

教学目标

知识目标：认识互联网创业的要素与政策背景。

能力目标：掌握互联网创新思维与互联网创业模式。

素养目标：用创造性的思维方式认识和感知事物，特别是能将互联网创新思维应用到创业活动中。

本章导语

互联网的产生与发展在人类历史上具有里程碑的意义,是人类史上具有重要意义的一场信息技术革命。互联网的产生、发展及繁荣进步,深深地根植于自身的强大生命力中。伴随着互联网技术的进步,其使用者的规模不断扩大、结构不断优化,促使互联网的发展不断由技术主导向用户体验主导转变。运营商去电信化转型正是互联网适应新时代需求不断优化环境的一个重要体现。

新一代互联网一方面应具备为各类用户即时提供安全便捷服务的能力,另一方面还应具备弹性扩展和持续创新的能力。互联网发展呈现三大趋势:互联网用户向移动客户端迁徙,以大数据为基础的精准营销,互联网向日常生活各个领域渗透。由此可见,迅速扩展的市场和庞大的消费者群、高度自主自立自由的市场环境、虚拟与现实的结合、直接与间接的结合、大众化与个性化的结合、动态与静态的结合,这七大互联网的商业特点,决定了互联网创业为最佳的创业切入点。

第一节 互联网创业概述

案例导读

让热爱当最好的老师

汪滔,大疆创新科技有限公司创始人、董事长。怀着对"飞翔梦"的不懈追求,带领大疆走向国际。

他出生于浙江杭州,从小喜欢航模,玩过塑料拼装玩具,也玩过遥控模型,特别迷恋遥控直升机。2005年,他在香港科技大学准备毕业课题。很少有本科生自己决定毕业课题的方向,但他决定研究遥控直升机的飞行控制系统,还找了两位同学说服老师同意他们的研究方向。他要解决的核心问题,正是他儿时对直升机最期待的想象——"可以停在空中不动,想让它停哪里就停哪里"的自动悬停。学校给了他的团队18 000元港币作为课题启动经费,他们却失败了。不服气的他,继续没日没夜地研究,终于在2006年1月做出第一台样品。

2006年,他在攻读研究生课程的同时和一起做毕业课题的两位同学正式创建大疆创新科技有限公司(以下简称大疆),研发生产直升机飞行控制系统。从2011年开始,大疆不断推出多旋翼控制系统及地面站系统、多旋翼控制器、多旋翼飞行器、高精工业云台、轻型多轴飞行器及众多飞行控制模块。2014年,无人机概念大热,创业团队、上市公司、投资人纷纷涌入,产业链上下游高度繁荣。面对激烈的市场竞争,大疆凭借强大的技术积累与研发实力不断发展。截至目前,大疆从无人机系统拓展至多元化产品体系,在无人机、手持影像系统等领域成为全球领先的品牌,以一流的技术产品重新定义"中国智造"内涵,业务遍及100多个国家与地区,占行业主导地位。

来源:根据《经济日报》等官方信息整理

一、类型与要素

互联网创业,是以提升平台价值、聚集客户为目标,针对目标市场进行准确的价值定位,通过网络平台,将内部资源整合起来,建立共同参与的产业链,共同进行价值创新的生态系统,以形成高效独特的运行系统,并通过不断满足客户需求、提升客户价值和建立多元化的收入模式,使企业达到持续盈利的目标。早期大多数的互联网创业者都是从事 IT 行业的人士,但经过多年的发展,互联网创业门槛已经大大降低,任何通过互联网的创业均可以称之为互联网创业。

(一) 互联网创业的特点

1. 创业项目创新性

创业者要有创新精神,有独树一帜的新思维,并推出与众不同的创新产品,这样才能够吸引消费者,从而获得梦寐以求的高回报,并在湍急的竞争洪流中站稳脚跟。在互联网的新经济模式下,创业、创新和创投是"铁三角",三者缺一不可。

2. 创业主体多元化

互联网的发展使得社交网络呈扁平化发展,信息技术和知识点的传播速度非常惊人,创业主体开始出现多元化,创业者由最初的技术精英发展到现在的普通大众。

由于互联网是一种不受地域限制的市场环境,因此,互联网出现的商业机会远远大于在本地区或当地城市能够利用的市场机会。即使是一项很奇特的产品或服务,也可以在互联网的巨大市场空间内找到足够的用户或消费者,从而成为一项有价值的创业选项。

3. 创业成本低

只要创业者有创意,研究出创新项目,就能通过互联网和社交平台寻找相关人才,吸引投资者,建立专业团队,运作新项目,大大降低创业所需资本。

加之互联网开店不需要传统店面租金和装修开支,不需存货,甚至连首批进货资金也可以省去,所需的启动资金大大减少,加上互联网的使用成本低,企业运行的成本也较低。因此,对于许多年轻人和缺乏资金的人来讲,互联网创业是一个比较好的选择。随着各国互联网应用的普及,国内外很多人都有可能进入互联网市场,推销自己的产品或服务。

4. 创业衍生性强

在互联网时代,创业产业链非常长,衍生性也很强。要做互联网创业,需要结合传统的产业模式,让创业模式更加多样化。创业者的创新思维和产品可以通过互联网,采取线上和线下相结合的传播方式,推荐给目标消费者及用户,使客户提前感知产品,满足客户对产品的需求。

互联网创业经营方式灵活,不受时间、地域的约束,既可以 24 小时×365 天经营,也可以由计算机接收处理交易信息。无论白天晚上都可照常营业,有人无人也影响不大,这对于那些兼职创业或希望享受更多业余生活的人来讲,无疑是得天独厚的便利条件,而且交易时间的全天候使得交易成功的机会大大提高。

(二) 互联网创业的类型

1. 营销类互联网创业

成本低、回报快、风险小、操作性强、形式灵活等,是营销类互联网创业的基本特点。对于大学生来说,创业启动资金有限,时间精力相对不足,可以以营销类互联网平台为依托尝试创业。

2. 智力服务类互联网创业

凭借自身智力和专业优势,大学生可以利用自己的专业知识与实践能力,考虑通过建设基础网站,提供各类互联网线上咨询服务、技术服务、硬件配套功能开发及维护等服务方式,满足消费者智力服务需求。

3. 高技术项目类互联网创业

云服务、人工智能、物联网、专业技术等高科技手段的不断出现,为大学生等高科技知识技术拥有者提供了很大的创业前景和发展空间。以互联网为依托,以专业技术能力为支撑,使得互联网创业成为众多风险投资者从事高新技术项目类创业的首选。

4. 电子商务创业

电子商务创业是利用互联网技术开展商品营销创业的总称,既包括在相关网络平台上进行商品营销与销售的活动,也包括利用即时通信工具等进行营销的活动。近年来,中国电子商务持续保持快速发展,对生产、流通、消费乃至人们的生活带来了变革性影响,这不仅为中小企业创造了更多的发展机会和空间,而且在促进就业、带动传统产业转型升级、推动全球贸易便利化等方面发挥了重要的作用。2023年,商务部贯彻落实党中央、国务院关于加快发展数字经济的决策部署,推动电子商务在恢复和扩大消费、促进数实融合、深化国际合作中发挥重要作用,高质量发展取得积极成效,扩大消费新动能更加强劲。2023年全国网上零售额15.42万亿元,增长11%,连续11年成为全球第一大网络零售市场;实物商品网络零售占社会零售比重增至27.6%,创历史新高;绿色、健康、智能、"国潮"商品备受青睐,国产品牌销售额占重点监测品牌比重超过65%;促进家居消费政策出台以来,8—12月适老家具、家庭影院、家用装饰品分别同比增长372.1%、153.3%和64.6%。

电子商务按照交易主体可以分为企业与消费者电子商务(B2C)、企业与企业之间的电子商务(B2B)、消费者与消费者之间的电子商务(C2C)三大类。如果把政府电子采购也算作电子商务的一类,把政府看作电子商务的交易主体之一,对应的电子商务类型为企业与政府之间的电子商务(B2G)。相对应的电子商务创业也可以分为B2C、B2B、C2C、B2G创业。按照电子商务的终端设备可以分为PC端电子商务创业(或称为传统电子商务)和移动电子商务创业。传统电子商务创业是指基于PC的电子商务创业,其显示屏幕较大,展示的内容较为详细、丰富,可以利用淘宝、京东等开店进行创业。移动电子商务创业是指利用移动电子设备如智能手机、iPad等开展的商务创业,如微店、有赞创业等。

按照电子商务创业产品销售的范围可以分为跨境电子商务创业和非跨境电子商务创业。跨境电子商务是指利用电子商务开展进出口业务的活动总称。目前,利用一些平台开展跨境电子商务创业已经成为趋势。

5. O2O创业

O2O,全称Online To Ofline,又被称为线上线下电子商务,区别于传统的B2C、B2B、C2C等电子商务模式。O2O就是把线上的消费者带到现实的商店中去,在线支付线下商品、服务,再到线下去享受服务。通过打折(团购,如美团、大众点评等)、提供信息、服务(预订,如携程)等方式,把线下商店的消息推送给互联网用户,从而将他们转换为自己的线上客户。这样线下服务可以用线上来揽客,消费者可以在线上来筛选服务,还有成交可以在线结算,很快达到规模效益。目前,O2O模式被广泛应用在租车、快递、旅游、餐饮、理发、洗车等领域。

6. 互联网平台创业

"互联网+"时代,由于技术的快速发展,互联网平台也成了创业者最关注的创业方式之一,如智慧旅游平台、电子元器件垂直电子商务平台、生鲜农产品电子商务平台等。在移动互联网时代,各类App作为应用或管理平台不断创新,如各类打车租车App、家政App等。

7. 智能制造创业

智能制造也可以称为"互联网+制造业",是由智能机器和人类专家共同组成的人机一体化智能系统,它在制造过程中能进行智能活动,如分析、推理、判断、构思和决策等。它通过人与智能机器的合作共事,扩大、延伸和部分地取代人类专家在制造过程中的脑力劳动。它把制造自动化的概念更新,扩展到柔性化、智能化和高度集成化。智能制造成为德国、美国和日本等制造业发达国家的新竞争力方向,我国也发布了《中国制造2025》。无人机、机器人以及无人驾驶汽车等成为当前智能制造创业的主要方向和热点。

8. 物联网创业

物联网通过智能感知、识别技术与普适计算等通信感知技术,广泛应用于网络融合中,也因此被称为继计算机、互联网之后世界信息产业发展的第三次浪潮。物联网是互联网的应用拓展,与其说物联网是网络,不如说物联网是业务和应用。因此,应用创新是物联网发展的核心。农业物联网、车联网等成了物联网创业的热点。

（三）互联网创业的要素

每个成功的互联网企业背后,都拥有自身的独特优势,其成功离不开这些优势的发力,也正是因为这些自身的独特优势,使别的企业难以效仿和照搬。但是,它们身上同时又具备一些共性因素。通过梳理可以发现,成功的互联网创业均包括以下五大要素(见图8-1)。

互联网创业

图8-1 互联网创业要素图

1. 创业者个人品质

在中国家喻户晓的互联网公司的创始人身上,都具有一种独特的个人魅力。正是因为这种个人魅力,才使得很多人聚焦在他们周围,跟随着公司的创始人拼搏奋斗并拥有更美好的未来。创业者一般都具有敏锐的业务洞察力、真知远见、坚强毅力、魄力胆识、强执行力等优秀品质,以及很强的学习能力和自我剖析能力。

"85后""流量小生"和"90后""汉服达人"的互联网创业故事

2. 用户体验的质量管理

互联网创业的中心目标就是满足用户需求,产品是满足用户需求的各个功能的组合,具有良好的用户体验的产品一般具有更高的用户黏度。产品用户体验差、用户使用满意度低,是导致许多企业家创业失败的直接原因。要提升用户使用的满意度,离不开技术支持:一是团队内部的技术实力和产品设计能力,其关键在于技术团队的建设;二是善于利用外部公司的技术实力。

3. 科学的商业运营模式

各公司的业务运营模式不尽相同。对大多数国内互联网公司来说,找到适合自己的商业运营模式都需要一个过程。某一种商业运营模式并非适合每一家互联网公司,每家互联网公司的定位、起步、发展等要素均有所不同,彼此之间的互联网环境不同,公司之间存在较大差异,市场上的 Internet 业务模型也各不相同。因此,简单地模仿其他家的运营模式,很可能导致失败。实践表明,简单清晰的业务模型比复杂多变的业务模型,更适应于企业发展,也更容易被市场和投资者认可。

4. 合理有效的营销策略

一种产品要想顺利进入市场,必须要有配套有效的营销策略作支撑,否则很难成功。例如小米公司凭借其粉丝营销模式,短时间内在互联网行业迅速崛起,成为互联网公司的新贵,但其粉丝营销模式也存在一些不足之处。一个好的营销策略,如果每个人都使用,它将会变得索然无味,自然不会达到理想的营销效果。如"饿了么"的成功,其营销方式功不可没。一是市场细分。根据外卖的特殊性,我们可以将其分为大学校园、大型社区、办公聚集地等主要市场。"饿了么"最开始的目标市场相当明确,就是在校大学生。在创业初期,"饿了么"对市场进行了细致的调查,已看好校园外卖市场的可平衡性、可实现性、可盈利性。这个市场有巨大的潜力,且没有被大型企业控制。它在"攻下"大学校园外卖市场之后,又将社区、办公聚集地等划入了市场范围。二是市场定位。"饿了么"三个字让人容易和外卖的业务联系起来,这是一种谐音促记的市场定位方式。为了与众不同,成为行业的领头羊,"饿了么"非常注重服务。可见,要想取得巨大的成功,正确有效的营销策略必不可少。

5. 团结奋进的创业团队

成功的互联网企业与创始人的独特个性密不可分,而创始人团队的作用也同样不容忽视。我们可以看到,一家互联网企业成功的关键在于获得人才,特别是关键人才。一家新成立的企业,特别是创业企业,它的核心毫无疑问是创业团队,准确地说,要有一个好的运营和高效执行力的团队。该团队应具有一定的凝聚力和向心力,团队成员的价值观和理念基本一致,能力、品性与优势最好互补,要有一定的包容性,忌犯晕轮效应。

创始人的个人魅力、团队团结奋进的凝聚力、用户对产品的高质量体验、科学合理的商业模式以及配套高效的营销策略均是互联网企业成功的重要因素。

• 钟 形 曲 线 •

钟形曲线(bell curve)也称拉普拉斯-高斯曲线,又称正态曲线,是一根两端低中间高的曲线(见图8-2)。它首先被数学家用来描述科学观察中量度与误差两者的分布。比利时天文学家奎斯勒首先提出,大多数人的特性均趋向于正态曲线的均数或中数,越靠两极的越少,从而把正态曲线首先应用于社会领域。

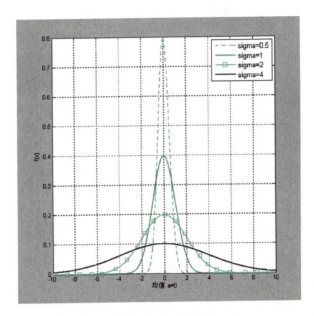

图8-2 钟形曲线

一个新产品、一项新服务的扩散过程就是一条钟型曲线。有活力的创新产品和服务一开始都显得另类或新潮,甚至令大多数人很费解。创业者要推动创新产品成为消费潮流,一开始是很困难的。一般的方法就是首先要有一小部分人作为先驱者(称为"极客")把创新的潮流带起来。在早期尝鲜者的影响下,有一群人,他们是早期的接受者,再把创新产品进行进一步传播。这时候,会有下一拨早期的追随者把创新的产品推到一个高峰,直至普通大众跟风应用。这是比较传统的新产品或新服务扩散推广的过程。

互联网特别是移动互联网时代,这种传统的、低效的、缓慢的传播是创业公司消耗不起的。好在,同样是互联网的巨大威力可以重塑信息传播机制,让"极客"成为先驱者和早期接受者,成为意见领袖,就可以迅速扩散潮流,提前引爆创新产品在主流群体的流行。在互联网时代,引爆点得益于"极客"人群可以大幅度前移,极大地缩短新产品、新服务的传播推广时间。

这里的"极客"不仅仅是技术理工男,也包括"极客妈妈""极客爸爸""极客厨子""极客驴友""极客吃货"等。独到的技术洞察力、专业知识、时尚品位、特技擅长,让"极客"们在一定的圈子里成为意见领袖,具有惊人的传导力与影响力。

例如,小米最初的口号就是"专为发烧友而生",雷军最早发现并运用了"极客"的传播力量与价值。主打面向发烧友群体,是希望借助这一窄众群体对小米手机体验的分享,来进行口碑营销。从小点着力,雷军更关注的是第 1 台、第 100 台手机是怎么出去的。小米准确定位种子用户,从 100 位骨灰级发烧友到 100 万核心发烧友,再到 1 000 万刷机发烧友用户和 1 亿移动互联网上最活跃的用户,这就是小米手机从小到大、从少到多、从默默无闻到引爆流行品牌的传播过程。

  案例导读

小米创业成功的秘诀

2010 年,雷军创立小米,开创了"互联网手机"新品类。在整个创业过程中,小米始终奉行"与用户做朋友、与用户一起玩"的理念,在研发、设计、市场、销售、服务、管理等价值链环节与用户进行深度互动,在智能手机这个红海市场取得了惊人的业绩。如今,小米是全球第三大智能手机制造商,在 30 多个国家和地区的手机市场中进入了前五名,特别是在印度,连续 5 个季度保持手机出货量第一。小米还通过输出独特的创业方法论,带动了更多志同道合的创业者,共同建成了连接超过 1.3 亿台智能设备的物联网平台。面对小米互联网创业快速成长的新现象,理论界与实践界的解读呈现出"仁者见仁,智者见智"的局面。

小米互联网创业背后的商业逻辑到底是什么?它为什么能超常规发展?这个故事告诉我们:多维视角的创业认知有助于作出正确的创业决策,价值共创的核心在于打造员工与用户之间的互动体验平台,用户导向的竞争力指标适合于评价互联网创业绩效。

来源:施慧洪《"互联网+"创业案例分析》

二、互联网创业者

伊斯雷尔·柯兹纳(Israel M. Kirzner)认为,创业者具有能够辨认市场不均衡所带来的机会,采取行动从中牟利,并且具有预测下次不均衡发生的能力。布罗克豪斯(Brockhaus)认为,创业者是一位有愿景、会利用机会、有强烈企图心的人,愿意担负起一项新事业,组织经营团队,筹措所需资金,并承受全部或大部分风险的人。阿瑟·查尔斯·尼尔森(Arthur C. Nielsen Jr.)认为,愿意承担风险是能否成为成功创业者的关键,其他条件还包括了运气、时机、资金和毅力。

大多研究者认为,互联网创业者是发现和利用机会,依托新技术平台创造新价值过程的个体。因此,可以把互联网创业者定义为:具有创业精神,利用互联网思维,开发并拥有或部分拥有至少一个新企业,能够将经济资源从低生产力领域向高生产力领域转移的人。与传统创业者相比,互联网创业者具有以下特性:筹措资金方式不同、创业管理方式不同、创业理念不同、创业者性别比例不同、创业内容不同等。与普通创业者相比,互联网创业者更多地具有更强的成就需要、风险承担偏好和控制欲等心理特征。

(一)互联网创业者的基本素质

互联网创业者的素质是创业者在本质方面诸要素的总和,并无完全统一的标准。但一般而言,成功的互联网创业者往往具有创新性思维和独立思考能力,有勇于开拓、敢于承担风险的探索精神,有对国家、对社会、对家族承担责任的责任感,有领导组织才能和群体感召力,有强烈的事业心和顽强的毅力。坚韧性是互联网创业者必不可少的品格,往往是成功与失败的最终决定因素,也是强者与弱者的本质区别所在。

1. 互联网创业者素质的内涵

互联网创业者素质是指创业者在互联网创业过程中所必需的品质和能力,它是随着创业活动的深入而不断提高和逐步完善的。互联网创业者的素质是创业成功的关键,在一定程度上决定了创业企业的成败。

2. 互联网创业者的素质要求

基本素质主要包括创业者的身体素质、思想素质、心理素质、知识素质、经验素质五个方面。

身体素质是指创业者必须具有健康的体魄,拥有充沛的精力,这样才能在企业创建和发展过程中,适应从内部管理到外部沟通等各类工作。

思想素质指的是责任感和敬业精神,只有强烈的社会责任感、拼搏上进的事业心和迎难而上的敬业精神,才能驱使创业者拼命工作,不畏艰难,走向成功。

心理素质是创业者自我意识、气质、性格、情感以及价值观等心理条件的集中描述。它主要表现在敢于冒创业风险、不惧怕创业失败、对自己有高度的自信、勤俭、吃苦耐劳、有强烈的成功欲望等方面。

知识素质是指创业者自身应具有营销、财务、管理等内部管理专业知识、丰富的企管理论,以及创业所涉及的互联网专业技术和对终端产品的应用能力等。

经验素质是指创业者在创业过程中实践锻炼和经验的积累,主要包括在整个创业过程中,创业者将自身所具有的专业理论知识与自己的创业实践相结合,从机会识别、资源整合、风险决策、创新能力和创业网络构建能力等方面,总结出成功的经验和失败的教训。

(二) 创业者的互联网思维

互联网思维是一种思考方式,是一种商业民主化的思维,是一种用户至上的思维。互联网思维是在移动互联网、大数据、云计算等科技不断发展的背景下,对市场、用户、产品、企业价值链乃至整个商业生态进行重新审视的思考方式。互联网思维是对传统思维和价值链的重新审视与拓展升级,主要体现在战略、业务和组织三个层面,渗透于供、研、产、销、服等各个价值链条环节中。需要注意的是,并不是有了互联网才有互联网思维,而是创业者在互联网时代必须用互联网思维来思考,这样才能真正做到与时俱进。

1. 用户至上

互联网思维的核心即是用户至上①,互联网思维即是用户思维。用户思维,是指在价值链各个环节中都要以用户为中心去考虑问题。现实中的信息不对称,对企业发展造成了很大阻碍,互联网时代高端的技术打通了这种阻碍,打破了信息不对称的束缚,使得信息更加透明,沟通更加便利。新背景下的用户思维,不再是简单地听取用户需求,解决客户难题,而是要求企业站在更高层次上,让客户参与到商业链条中的每一个环节,从客户需求的收集、产品的构思、设计、研发、测试、投产、营销和后期服务,汇集用户的智慧,听取用户的意见,与用户共同参与,共同见证未来。

2. 简约之美

简约思维是指在产品规划和品牌定位上,力求专注、简明;在产品设计上,力求简洁、简约。例如,1997年苹果公司濒临破产,关键时刻乔布斯回归,暂停了企业七

---

① 凯茜·巴克斯特.UI/UE 系列丛书用户至上:用户研究方法与实践[M].2版.王兰,杨雪,苏寅,等,译.北京:机械工业出版社,2017:12-14.

成的产品线,重点开发四款新产品,并将产品颜色定位在白色,使得苹果短期实现扭亏为盈,起死回生。因此,对产品的定位要专注且有特色,才能赢得消费者。

3. 极致魅力

极致思维,就是把产品、服务和用户体验做到极致,超越用户预期。在互联网创业时代,创业者需要对大量的数据进行深度挖掘与分析,提炼出有效信息,对用户需求的每一帧都做到极致服务,提供给用户非同寻常的极致体验。

4. 迭代需求

迭代思维主要体现在产品研发、生产和服务环节,第一时间对用户需求快速作出反应,快速升级微创新。只有快速对用户需求作出反应,尽快给出用户满意的处理办法,才更容易贴近消费者。需要注意的是,根据用户需求对产品快速升级并不是对于所有的产品或服务都是有效的,某种程度上慢也是一种快,而且人们多少都有一种怀旧情结,因此产品升级的时间点要理性决策。

5. 流量有价

流量思维是为了博取更多人的关注,不惜采取一些免费甚至巨额投入的营销手段,增加流量扩大用户群,希望在先期就拥有足够大规模的用户群,对市场后进入者设置一个很高的门槛,形成一定的垄断效应。实际上,免费只是一种增加用户量或者关注度的营销手段,而并非最终的营销目的。

6. 数据之巅

大数据是数据数量上的增加,以至于能够实现从量变到质变的过程。数据能告诉我们,每一个客户的消费倾向,他们想要什么、喜欢什么,不同人的需求有哪些区别,哪些又可以被集合到一起来进行分类。在大数据时代,人们对待数据的思维方式会发生以下三个变化:一是人们处理的样本数据变成全部数据;二是由于存在全样本数据,人们不得不接受数据的混杂性,而放弃对数据精确性追求;三是人类通过对大数据的处理,放弃对因果关系的渴求,转而关注相关关系。事实上,大数据时代带给人们的思维方式的深刻转变远不止上述三个方面。大数据思维最关键的转变在于从自然思维向智能思维转变,使得大数据像具有生命力一样,获得类似于人脑的智能,甚至是智慧。

7. 跨界无极限

所谓跨界思维,就是大世界大眼光,用多角度、多视野来看待问题和提出解决方案的一种思维方式。它不仅代表着一种时尚的生活态度,更代表着一种新锐的世界大眼光的思维特质。无论是自然科学还是社会科学,创新创造都和兼收并蓄分不开。协同创新、跨界思维,不只存在于科学领域,也体现在打通不同部门、产业、企业之间的壁垒,推进"政、产、学、研、金、介、贸、媒"八大要素深度融合,助力创业成效突显。实际上,在协同创新中,合作方式不是意向给予关系,而是相互依赖和共赢关系。拓宽视野,算清大账,把跨界视为常态,自觉融入协同创新中。

8. 平台战略

当试图涉足互联网时,我们首先要意识到我们正在建立的是一种平台。平台就是容纳很多人共同做事的场所,拥有展示、交流、商贸、教育等许多功能,而且可以嵌入多媒体。也就是说,互联网是把一群企业人聚合在一起,让他们各自"表演"的运营平台。

第二节 大学生与互联网创业

一、大学生互联网创业

随着当前经济转型升级和创新驱动的发展,创新创业已成为国家战略决策的重要着力点,也是时代发展的重要主题。大学生创新创业的水平和实效,在学校层面,关系着高等教育的未来发展和人才培养的质量高低;在国家层面,关系着国家战略目标的实现;在社会层面,关系着技术进步和社会发展。"互联网+"技术的发展和进步,促使高校将新一代信息技术与创新创业教育深度融合,产生新业态、打造新的增长点的同时,创新性打造创新创业教育的新模式。有研究表明,移动互联网、大数据、人工智能、物联网等新兴技术已经广泛渗透至经济发展的各个角落,在需求方面新增了许多消费者的消费内容和形式,同时为大学生互联网创业提供了巨大的选择和成长空间。

(一)"互联网+"时代对大学生创业的意义

转变就业择业观念,创新就业机制,以创业带动就业成为解决毕业生就业压力的重要途径。特别是"互联网+"时代的到来,为大学生开展自主创业带来了前所未有的机遇和挑战。如何借助互联网资源平台,加快大学生自主创业进程、提高创业成功率、开创大学生创业就业新局面,对深化高等教育改革、优化大学生创业实践环境、促进国民经济健康发展具有重要意义。

1. 提供了难得的创业机会

互联网技术的迅猛发展对人们的生产生活、工作和学习产生了深刻影响。大学生思维活跃、创新意识强,容易接受新鲜事物,在运用网络创业方面具有独特优势,特别是对网络环境下成长起来的大学生群体,互联网技术的发展为其自主创业提供了难得的机遇和广阔空间。软件程序的开发(如滴滴打车等)、经营模式的改变(如饿了么等),都是大学生开展自主创业的成功典型。互联网技术在助力大学生实现人生价值的同时,也提供了大量的就业岗位。

2. 提供了有效的创业平台

"互联网+经济"已经成为一种新的经济形态,受到社会各界的高度重视。各企业也在顺应互联网时代发展要求,不断强化互联网平台的作用,探索新的生产营销模式。随着信息技术的发展和网络的普及,目前我国已经成为世界上网民总数和智能手机用户数量最多的国家,同时也是世界上最大的智能终端市场。"互联网+经济"产业已经成为国民经济发展的重要产业,"互联网+经济"平台也已经成为大学生自主创业的重要平台,为大学生事业发展、人生价值实现提供了重要平台和途径。

3. 降低了创业的门槛限制

"互联网+经济"作为一种开放型的经济形态,与其他行业相比,创业条件和创业门槛较低,更加适合处于创业初期的大学生群体。自2016年至2024年5月,中国与五大洲31个国家建立了双边电子商务合作机制,建立中国—中东欧国家、中国—中亚五国电子商务合作对话机制,通过政企对话、联合研究、能力建设等推动多层次交流合作,营造良好发展环境,构建数字合作格局。电子商务企业加速"出海",带动跨境物流、移动支付等各领域实现全球发展。2024年3月,中国互联网络信息中心(CNNIC)发布第53次《中国互联网络发展状况统计报告》。该报告显示,截至2023年12月,我国网民规模达10.92亿人,互联网普及率达77.5%;IPv6地址数量为68 042块/32,国家顶级域名".CN"数量为2 013万个,互联网宽带接入端口数量达11.36亿个;累计建成5G基站337.7万个,覆盖所有地级市城区、县城城区;发展蜂窝物联网终端用户23.32亿户,占移动网终端连接数的比例达57.5%;我国农村网络基础设施建设纵深推进,农村地区互联网普及率为66.5%,各类应用场景不断丰富,推动农村互联网普及率稳步增长;我国对老年人、残疾人乐享数字生活的保障力度显著增强,2 577家老年人、残疾人常用网站和App完成适老化及无障碍改造,超过1.4亿台智能手机、智能电视完成适老化升级改造。由5G和千兆光网组成的"双千兆"网络,全面带动智能制造、智慧城市、乡村振兴、文化旅游等各个领域创新发展,为制造强国、网络强国、数字中国建设提供了坚实基础和有力支撑。

"互联网+"时代的开放性特征大大降低了大学生本土创业的条件限制,有效激发了大学生的创业潜能,对大学生开展创业产生积极的影响。

(二)大学生互联网创业的机遇选择

1. 政府系列政策的出台促进了网络经济的高速发展

当前,从中央到地方各级政府,陆续出台了一系列优惠政策,大力支持当地互联网经济的发展,使电子商务的高速普及和快速渗透,已成为一股不可抗拒的力量,推动网络渗入各行各业,为大学生互联网创业搭建了宽松的创业平台,优化了创业环境,提供了强有力的政策支持。

2. 互联网创业更有利于大学生发挥个性特点

智能手机的普及、互联网络的全覆盖,使得中国网民数量大幅度增加,网络的需求结构也发生了巨大变化。年轻人成为网民的重要组成部分,对网络的消费需求也从物质需求,转换到了个性化、时尚化、社交化等为主流的精神需求。他们好奇心强、有一技之长、懂得成人世界的规则,接受新鲜事物的能力较强,思路开阔、大胆心细,能够敏锐地捕捉到市场商机。另外,高校所开设的计算机基础、互联网营销等课程,结合网络视频,更加激发了他们的互联网创业热情,将课内与课外所学的各种知识直接应用到社会实践中,解决互联网创业中的基础技术难题。

3. 大学生互联网创业动机的激发和培养

大学生互联网创业,离不开适宜的创业环境、创业的各项准备两大核心要素。对大学生来讲,其创业动机具有特殊性,归纳起来包括四个方面。

(1) 生存的需要。当前和今后一个时期,是以中国式现代化全面推进强国建设、民族复兴伟业的关键时期。在这个时期,许多家庭经济困难的学生在勤工俭学中发现了互联网创建的商机并把握好机会,走上创业道路,使之成为解决经济困难的有效途径。

(2) 积累的需要。一些抗压力强、受挫力强的学生,为了锻炼自己的创业技能,可能在上学期间就会利用一切机会走上创业道路,增加自己的创业阅历,提升自己的创业技能。

(3) 自我实现的需要。大学生正处于人生思维最活跃、创新性思维最强的时期,对创新有强烈的需求和渴望,并有条件接触最前沿的专业创新成果,这有利于大学生全身心投入职业生涯实践,继而实现自我需要。

(4) 就业的需要。近几年来,全国大学生就业形势的严峻程度进一步加剧。造成这种情况的原因,一方面源于社会岗位对大学毕业生的需求不足;另一方面是大学毕业生的个人能力满足不了社会岗位的需求;此外,还有一部分就业岗位提供的工资待遇,满足不了大学生的期望。因而部分大学生会选择自主创业。

(三) 大学生互联网创业的优劣势分析

1. 大学生互联网创业的优势

大学生素质高、知识丰富、有想法、有激情,在互联网创业过程中具有自己的独特优势。具体体现在以下几个方面。

(1) 具有较高的专业知识水平,对新事物的学习有较强的领悟力。

(2) 有较强的自主学习能力和接受能力。

(3) 个性化思维突出,甚至是潮流的引领者。

(4) 思路开阔,敢想敢干,不怕失败。

(5) 互联网技术运用能力强,能高速捕捉到有效商机和有效信息。

(6) 有自信,有激情,对自己认定的事情会勇往无前。

(7) 年纪轻,精力旺,擅于从失败中积累经验,继续前行。

(8) 顾虑少,创业过程中甚至可能获得家庭乃至家族的大力支持。

2. 大学生互联网创业的劣势

大学生虽为网络创业的生力军,但因其对社会缺乏了解,缺乏经验,在网络创业实践中也具有一定的劣势。具体体现在以下几个方面。

(1) 几乎没有社会经验和职业经历,尤其缺乏创业过程中必需的人脉和固定客户。

(2) 有许多创业的想法,但因这些想法没有经过现实验证,多数经不起市场的考验,缺乏可行性。

(3) 没有从业经历,也就缺乏贸易借贷信用,融资借贷困难比较大。

(4) 创业设想大而空,几乎不落地,设想多于行动,市场预测盲目乐观。

(5) 对市场的期望过高,很少能做到脚踏实地,往往是看不起小钱,又挣不到大钱。

(6) 有些人没有形成独立的人格,对家庭和社会的责任感不强。

(7) 受挫能力弱,碰到困难容易放弃,遇到创业艰难也容易放弃,想法不够坚定。

(8) 社会文化氛围不利于毕业生创业,认为大学生们的想法太过于空洞,对其不够信任。

总之,大学生互联网创业有其所具备的优势,也有一定的劣势。对于大学生在校期间的就业创业教育,都需要指导教师以案例的形式带着学生打磨与讨论。创业教育的具体内容包括:从一个好的创业项目主意的提出,到创业的初期规划,再到具体落实以及各阶段的发展完善,直到最后真正投入市场,需要具体到市场行业分析、营销策略的制定、创业团队的组建、未来财务状况的预算、创业资金的筹措、风险的评估及预测等创业过程的各个环节,避免可能出现的创业陷阱,规避可能出现的各类创业风险。

3. 大学毕业生可以享受的优惠政策

按照《国务院办公厅关于进一步支持大学生创新创业的指导意见》(国办发〔2021〕35号)、《中央专项彩票公益金支持大学生创新创业教育项目资金管理办法》(财教〔2022〕113号)等文件规定,高校毕业生自主创业优惠政策主要包括以下方面。

(1) 搭建大学生创新创业孵化平台

各级政府持续提升服务创办企业的能力,为大学生创业提供高效便捷的服务。

推动众创空间、孵化器、加速器、产业园全链条发展,鼓励各类孵化器面向大学生创新创业团队,开放一定比例的免费孵化空间,并将开放情况纳入国家级科技企业孵化器考核评价,降低大学生创新创业团队入驻条件。政府投资开发的孵化器等创业载体,应安排30%左右的场地,免费提供给高校毕业生。有条件的地方可对高校毕业生到孵化器创业给予租金补贴。

(2) 便利化服务大学生创新创业

完善科技创新资源开放共享平台,强化对大学生的技术创新服务。各地区、各高校和科研院所的实验室,以及科研仪器、设施等科技创新资源,可以面向大学生开放共享,提供低价、优质的专业服务,支持大学生创新创业。支持行业企业面向大学生发布企业需求清单,引导大学生精准创新创业。鼓励国有大中型企业面向高校和大学生发布技术创新需求,开展"揭榜挂帅"。

(3) 强化大学生创新创业保障政策

落实大学生创业帮扶政策,加大对创业失败大学生的扶持力度,按规定提供就业服务、就业援助和社会救助。加强政府支持引导,发挥市场主渠道作用,鼓励有条件的地方探索建立大学生创业风险救助机制,可采取创业风险补贴、商业险保费补助等方式予以支持,积极研究更加精准、有效的帮扶措施,及时总结经验、适时推广。毕业后创业的大学生可按规定为其缴纳"五险一金",减少大学生创业的后顾之忧。

(4) 实施高校创新创业实践训练计划

充分发挥大学科技园、大学生创业园、大学生创客空间等校内创新创业实践平台作用,面向在校大学生免费开放,开展专业化孵化服务。结合学校学科专业特色优势,联合有关行业企业建设一批校外大学生双创实践教学基地,深入实施大学生创新创业训练计划。

(5) 加大对高校创新创业教育的支持力度

在现有基础上,加大教育部中央彩票公益金大学生创新创业教育发展资金支持力度,加大中央高校教育教学改革专项资金支持力度,将创新创业教育和大学生创新创业情况作为资金分配重要因素。

(6) 落实落细减税降费政策

高校毕业生在毕业年度内从事个体经营,符合规定条件的,在3年内按一定限额依次扣减其当年实际应缴纳的增值税、城市维护建设税、教育费附加、地方教育附加和个人所得税;对月销售额15万元以下的小规模纳税人免征增值税,对小微企业和个体工商户按规定减免所得税。对创业投资企业、天使投资人投资于未上市的中小高新技术企业以及种子期、初创期科技型企业的投资额,按规定抵扣所得税应纳税所得额。

对国家级、省级科技企业孵化器和大学科技园以及国家备案众创空间按规定免征增值税、房产税、城镇土地使用税。做好纳税服务，建立对接机制，强化精准支持。

（7）实施普惠金融政策

鼓励金融机构按照市场化、商业可持续原则对大学生创业项目提供金融服务，解决大学生创业融资难题。落实创业担保贷款政策及贴息政策，将高校毕业生个人最高贷款额度提高至20万元，对10万元以下贷款、获得设区的市级以上荣誉的高校毕业生创业者免除反担保要求；对高校毕业生设立的符合条件的小微企业，最高贷款额度提高至300万元；降低贷款利率，简化贷款申报审核流程，提高贷款便利性，支持符合条件的高校毕业生创业就业。鼓励和引导金融机构加快产品和服务创新，为符合条件的大学生创业项目提供金融服务。

（8）引导社会资本支持大学生创新创业

大学生创业政策

充分发挥社会资本作用，以市场化机制促进社会资源与大学生创新创业需求更好对接，引导创新创业平台投资基金和社会资本参与大学生创业项目早期投资与投智，助力大学生创新创业项目健康成长。发挥财政政策作用，落实税收政策，支持天使投资、创业投资发展，推动大学生创新创业。

二、互联网创业方向及趋势

未来几年，移动互联网智能设备数量的增加与质量的提升，为互联网创业提供了巨大的机会。随着市场上供需关系的变化，一些互联网巨头从中看到互联网市场下的巨大商机，并将资本等生产要素大量转投至移动互联网行业。但是，由于越来越多的创业者加入，商品同质化现象严重。市场调查表明，创业竞争日趋激烈，简单借鉴别人的成功经验已远远满足不了市场需求。另外，渠道的单一性、产品增长的速度过快等因素，也都使得创业者的成本大幅增加。总之，移动互联网会面临智能设备数量增加、竞争越来越激烈、渠道整合、货币化的完善、数据化创业等趋势。因此，在大数据时代，创业者需要对市场进行细致分析，通过已有的公开数据挖掘用户需求，进行准确的市场定位，找到创业方向。

（一）自媒体

随着5G时代的到来，视频、直播的大规模流行成为未来的发展趋势，自媒体行业将进一步迎来一波红利。由于门槛比较低，只要有才艺就可以做直播、拍视频，引起兴趣就会引发关注，后续流量就会越来越大，慢慢就可以做到一定规模。

(二) 互联网教育

互联网教育平台最主要的优点就是成本比较低，只要扩大生源量就可以做好。当前中国的教育培训中，线下培训机构的成本很高，相对来说，线上教育的成本就低多了。这样，互联网教育就容易吸引更多的生源，继而提高利润。

(三) 人工智能 AI

种种迹象表明，人类的未来发展离不开人工智能。AI 会迅速与各行各业发展相结合，比如零售、驾驶、手机、社交等，存在极具创造性的发展潜力，AI 大潮正逐步袭来。从 AI 到"AI＋"，人工智能将渗透到各个创业领域。

(四) 大数据分析

如今我们生活在一个没有"秘密"的世界，我们所浏览过的网页，或者网上购买过的新产品和服务都可以搜索得到，大数据会更好地服务人类，把不喜欢的东西自动清除，将喜欢的东西自动推荐。故这一行业前景十分可观，目前大数据依然具有良好发展态势，创业者可以尝试。

(五) 5G 技术发展

随着 5G 技术持续发展，5G-Advanced 等下一代技术的推进，低空经济等行业的创业将迎来更多可能性。同时，5G 与云计算、大数据、人工智能等技术的融合将孕育出更多新业态、新模式，5G 的带动效应正进一步增强，为经济的高质量发展和人们的创新创业带来动能和空间。

三、"互联网＋"背景下提高大学生创业实践成功率的保障措施

(一) 建立健全科学完善的创业教育体系

由于高校教育体制机制等因素的制约影响，我国高校创业教育体系还不完善，创业教育在高校日常教育发展中还处于辅助地位。我国大学生对创业教育的理解和认识还很浅显，没有从思想、心理上真正认识到创业教育的重要性。随着"互联网＋"时代的到来，加快建设创新型国家已成为时代发展的潮流，加强大学生创业教育，构建多层次、系统化的创业教育体系显得刻不容缓。高校要适应时代发展新要求，创新高校创业教育课程体系，完善课程内容，开发一些针对性强，能够激发学生创业热情，全真性、模拟性程度较高的创业实践教育环境。同时，要结合"互联网＋"发展新要求，向学生传授网络信息技术新知识，开设公共网络课程，将网络课程融合于创业

教育课程体系。在引导学生学好专业知识的基础上，还要学习管理、财务、会计、市场、法律等知识，努力培养"一专多能"的复合型人才，为创业成功做好坚实的知识储备。

（二）大学生要与时俱进，不断提高自身综合素质

大学生创业实践的成功是自身要素和外部环境要素综合作用的结果。大学生在创业实践中，一方面要对自身素质能力进行全面客观的评价，做到有的放矢；另一方面，还要充分考虑各种客观要素，在创业项目、创业规划、创业机会等方面认真筹划，对创业过程中的困难和挫折要有充分的心理准备，积极乐观面对创业中的潜在风险和挑战。大学生要不断提高自身的创业学习能力，善于从自身创业实践和他人的创业活动中总结成功的经验和失败的教训，为后续创业活动提供有益借鉴和帮助，不断丰富创业知识，提高创业技能，最终走向创业成功之路。

（三）不断优化大学生自主创业的外在环境

大学生创业实践活动的顺利开展离不开良好的外在环境，这就需要政府部门积极发挥引导协调作用，进一步建立健全各项法律制度，制定出台积极鼓励支持大学生自主创业的政策措施，简化各项行政审批，降低银行等金融贷款门槛；设立大学生创业管理基金，加大投入，完善大学生创业园、科技产业园等基础设施，加快产学研合作推进步伐，对大学生创业项目提供免费跟踪指导和项目咨询。政府的引导支持帮助，可有效推动大学生自主创业的顺利开展。

• 中国互联网企业创新发展典型案例 •

支付宝：全民参与数字点火技术

杭州第19届亚运会向世界呈现了首个数字点火仪式，活动参与人数超1亿人次。如何让数字点火互动在手机支付宝小程序里正常运行，成为一大难题。蚂蚁集团利用自研的Web3D互动引擎Galacean，打造了亚运数字火炬手平台，做到亿级用户规模覆盖，并支持97%的智能手机设备，使用户不需要下载App，就能通过支付宝小程序参与。为了保障新老机型手机都能顺畅运行，项目组还设立了大型测试机房，放置数百台不同年代及型号的手机，进行超过10万次的测试，帮助杭州亚运会实现"通过一部手机，人人都能成为数字火炬手"的目标。

浪潮云洲：工业装备数字产业链升级应用

浪潮云洲基于人工智能的工业装备数字产业链升级示范应用，为冠星陶瓷打造了一个供应链服务平台——通过资源整合，建立"浪潮云仓"对备品备件进行集采集供，降低采购成本和仓储压力；以"机器振动＋机理模型＋算法"为技术核心，构建了"产品＋平台＋服务"软硬一体产品体系，有效解决了工业装备的健康状态实时感知和异常识别问题。依托设备智能运维平台和线下维保团队，打造了"线上诊断＋线下维护"全托管的智能运维服务模式。自主研发高精度碳排放传感器和企业碳资产管理平台，实现碳排放监测、核算，为企业提供了最佳节能减排方案。该案例让数据在生产管理、"双碳"管理、供应链管理中高效流动，实现了工业装备高端化、智能化、绿色化升级。

百度：文心一言知识增强大语言模型

百度从2010年开始布局人工智能技术，多年技术积累和创新，以及长期研发投入，使百度在人工智能技术栈的各层都有较为领先的自研技术，包括昆仑芯、飞桨深度学习平台、文心大模型等。自2019年3月文心大模型发布1.0版后，4年来持续创新突破，现已升级到文心大模型4.0版本，效果提升50%，训练效率是原来的3倍，推理效率提升了30多倍。百度依托人工智能技术积累，持续迭代文心一言大语言模型，已具备理解、生成、逻辑、记忆人工智能四项基础能力，可应用于金融、政务、工业等多个领域，赋能千行百业，服务千万用户。

京东：贯通全产业链助力乡村振兴

在国家乡村振兴战略背景下，京东高度重视乡村振兴工作，基于零售营销、物流网络、数字科技等能力，聚焦种植农业技术水平低，供应链能力弱以及农产品销售难等问题，启动乡村振兴京东"奔富计划"，并开展区域公共品牌培育、产地供应链提升、数字化农场建设、乡村创新创业培训和数字乡村建设等乡村振兴等行动，探索"政府＋企业＋农户"联动的全产业链发展模式，2022年共销售农产品超1 000亿元。通过给予线上流量、营销推广、宣传曝光等专项资源，以及研发资金支持等机制保障，不断迭代乡村振兴的产品和模式，京东积极推动建设标准化产品体系和完善的产业链，助力乡村振兴和社会发展。

腾讯：科技助力敦煌数字文化再生

腾讯携手敦煌研究院，用科技赋予中华文化"数字生命"。其中，"数字敦煌开放素材库"助力数字化版权保护，"数字藏经洞"为公众带来沉浸互动式数字文博体验，"寻境敦煌"数字敦煌沉浸展为文博数字化和文旅行业创新开辟新场景。该系列利用区块链、游戏科技等技术，创造出多个文博创新案例：全球第一座超时空参与式博物馆、全球第一个基于区块链的数字文化遗产开放共享平台、莫高窟首个沉浸数字展览，呼应了近年来对于中华优秀传统文化的创造性转化、创新性发展的重要议题。同时，还就数字文化遗产版权保护与共创、文化遗产及其内容故事的数字化再生两大文博行业难题，提出了可持续解决方案。

哔哩哔哩：高质量科普服务科技强国

近年来，哔哩哔哩（以下简称 B 站）持续打造高质量科普内容，不断构建网上科普新阵地、公益课程新讲堂，站内设有一级分区"科技区""知识区"，科学科普栏目三个频道播放量达 1723 亿次。2023 年 4 月，B 站累计播放时长最高的 10 条视频里有 7 条是关于知识和课程类视频。B 站从 2019 年开始捐建 6 所乡村学校，超过 38 万名学生从中获益；2020 年，"空中课堂"成为上海市教委指定的网络学习平台之一；2022 年，2.43 亿名以上年轻人在 B 站观看知识类内容，其中《知识光年》节目首期内容总播放量达到 6 亿次；2023 年 3 月，泛知识类内容在 B 站平台整体占比达到 41%。相比 3 年前，B 站泛知识类内容投稿量同比增长 199%。

360 集团：安全云助力企业数字化转型

360 集团以"安全即服务"为核心发展理念全面升级"360 安全云"，被行业反复验证成功的数字安全运营体系框架，以云化服务化方式，为政府、城市、大型企业和中小微企业构建起应对数字时代复杂威胁的完整数字安全能力。2022 年，360 集团宣布全面转型数字安全公司，定位"数字安全运营商"，投身产业数字化，以服务为核心，为服务对象的数字化转型和智能化升级保驾护航。如今，360 集团已建立起"云、端、数、智、人、知识、运营体系、服务能力"等方面的优势，形成了以"看见"为核心的数字安全大脑框架，持续服务政企、城市和中小微企业的数字安全能力提升。

网易：伏羲无人装载机平台

网易（杭州）网络有限公司基于网易伏羲自主研发的面向智能人体编程技术，建设网易伏羲无人装载机平台，解决了传统搅拌站数字化程度低、人力成本高、人力调度困难和高作业风险等问题。基于先进的传感器技术，伏羲智能装载机可以实时监测装载量、车辆状态和环境条件等关键指标。同时，利用大数据分析和智能算法，可以对实时和历史数据进行综合分析及优化，实现任务分配、路线规划和作业调度的智能化。项目成功应用于中建八局的搅拌站场景中，有效实现降本增效，降低人力及运营成本 200 多万元，优化装载机的任务分配和路径规划，研发效率提升 30%，生产效率提升 50%。

快手：自研智能视频处理芯片

快手自研智能视频处理芯片 StreamLake-200 具备行业领先的视频压缩质量和编解码密度，有效节省了视频处理硬件投入和能源消耗，内置智能画质处理引擎，为用户带来身临其境的超高清视觉体验。近年来，快手重点突破具有自主知识产权的高带宽大存储通用计算与人工智能芯片、超高清视频处理芯片与下一代音视频标准、多模态通用人工智能大模型等技术瓶颈，开展实时沉浸式音视频交互、智能创作、内容理解、虚拟数字人四项技术研发，构建了音视频、人工智能、虚拟数字人、大数据、移动端开发五大开放平台。

美团：推动服务行业数字化升级

美团推出了美团餐饮系统，一站式提升运营效率和综合收益，当前已累计服务超 100 万个餐饮门店。美团餐饮系统是一套支持本地数据存储并实现云数据自动同步的智能 SaaS 系统，既能在网络状况不佳的情况下离线经营，又能在线管理餐饮品牌数据资产。通过扫码点餐和智能付款体系，结合核心场景的自动化营销方案，减少前厅服务压力和人员数量，大幅提高商家经营水平。通过菜品沽清、销售计划、库存、智能要货和供应链的联动，打通美团、大众点评等多个平台，实现平台和门店数据、资源的高效协同。此外，配合美团收银机、点菜宝等家族化智能硬件，一站式帮助餐厅提升效率和效益。

来源：《经济日报》

第三节 互联网创业的模式

一、互联网创业机会识别

互联网创业机会识别,对创业活动能够产生重要的影响。互联网创业机会识别具有三方面重要意义:一是更有利于指导互联网创业;二是有助于规避互联网创业风险,提高创业成功率;三是可以完善社会服务功能,建立有效的互联网创业环境支持体系。

(一) 互联网创业机会的选择

在互联网时代,每个领域都蕴含着丰富的创业机会,但并不是每个时机都适合创业者。创业者如何充分了解行业和市场,客观评估自身的能力和优势,选择与自己匹配的创业机会,是一个重要课题。

创业机会的选择标准首先是"较好"。通常被认定为"较好"的创业机会应具备五个特征:一是从行业发展来看,市场需求呈稳步快速增长趋势;二是互联网创业者能够获取利用该机会的关键资源,否则一切都是空谈;三是互联网创业者选取该机会的技术路径比较柔性,有中途调整的可行性;四是互联网创业者在选择了该创业机会后,有创新该市场需求的可能性;五是该创业机会的商业风险是比较明朗的,且互联网创业者有一定的承担该创业风险的能力。

创业机会的选择标准还包括"利己"。当互联网创业者认为某创业机会是"较好"的,第二步需要判定的就是该机会是否"利己"。判定条件可参考:在创业机会中,创业者能否获得自己缺少但受他人控制的资源;遇到强性竞争时,创业者是否有与竞争者抗衡的能力;真正创业过程中,创业者自身是否有创造新增市场的可能性;创业者是否有能力抗击利用该机会创业可能产生的各类风险。

互联网创业者首先要善于发现"较好"且"利己"的创业机会,其次就是要把握机会并果敢行动,将创业机会变成创业成果。

(二) 互联网创业机会的评估准则

所有的互联网创业行为都来自绝佳的创业机会,创业团队与投资者均对创业前景寄予极高的期望,互联网创业者更是对创业机会在未来所带来的丰厚利润满怀信心。但是,创业失败在所难免。为了尽可能地规避失败风险,互联网创业者首先应该遵循市场评估及效益评估原则,以较为客观的方式进行评估。

1. 市场评估准则

市场评估准则包括市场定位、市场结构、市场规模、市场渗透力、市场占有率、产品成本结构六个方面(见图8-3)。这六个方面相互补充、相互融合,是一个整体,又有各自的分析侧重点与评估重点内容(见表8-1)。

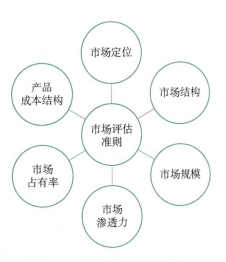

图8-3 市场评估准则内容图

表8-1 互联网创业机会市场评估准则的具体内容

评估方面	分析侧重点	具体评估内容
市场定位	企业的市场价值大小分析	市场定位是否准确 顾客需求是否明晰 顾客沟通是否流畅 产品使用是否衍生
市场结构	该创业机会下企业的市场地位,即机会与威胁分析	市场进出壁垒高低 供货商、顾客、经销商的谈判力量 市场替代品的威胁度 企业在市场中的未来地位 竞争对手可能的反击程度
市场规模	市场规模大小,成熟与否,获得的几率分析	规模大,比较成熟的市场,慎入成长中的市场,时机合适可入
市场渗透力	市场潜力分析	市场需求大幅增长之际可入
市场占有率	企业未来发展的价值空间分析	20%以上的市场占有率才有可能成为领导者 若市场占有率低于5%,则企业未来价值空间不大 对于高科技产业来讲,市场占有率位于前几,才有投资价值
产品成本结构	产品成本分析	可变成本所占比重 可变成本与固定成本的比例关系 经济规模产量大小 企业附加价值的幅度大小

2. 效益评估准则

市场机会选择的效益评估准则主要包括合理的税后净利、达到损益平衡所需的时间、投资回报率、资本需求四个方面。通常情况下,至少能够创造15%以上的税后净利,才能称之为一个比较有吸引力的创业机会。

如果预期净利低于5%,则建议放弃。一般而言,企业合理的损益平衡时间应该在两年之内,如果三年还未达到,则该创业机会不值得投入。考虑到创业可能面临的各种风险,合理的投资回报率应该在25%以上,如果不足15%,则不建议投入。

投资时,建议选择资本需求量较低的行业,这是因为资本需求量过高的话,不仅会增加创业成本,不利于创业成功,还会带来稀释投资回报率的负面效果,从机会成本的角度来讲,这不是一个理性经济人的明智选择。

(三) 市场动向与创业机会分析

1. 市场动向分析

创业机会的选择,需要互联网创业者同时对产品未来需要投入的市场进行客观分析,对自己的创业机会进行主观判断。只有将主观和客观结合起来,在市场动向具体分析的基础上,选择利己的创业机会,才能做到把握商机,继而产生创业效益。

互联网创业者对市场动向的分析,可以从六个方面着手。一是要看清别的企业都在做什么产品,哪些行业利润点更高,积累市场动向分析的经验,合理规避风险,同时要为自己未来研发产品有一个明确的市场定位。二是明晰市场需求,具体地讲,就是要清楚自己产品的使用或服务对象是谁,客户真正的需求点在哪,哪些才是创业者稳定而广泛的市场。三是关注社会热点。热点就是商机,可能就是盈利点,对商机选择有一定的敏锐度,犀利的眼光加商机的预测,就是创业者成功的前提和保证。四是研究社会难点、公众焦点。社会经济生活中的各种难点以及公众所关注的焦点,有可能就是商机。五是产品市场的区域性差异。市场的地区性差异是永远存在的,不同的地区、不同的消费者群体、消费者不同的消费偏好,都直接决定着产品的市场需求。如果能满足不同层面客户的消费需求,可能就是好的创业机会。六是因社会发展、技术进步、生活节奏的变化而产生的新市场需求,互联网创业者要善于发现这些变化,继而随时更新自己的产品供给。

2. 创业机会分析

不同的人有不同的条件,因此,创业者应该根据自身的各种特性来分析是否应该踏上创业之路,以及选择的创业方向是否适合自己。具体来讲,创业的机会选择可以重点考虑以下五方面。一是要关注进入的行业。创业者进入的行业应当是处于上升期且尚未完全达到大规模发展阶段。对于比较成熟的行业来说,竞争者过多,行业长期调整下来,企业几乎都已达到规模效应,这对于刚进入行业的新创业者来说,明显不是明智的选择。二是要准确评判。互联网创业者应该要清楚自己的创业优势在哪里,拥有哪些稀有资源、专利技术,如果进入行业,自身所具备的不可替代性表现在哪些方面。三是考虑资本。作为最重要的成本,资本投入哪个行业,要统筹考虑其机会成本,如果创业者在资本投入上抵御风险能力弱的话,则不建议选择创业。四是要有充足的人脉资源。充足的人脉资源有可能是自己未来创业的合作伙伴或者客户群体。五是重视投资者的意见。创业者进行决策时应选择对自己最有利的投资人,选择的重要原则之一,即是互补。重视投资者的选择意见,才更有利于创业。

二、互联网创业基本路径

创业分为岗位创业和自主创业。岗位创业是指在现有岗位上开展的创业活动。自主创业是指独立开展的创业活动。而在"互联网+"的背景下大学生进行创新创业的基本路径一般包括跨界商业模式、边际收益商业模式、平台商业模式、企业创业商业模式等。

(一)跨界商业模式

跨界商业模式是指企业通过整合不同领域或行业的资源、技术和经验,实现商业价值的创新和提升。从本质上讲,跨界商业模式是一种商业模式的新探索与新变革,是对一个企业进行商业模式的创新与重塑,尤其是对于大学生创业来讲,具有对传统行业的颠覆性价值。但是,想要达到这种颠覆性,是需要一些条件和因素的。大学生具有良好的个人综合素质、宽松的市场环境、有力的政策与措施等,在天时、地利、人和等综合性因素的作用下,才有可能完成这种创新与变革。在进行这种跨界商业模式的探索中,大学生需要对原有的低效率产业进行资源整合,重构生产关系、提升资源运用的效率,众所周知,美国苹果公司利用现代网络科技与商业模式的重塑由软件行业跨界到手机制造行业,在国际市场中占据了有利地位,获得了巨大的经济效益。而国内的小米公司从风投行业跨界到手机制造业,也获得了较好的发展。

(二)边际收益商业模式

在"互联网+"背景下大学生进行创新创业的一种商业模式被称为建立边际收

益商业模式,这种商业模式通过对用户注意力的吸引去创造价值,实现良好的收益。比如,一些搜索引擎、杀毒软件、网络视频网站的运营等都是通过对边际收益商业模式的运用,依靠良好的服务和大量的广告收益实现盈利。所以,对于大学生创新创业来讲,这种商业模式的运用具有重要启示。大学生创业应该扬长避短,充分发挥现代互联网的优势与特点,进行创业项目的网络化运行,扩大创业理念与行动的影响力,形成良好的市场效应,实现自己的人生价值。同时,对于许多刚走出校门的大学生来讲,应该深刻地认识到创业的道路是艰难与曲折的,要做好充分的心理准备。

(三) 平台商业模式

平台商业模式是一种新型的网络商品交易运行方式,从产生以来到现在已经显示出巨大的影响力,其突出的特点是运用现代网络信息技术进行产品的线上营销与服务,带动线下的产品生产与消费。目前,国内具有代表性的网络商业平台有京东商城、天猫商城等。这种商业模式的出现,极大改变了传统的商业运行方式,使产品的生产、营销、服务有机融合在一起,减少了产品的中间流通环节,降低了产品的成本、提高了产品的流通效率,极大地方便了人们的生活。

(四) 企业创业商业模式

大学生进行创新创业还有一种模式,那就是进行企业创业。绝大多数大学生进行企业创业的方式是建立微型企业。比如:成立O2O商业模式团队进行一些小产品的网络市场营销,成立小型的产品研发企业对一些产品进行技术上的探索,组建小型的广告公司通过网络进行产品的现代化广告制作,还有一些大学生办起了各种动物的绿色环保饲养场等,这些都是大学生进行企业创业的方式。

三、"互联网+"时代下大学生创业模式

创业模式是指创业者为实现创业理想而优化利用多样化的创业要素以及采用的搭配模式,实际上,属于创业多要素的总称。在"互联网+"时代背景下,对于大学生创业而言,是以互联网为媒介,多次开发、应用互联网,创业模式的多样化体现在不同方面。

(一) 互联网+产品销售

在"互联网+"时代背景下,传统行业迎来了全新的发展机遇,其创业方面的要求也明显提高。在大学生创业方面,"互联网+产品销售"便是大学生创业模式之一。在经济飞速发展的浪潮中,我国网络购物环境得以进一步优化完善,互联网和

社会大众间的联系日渐密切,已成为他们生活中必不可少的关键性组成部分,为其提供了重要的购物平台,不再受到时空限制,足不出户便能购买到所需的产品,为社会大众提供了便利,有效满足了个性化需求,网购市场进一步扩大。同时,网购深受社会大众的喜爱,网民年龄范围不断拓展,在物流以及电子支付支持下,网购很少受到相关因素的限制,在一定程度上极大地促进了网络购物的迅速发展。

(二) 互联网+金融

从某种角度来说,"互联网+金融"也是创业过程中大学生可以选择的重要创业模式。这种模式可以大幅度降低创业难度,使大学生顺利走上创业道路。当下,网上支付已成为一种普遍现象,其和网民生活有着密不可分的联系,电子商务与网上支付二者之间的关系也日渐密切,在一定程度上优化了网上支付形式。同时,网络支付交易数量处于爆发式增长中,相关业务飞速发展。在创业过程中,大学生可以利用"互联网+金融"创业模式,优化利用多样化的市场资源,借助各方面优势,围绕不同层次社会大众客观需求,在降低创业成本的基础上获取更多的经济利润。

(三) 互联网+教育

在"互联网+"时代背景下,"互联网+教育"这类全新的创业模式应运而生,为大学生创业提供了更多的发展机会。就网络教育而言,简单来说,是一种全新的教育模式,建立在网络基础上,有利于加快个性化教育发展速度。在网络教育作用下,学习者不再受到时空的限制,可以根据个人的空余时间进行学习。在采用"互联网+教育"创业模式中,大学生可以综合分析各方面影响因素,准确把握这类创业模式特点、性质等,运用发展的眼光准确把握其发展前景,优化利用当下丰富的网络教育资源,实现自主创业。

(四) 互联网+旅游

在网络技术发展的浪潮中,旅行预订已成为电子商务方面的关键性应用之一,在网络平台作用下,为社会大众提供不同方面的服务,比如,酒店、票务。在"互联网+旅游"模式作用下,其核心客户数量明显增加,不仅有高端网民,普通网民也特别多。

四、互联网创业方向推荐

在互联网的时代,人人都有机会创业,而能否创业成功就要看创业者是否选择对了项目。当今社会,大学生加入互联网创业,虽然成功只是个概率问题,亦不能阻挡大学生的创业激情。在这里要提醒各位大学生,创业光靠激情是不够的,在创业之前，选择好正确的项目才是对创业最有利的。

1. 高科技领域

身处高科技前沿阵地的大学生，在这一领域创业有着近水楼台先得月的优势，如"易得方舟""视美乐"等大学生创业的成功，就是得益于创业者的技术优势，但并非所有的大学生都适合在高科技领域创业。有意在这一领域创业的大学生，可积极参加各类创业大赛，获得脱颖而出的机会。

推荐商机：互联网衍生行业。

2. 智力服务领域

智力是大学生创业的资本，在智力服务领域创业，大学生游刃有余。例如，家教领域就比较适合大学生创业，一方面，这是大学生勤工俭学的传统渠道，积累有丰富的经验。另一方面，大学生能够充分利用高校教育资源，更容易赚到"第一桶金"。此类智力服务创业项目成本较低，便于大学生创业。

推荐商机：设计工作室、摄影工作室、翻译事务所等。

3. 连锁加盟领域

统计数据显示，在相同的经营领域，个人创业的成功率低于20%，而加盟创业的则高达80%。对创业资源十分有限的大学生来说，借助连锁加盟的品牌、技术、营销、设备优势，可以较少的投资、较低的门槛实现自主创业。但连锁加盟并非"零风险"，在市场鱼龙混杂的现状下，大学生涉世不深，在选择加盟项目时更应注意规避风险。一般来说，大学生创业者资金实力较弱，适合选择启动资金不多、人手配备要求不高的加盟项目，从小本经营开始为宜。此外，大学生创业者最好选择运营时间在5年以上、拥有10家以上加盟店的成熟品牌。

推荐商机：VR、3D打印、无人机。

五、大学生互联网创业的注意事项

（一）充分利用现有资源

不少在职人员都选择了与自己岗位工作密切相关的领域创业，工作中积累的经验和资源是最大的创业财富，利用这些资源，便于近水楼台先得月。大学生互联网创业要注意对于有利于自身生存的项目，要优先进行考虑，切记不要在只能改善形象或者带来更大方便的项目上乱花费用。

（二）创建自己的业务渠道

如果你需要合伙人的钱来开办或维持企业，或者合伙人帮助你设计了企业的构思，或者他有你需要的技术，或者你需要他为你鸣鼓吹号，那么就请他加入你的企业。要慎重选择合作伙伴，在请帮手和自己亲自办企业上要有一个平衡点，既要志同道合，又要互相信任。此外，和合作伙伴之间的责、权、利一定要分清楚，最好形成书面文字，要有合作双方和见证人的签字，以免发生纠纷时空口无凭。

（三）细致准备必不可少

创业是一项庞大的工程，涉及融资、选项、选址、营销等诸多方面，因此在创业前，一定要进行细致的准备。通过各种渠道了解该行业领域的真实盈利情况与市场发展趋势，根据自己的实际情况选择合适的创业项目，为创业开一个好头。撰写详细的商业策划书，包括市场机会评估、赢利模式分析、开业危机应对等，并摸清市场情况，知己知彼，打有准备之仗。

（四）尽量用足相关政策

政府部门有很多鼓励创业的政策，是对大学生创业的鼓励和支持。大学生在创业时一定要注意"用足"这些政策，如免税优惠、在某地注册企业可享受比其他地区更优惠的税率等。这些政策可大大减少创业初期的成本，使创业风险大为降低。

（五）经商应该以计为首

所有商业经营活动，如果从表面上看，好像是一种仅仅同物质打交道的经营活动，但透过现象看本质，商业经营活动实质上已经变成了一种人与人之间的智力角逐，是一场"斗智斗勇"的"智力游戏"，是人与人之间的谋略大比试。用兵之道，以计为首，经商之道更应该以计为首。想要找准自己的立足点和切入点、站稳脚跟、生存下来、谋取利益、发展壮大，就必须首先考虑如何运用自己的商业智慧制订全面系统的、可执行的、可操作的、切实有效的经营策略和实施方案，以便确保每战必捷，战无不胜。

（六）决策要谨而慎之

也许，创业的第一步靠创意好、时机合适、运气不错和良好的业务关系会获得成功。但还是要提醒大学生，创业一定要谨慎，决策错误可能会给个人以及组织带来灾难。所以，必须非常清楚地知道创业可能遇到的风险，并有效地防范风险，不要等到创业失败才后悔。因为创业失败，影响的会是很多人，甚至会影响很多组织。所以，创业决策要谨而慎之。

【思考题】

1. 请举例说明互联网创业的商业模式。
2. 请举例说明互联网创业思维有哪些。
3. 请分析大学生互联网创业的可行性及关键成功因素。
4. 请分析"互联网+"背景下大学生创业的机遇与挑战。
5. 请分析互联网创业的发展趋势。

第九章

就业权益保障

教学目标

知识目标：了解大学生就业权益保障的基本知识，包括就业协议书与劳动合同的区别、违约责任的类型等就业基本知识和《中华人民共和国劳动法》《中华人民共和国劳动合同法》等法律基本知识，明确就业权益保障的重要性。

能力目标：能够对各种就业陷阱进行科学合理的识别，初步具备对就业协议书、劳动合同中的约定条款进行分析的能力，能够结合个人与用人单位双方现实的谈判地位，签订最大限度保护个人权益的就业协议书、劳动合同。

素养目标：树立正确的就业权益保障理念，自觉维护个人与用人单位双方的合法权益，依法依规从事社会劳动，创造社会价值。

本章导语

　　大学生在求职过程中依法享有相应权利,同时也要承担相应义务。了解就业的权利和义务,是保障就业权益的前提。大学生应该掌握相关法律知识,提高维权意识,保障自身就业权益不受侵犯。本章从权利与义务、就业权益的保障、违约责任与劳动争议等方面进行讲解,为大学生就业权益提供保障。

第一节　权利与义务

试用期内合不合格,谁说了算

A公司因为业务需要,通过某招聘网站发布了销售经理岗位的招聘广告,主要要求为本科以上学历、英语CET4级以上水平、2年以上同行业从业经验。张某看到了该则广告后,向A公司投递了自己的简历。经过面试,张某与A公司签订了为期1年的劳动合同,其中试用期为2个月。

试用期临近1周将满的时候,A公司通知张某,由于其试用期内未通过考核,属不符合录用条件。因此,公司作出辞退的决定。张某认为自己工作认真努力,对公司的辞退决定不服,于是向劳动争议仲裁委员会提起仲裁申请,要求撤销公司的辞退决定。

审理过程中,A公司认为,对销售人员最主要的考核指标当然是销售业绩。张某入职1个多月来既未给公司带来订单,也未介绍新的客户给公司(贡献客户名单),完全不是一个称职销售人员的表现。因此,不符合录用条件。张某则认为,对销售人员有业绩考核是正常的,他的业绩虽然不大理想,但是招聘的时候没有明确说明业绩必须达到多少,招聘广告上也没有具体要求。当他入职后,公司也没有向其公示过岗位职责描述、考核标准等相关规章制度,以及任何有关业绩考核的标准和文件。因此,公司无权以未通过试用期考核、不符合录用条件为由将其辞退。

劳动争议仲裁委员会经审理认为,用人单位作为实施劳动用工管理的主体,应当依法建立员工招聘录用条件、岗位职责描述、考核标准等相关规章制度。本案中,一方面,公司的招聘广告中未将业绩考核合格作为明确的录用条件;另一方面,公司也未能提供包括岗位说明书、考核标准及考核过程记录等在内的规章制度。因此,仲裁委员会裁决,A公司以张某试用期内未通过考核,不符合录用条件为由解除劳动合同的行为缺乏制度依据,违反法律规定,应予撤销。

权利与义务是法律对法律关系主体实施或不实施特定行为的许可和保障,要求他人相应地实施或不实施特定行为。从广义的角度,权利一般是指法律赋予人实现其利益的一种社会力量。与权利相对,义务具有法律强制性,指为满足权利人的利益而施加一定行为或不为一定行为的约束管理手段。权利与义务具有对立统一的关系,二者不可分割,公民在享有基本权利的同时也必须要承担相应的义务。

一、大学生就业的基本权利

就业选择是每位大学生都将面临的问题,尤其是即将走出校园进入社会的毕业生,如何顺利实现求职目标,对毕业生个体和整个社会的健康发展具有重要意义。为了能够帮助毕业生顺利就业,实现用人单位人才资源管理合理且充分的分配,首先需要明确毕业生在就业中享有的基本权利。

大学生作为一个就业群体,享有多种权利,根据现行《中华人民共和国宪法》(以下简称《宪法》)、《中华人民共和国就业促进法》(以下简称《就业促进法》)、《中华人民共和国劳动法》(以下简称《劳动法》)、《中华人民共和国劳动合同法》(以下简称《劳动合同法》)的相关规定,本节将重点介绍毕业生在求职过程中的基本权利。

(一) 毕业生在求职过程中享有的权利

1. 信息知情权

获取就业信息是毕业生求职成功的前提和重要环节。大学生在接受高等教育的过程中,可以通过学校的就业指导部门网站以及社会招聘网站等途径,及时清楚地了解我国当前人才市场的需求状况。虽然随着网络媒体技术等的发展,毕业生可以通过更多的方式从多个地方获取就业信息,但学校仍然是大学生可靠就业信息的主要来源。学校就业指导部门应当及时、无保留地向毕业生提供相关就业信息,大学生要在充分获取相关就业信息的基础上,选择适合自己的职业。

毕业生的知情权主要关系到就业信息的公开性、真实性和完整性。这具体表现为毕业生有权通过各种渠道了解就业相关政策和信息,包括就业程序、时间安排、政府和学校政策、用人单位发布的各种人才需求信息、学生个人的各种资料和档案等。为了保障毕业生的知情权,学校需要及时、全面地披露就业信息,用人单位应当客观、真实地提供招聘信息。

2. 接受就业辅导权

高等学校有义务设立专门的就业咨询机构,安排相关专业人员从理论和实践两个方面为毕业生提供就业咨询,向毕业生宣传国家有关毕业生就业的相关政策。

高等学校的就业指导工作中,大学生的就业辅导占据十分重要的位置。大学生在接受就业辅导后,也可以主动进入市场,更有针对性地寻求就业辅导和法律专业机构的帮助，以便更顺利地实现就业。

3. 职业自主选择权

职业自主选择权是指大学生在符合国家就业政策的前提下，根据自身素质、专长、个人意愿和就业市场的各种信息，自主选择职业和用人单位的权利。《劳动法》第三条规定，劳动者享有平等就业和选择职业的权利。因此，作为求职方的毕业生（委培生、定向生等除外），在就业市场上享有独立自主进行选择不同职业的权利，可以按照自己的兴趣、爱好和能力去选择自己心仪的职业。家长、学校及用人单位可为缺乏工作经验的应届毕业生提供职业选择的意见、参考资料、建议与指引，但不能强迫或限制他们的职业选择。

4. 平等就业权

我国《宪法》规定："中华人民共和国公民有劳动的权利和义务。"《劳动法》进一步明确规定，劳动者享有平等就业和选择职业的权利。平等就业权是公民最重要的权利之一，是公民进入劳动力市场、与用人单位建立劳动关系、创造市场财富的重要前提。学生只有享有充分的平等就业权，才能进一步享有其他一系列的劳动权利。

有些用人单位（特殊行业除外）视外貌、性别、年龄甚至国籍等非工作因素为必要条件，使求职者不能平等就业，属于就业歧视。在实际求职过程中，大学生遭受不平等待遇的情况屡见不鲜，严重侵犯了大学生的平等就业权，同时也破坏了市场公平竞争的环境，造成了人力资源的巨大浪费。这一社会问题在现实中并没有得到根本解决，还有待于相关国家法律的进一步补充和完善。目前，最有效的办法是提高大学生的维权意识。大学生在就业过程中享有平等的就业权利。平等就业，应当主要包括学生全面有效地获取就业市场信息，能被公平、公正、择优推荐，参加"双选"时与用人单位可以自主洽谈协调等。

（二）大学生与用人单位相关的权利

1. 要求用人单位履行就业协议的权利

就业协议是明确大学生、用人单位和学校在就业中的权利和义务的书面表达，是制定大学生就业计划和判断未来是否可能违约的依据，具有法律效力。就业协议一经签订就应按照要求履行，不得无故更改。用人单位必须按照就业协议接收大学生，妥善安排就业，确保大学生的正常工作。

2. 要求用人单位提供各种劳动保障的权利

大学生进入用人单位后，通常会有一段时间的试用期，有些单位会以试用为名，不与毕业生签订劳动合同，或者只签订一份所谓的试用期合同，承诺在试用期结束后再签订正式的劳动合同。《劳动法》规定,用人单位未签订劳动合同雇用劳动者是违法的,即使没有签订劳动合同,只要构成事实上的劳动关系,劳动者也有权申请相关劳动保障的保护。对于用人单位故意不签订劳动合同的行为,劳动者可以主张以下其他权益:

（1）双倍工资

根据《劳动合同法》第八十二条的规定,用人单位自用工之日起超过一个月不满一年未与劳动者订立书面劳动合同的,应当向劳动者每月支付二倍的工资。

（2）经济补偿

如果用人单位在自用工之日起一个月内未与劳动者订立书面劳动合同,且劳动者拒绝签订劳动合同的情况下,用人单位应当书面通知劳动者终止劳动关系,并依法向劳动者支付经济补偿。

（3）劳动保障监察

劳动者可以到当地劳动保障监察机构投诉,要求用人单位纠正违法行为。

（4）请求工会介入

如果用人单位违反法律、行政法规规定或者劳动合同约定的,工会有权要求用人单位纠正。

（5）仲裁和诉讼

劳动者可以通过仲裁和诉讼等途径来解决劳动争议,实现个人权利保护。

3. 追究用人单位违约责任的权利

大学生、用人单位和学校签订就业协议后,任何一方不得擅自违约,除法律法规规定可单方解除劳动合同的情形外。用人单位无端要求解除合同的,毕业生有权要求对方严格执行劳动合同,否则用人单位应当承担违约责任,支付违约金,大学生有权要求用人单位给予赔偿。

二、大学生就业的基本义务

（一）服务国家建设

在国家需要的前提下,大学生应当贯彻学以致用、人尽其才的原则。一方面,大学生有执行国家就业方针政策和根据需要为国家发展服务的义务,必要时国家可以采取行政管理手段安置毕业生。因此,从法律角度看,毕业生有服从国家安排的义务。另一方面,毕业生应充分发挥自己的优势,本着负责任的态度,规范自己的职业道德行为,最大限度地回报国家、社会和家庭,承担起应尽的义务。作为21世纪的大学生,应该志存高远,不怕艰辛,到祖国需要的地方建功立业,激发个体聪明才智,实现自己的人生价值。

（二）接受专业培训

高校重视学生专业基本理论知识的传授，重视人文素养和科学素养的提高，重视学术和管理人才的培养，但与职场的要求相比仍有一定的缺失和空白。大学生在进入职场后，有义务参加用人单位组织的相关专业知识技能培训课程，将理论运用于实践，在工作中逐步掌握并提升工作岗位所需要的相关职业技术技能。

（三）恪守职业道德

在职业生涯中恪守职业道德是从业人员必须遵循的特定的行为规范，也是劳动者应具备的基本良知和义务。高校毕业生在为社会和公众服务的过程中，不仅要严格遵守国家的法律法规和用人单位的规章制度，保护国家和单位的秘密，而且要从道德层面对自身进行约束，重视职业道德，自觉培养强烈的劳动纪律意识，在日常工作中实事求是、脚踏实地地完成所承担的各项任务。在职场上，高校毕业生不能用不正当的手法去谋取利益，不接受不应接受的利益，不能泄漏工作上的秘密，在面对不合理要求时，必须本着良知拒绝。

第二节 就业权益的保障

企业要求具有本地户口的人员出具担保有效吗

2021年7月8日,谢某入职深圳一家食品销售公司,其工作职责是向深圳市各商场销售公司的冷冻食品,并收回货款。为了避免业务员在收到货款后私吞,公司要求谢某提供有深圳户口的亲友作担保。2022年10月,该食品销售公司发现谢某收取大量现金后并未上交公司,并卷款潜逃。于是,该公司便把担保人林某告到法院,要求担保人林某偿还谢某所侵占公司的所有货款。

在庭审中,公司认为,用人单位与劳动者之间的劳动合同关系虽然适用《中华人民共和国劳动法》,但在没有违反法律的情况下,同样可以适用《中华人民共和国民法典》(以下简称《民法典》),在法律没有明文规定禁止"深户担保"这一担保形式的情况下,这种担保是合法有效的。林某作为谢某的担保人,应当承担连带清偿责任。林某则辩称,公司在聘用谢某时要求有深圳户口的林某作担保,其行为违反了劳动法有关规定,属无效行为。

法院经审理后认为,食品销售公司、林某及谢某之间存在的担保关系,实际上属于劳动合同担保关系,因此不适用《民法典》的规定。根据相关法律规定,用人单位不得以任何方式向劳动者收取定金、保证金(物)、抵押金(物)。本案中,虽然林某提供保证与公司向谢某收取钱物作抵押在形式上不同,但两者实质内容相同,均在主观上违背了求职者的真实意愿,在客观后果上给劳动者就业人为地设置了条件和障碍。因此,公司与林某之间建立的劳动合同担保关系无效,法院驳回了该公司的全部诉讼请求。

一、正确行使权利

在庞大的毕业生群体中,大多毕业生选择就业。高校毕业生在求职就业过程中可以享有多方面的权益,只有了解并掌握自己在求职就业过程中享有哪些权益,才能有效维护自己的合法权益,实现顺利就业。毕业生也要树立正确行使就业权的观念,避免滥用就业权。

（一）不滥用权利

权利滥用是指权利人在行使权利过程中故意超越权利边界，损害他人权益，损害国家、社会和集体利益，以满足自己超越权利范围的违规或违法行为。大学生在行使与就业有关的权利时，不得滥用权利，也不得为了自身利益而损害他人的利益。

（二）不盲目行使权利

权利不是一个可以随意使用的工具。大学生在行使自己的权利之前，必须对自己所享有的权利有一个全面、清晰的认识，以客观、理性的态度对待权利的广泛性，而不能对自己的就业权进行盲目扩张或主观扩张。权利和义务是相互统一的，在行使权利时应该履行自己的义务。

二、提高自身维权意识

（一）全面了解招聘单位

对招聘单位要进行分析以及详细的调查研究。有一些企业为蒙蔽毕业生，使毕业生放松警惕，往往会将自己的公司包装得非常气派，他们可能会在大厦、宾馆临时租赁办公室，进行虚假招聘，并把招聘的程序设计得很正规，然后再通过各种信息诈骗技术手段，骗取大学生钱财，侵害大学生自身权益。为避免出现这种情况，大学生应通过官方网站、咨询学校相关部门等方式全面了解招聘单位，避免上当受骗。

国家法律明确规定，用人单位在招聘过程中不得收取保证金或者押金。《劳动合同法》第九条规定，用人单位招用劳动者时，不得扣押劳动者的居民身份证和其他证件，不得要求劳动者提供担保或者以其他名义向劳动者收取财物。用人单位提出收取费用时，基本可以确定用人单位经营不规范，要果断放弃参与用人单位的招聘活动。

（二）保护个人隐私信息

信息数据时代，通信网络技术发展非常迅速，毕业生都要有保护个人隐私的意识。在求职过程中，大学生因为担心错失入职机会，会过于详细填写个人信息。殊不知，这恰恰给犯罪分子提供了机会。当犯罪分子利用这些信息获取非法收益时，大学生的合法权益就在不知不觉中受到了侵害。就一般企业来说，大学生在应聘时只要留下一个自己的手机号码、电子邮箱就可以进行联系了。需要注意的是,当对方要求你提供奇怪的证明材料时,同学们要注意防范用人单位过度获取个人信息的情况。

(三) 区分就业协议书与劳动合同

不少毕业生认为,我国高校毕业生就业协议(以下简称就业协议)与劳动合同具有同等效力,可以相互替代。此外,毕业生到单位报到后,有的用人单位不立即与劳动者签订劳动合同,而是利用就业协议和补充协议履行劳动合同的功能。需要强调的是,这是不符合国家相关法律法规的,虽然就业协议书与劳动合同均为用人单位与毕业生签订的书面协议,但两者处于相互联系的不同就业阶段,不能相互替代。就业协议和劳动合同既有相同之处,又有区别(见表9-1)。

表9-1 就业协议和劳动合同的区别

内 容	就 业 协 议	劳 动 合 同
签约目的	毕业生与用人单位关于未来就业意向的初步协议,由用人单位上级主管部门和高校就业部门统一核实,经毕业生、用人单位、学校签字盖章后具有一定的法律效力,是今后制定毕业生就业计划、签订劳动合同的基础	劳动者与用工单位之间确立劳动关系,明确双方权利和义务的协议
签约时间	学生在校期间	毕业生正式离校到用人单位报到后签约
签约主体	三方:大学生、学校和用人单位	两方:劳动者和用人单位
适用法律	就业协议的制定、发生、争议的解决方法主要依据是《民法典》	劳动合同的订立以及与企业发生争议后,主要依据《劳动法》《劳动合同法》及其相关司法解释、法律法规的规定

三、保障就业权益的途径

(一) 依法求职就业

我国发布的《中华人民共和国宪法》《中华人民共和国就业促进法》《中华人民共和国劳动法》《中华人民共和国劳动合同法》《中华人民共和国民法典》《普通高等学

校毕业生就业工作暂行规定》等法律法规,对毕业生应当享有的权利作出了明确而又详细的规定。国家和社会对大学生就业给予了相当的重视和支持。大学生要想顺利地从大学走向社会,学习和补充相关法律法规方面的知识是必不可少的。大学生应该了解自己享有的权益,以便更好地保障自己的权益。

1.《就业促进法》

2007年8月30日第十届全国人民代表大会常务委员会第二十九次会议通过了《就业促进法》,自2008年1月1日起施行。这是一部为促进就业,促进经济发展与扩大就业相协调,促进社会和谐稳定而制定的法律。

2.《劳动法》

1994年7月5日,第八届全国人民代表大会常务委员会第八次会议通过了《劳动法》,自1995年1月1日起施行,并分别于2009年8月27日和2018年12月29日进行第一、第二次修正。这是一部保护劳动者合法权益、调整劳动关系的法律。毕业生在就业过程中必须掌握相关法律的有关内容,避免权益受到侵害。

3.《劳动合同法》

2007年6月29日,第十届全国人民代表大会常务委员会第二十八次会议通过了《劳动合同法》,自2008年1月1日起施行。2012年12月28日第十一届全国人民代表大会常务委员会第三十次会议对该法进行了修正。这是一部规定平等主体的劳动者与用人单位之间订立和履行劳动合同的法律。毕业生正式报到后与用人单位签订的劳动合同也应符合《劳动合同法》的有关法律规定。因此,学生在与用人单位签订劳动合同前,应对《劳动合同法》的相关规定进行分析了解,特别是要了解签订合同不同阶段的注意事项,以更好地维护自身的合法权益。

《劳动合同法》规定了劳动合同法的调整对象和适用主体。首先,劳动合同法只有在国家机关、事业单位和社会组织与劳动者建立劳动关系时才适用。其次,《劳动合同法》的适用法律主体是劳动者与用人单位,在中国经营的外国公司与劳动者,都要受到《劳动合同法》的约束。

《劳动合同法》还对订立劳动合同的原则、形式和期限,劳动合同的生效,文本的保存,劳动合同中应当包括的条款,试用期的相关条款,劳动合同中约定违约金等作了详细规定,对保护劳动者的切身权益起到了非常重要的作用。

(二)运用法律维护就业权益

由于我国就业服务市场还不够成熟,法律、法规和制度体系尚不健全,毕业生在就业过程中的就业权益难免会受到侵害。毕业生就业权益受到侵害的,应当向用人单位上一级主管部门和学校提出申诉，听取他们对处理办法的意见。同时，也可以将案件提交当地争议解决机构调解、仲裁，或者直接向人民法院起诉。

根据《劳动法》的有关规定，劳动争议发生后，当事人可以申请调解、仲裁、依法提起诉讼或者协商解决。当事人之间可以通过协商解决劳动争议，但协商不是处理社会劳动争议的必经程序，不愿协商的，可以申请调解。当事人可以向本单位劳动争议调解委员会申请调解。但是，调解不是劳动争议处理的必要程序，任何一方不愿意调解的，可以直接向具有仲裁管辖权的劳动争议仲裁委员会申请仲裁。调解工作原则上也适用于仲裁和诉讼程序。调解不成的，当事人一方可以向劳动合同争议仲裁委员会提出仲裁申请。劳动争议仲裁，是指县、市、市辖区为裁决企业与职工之间的劳动争议而设立的机构。当事人对仲裁裁决不服的，可以在收到仲裁裁决之日起15日内向人民法院提起诉讼。一方当事人在法定期限内不起诉又不履行仲裁裁决的，另一方当事人可以向人民法院申请采取强制措施执行。

 案例导读

非法用工，用人单位应当如何赔偿

2018年5月，王某进入刚成立的某快递公司，担任车队驾驶员工作。2018年11月26日，王某驾驶重型货车在送货途中与其他车辆发生了追尾撞击，他受伤当即就被送进了医院。事发后，交通管理部门经过现场勘查，认定王某对该起事故负全责。经过两次住院治疗，2019年3月，王某出院，医院向其出具了病情证明单，建议其休息至2019年5月8日。在这期间，王某一直休息未上班。病假结束后，王某找到公司领导要求报销医疗费、护理费、伙食费等费用，公司却拒绝承担任何责任。王某于是自己向劳动行政部门申请工伤认定，但被告知公司真正的注册成立时间是在2018年12月29日，也就是说，王某发生交通事故之时，公司还不具有用工主体资格。因此，劳动行政部门无法受理他的工伤认定申请。2019年7月，王某向劳动争议仲裁委员会提出仲裁申请，要求确认与公司之间存在劳动关系，劳动争议仲裁委员会依法受理，经审理作出了认定双方存在劳动关系的裁决。2019年底，王某再次提请仲裁，要求公司支付其因工致残一次性赔偿金、工伤鉴定费、医疗费、住院护理费、伙食费以及2018年11月至2019年12月停工留薪期工资共计11余万元。

仲裁委员会经审理后确认，自2018年5月至2019年5月，王某与快递公司存在劳动关系,以仲裁委员会作出的裁决书为证。因王某受伤当时快递公司尚属未经依法登记、备案的非法用工主体,故由劳动争议仲裁委员会按申请人在工作中受到事故伤害的情形委托当地劳动能力鉴定委员会对申请人伤情进行劳动能力鉴定,该委员会作出的鉴定结论为符合因工致残9级。

最终,仲裁委员会认为,王某与快递公司之间劳动关系成立,据此裁决,王某因工致残9级,公司应按他负伤前上年度职工年平均工资的2倍支付一次性赔偿金;同时,按《工伤保险条例》规定的标准和范围,承担医疗费、住院护理费、伙食费等费用,并报销工伤鉴定费。另外,根据医疗机构出具的病情证明,仲裁委员会认定2018年11月26日至2019年5月8日期间为王某工伤治疗期,此期间应由公司按月支付停工留薪期间的工资。由于2019年5月8日以后王某没有提供劳动,也未再进行治疗,其亦未提供医院建议休息的依据,故对其要求公司支付此后工资的请求不予支持。

四、常见就业陷阱防范

(一)虚假招聘信息

有些单位实际上并不缺人,或为企业产品宣传,或为骗取政府招聘补助,常年公布招聘信息。大学生若根据此类招聘信息投递简历以后,一般会毫无回应,石沉大海,还会导致个人信息泄露。

针对此类招聘陷阱,识别的办法有如下几点。首先,在多个招聘平台上多渠道求证,观察招聘企业是否常年招聘,其企业规模和岗位是否需要常年招聘。其次,在求职过程中,如果企业要求大学生提供的个人信息太过详细,包括个人电话号码、身份证号或身份证复印件、家庭住址、家长姓名等,要提高警惕,防范诈骗。一般情况下,招聘企业只会要求求职者提供学历学位信息和个人联系方式。

(二)招聘信息夸大

有些单位为了获得求职者青睐,可能会夸大企业的规模、发展前景以及岗位待遇、福利收入等。如将招聘销售员、业务员美化成市场部经理或事业部总监,诱骗大学生应聘,以完成企业招聘要求。求职者一旦入职后,又以基层锻炼或者部门轮岗为由,要求其从事销售工作等。

针对此类招聘陷阱,识别的办法有如下几点。首先,通过国家企业信用信息公示系统核实招聘单位的真实性,了解其注册资金、业务范围、办公地点等基本信息。

单从办公地点而言,地图 App 搜索办公地点,往往能看到该地点的实物照片和周边环境,以此推断其企业规模。其次,签订劳动合同时要注意岗位职责,求职者可以要求用人单位将劳动合同中的岗位职责予以明晰,如此,便可防止入职后被调岗。如果遇到企业单方调岗,求职者可以使用《劳动合同法》依法维权。劳动者不能胜任工作是实践中企业调岗的常见理由。《劳动合同法》第四十条规定,劳动者不能胜任工作,经过培训或者调整工作岗位,仍不能胜任工作的,用人单位可以提前 30 日以书面形式通知劳动者本人或者额外支付劳动者 1 个月工资后,解除劳动合同。该条实际上间接规定了在员工不胜任现有岗位的情况下企业有单方调岗的权利。而何谓"不能胜任工作",主要体现在该劳动者确实不能按照单位的岗位职责要求,完成劳动合同约定的工作任务或者同工种岗位人员的工作量。实践中,判断员工是否胜任工作岗位,用人单位应以《岗位说明书》《目标责任书》和考评制度等已经事先向员工公示过的标准为依据。所以,如果企业不能以充分证据证明员工不能胜任工作,是不能单方调岗的。否则,属于欺诈违法行为。

(三) 诈骗招聘

有些非法中介机构和职业介绍所,以"包推荐上岗""高薪"等虚假承诺,收取求职者推荐费、报名费、体检费、押金等,而收取费用后,工作承诺又无法实现,一直拖到求职者不了了之,或者随便推荐一个岗位,待其上岗后又假借种种借口将其辞退。

求职一定要通过正规渠道选择就业岗位,切记不可采取所谓的"走门子""找关系"之类的不合法方式选择岗位,不给骗子任何可乘之机。这就要求毕业生在就业过程中,无论是自荐、面试、笔试,都应该遵循真实、诚实、平等的原则,用自己的实力参与竞争。在大学生就业过程中,自负、急躁等心态问题都是使自己陷入诈骗陷阱的主要原因。作为求职者,大学生要脚踏实地,客观认知自己,避免不切实际的幻想。

第三节 违约责任与劳动争议

企业支付赔偿金后,还需支付经济补偿金吗

王某于 2017 年 1 月 1 日到某贸易公司从事商场店员工作,双方签订了 2 年期的劳动合同。2018 年 7 月 16 日,该贸易公司向王某出具了解除劳动合同通知书,内容为:"由于你在我公司工作期间,违反商场规定,持积分卡作弊累积高额积分,已严重违反公司相关规章制度,故公司决定即日起与你解除劳动合同。"王某不服,于是向当地劳动争议仲裁委员会提起仲裁,要求公司支付违法解除劳动合同的赔偿金和经济补偿金,共 6 个月工资。庭审中,王某对解除通知书中记载的违纪事实不予认可。该贸易公司也未提交证据证明王某存在上述严重违反公司规章制度的事实。

仲裁委员会经审理认定,该贸易公司以王某严重违反规章制度为由解除劳动合同,已构成违法解除,故裁决公司向王某支付违法解除劳动合同的赔偿金,即 4 个月的工资。但是,王某要求公司支付其经济补偿不符合《劳动合同法》第 46 条规定的应当支付经济补偿的情形,故驳回王某要求支付经济补偿金的仲裁请求。

一、违约责任

(一) 三方协议违约责任

应届生在找到心仪的工作时,都会和学校、用人单位签订一份"三方协议"。三方协议即《全国普通高等学校毕业生就业协议书》,用来明确毕业生、用人单位和学校三方在毕业生就业工作中的权利和义务(见表 9-2)。一般认为,根据国家毕业生就业政策,应届毕业生、用人单位、学校在就业协议书上签字、盖章后,就业协议书便生效,对三方都具有约束力,各方都应该遵守和履行协议。《普通高等学校毕业生就业工作暂行规定》第二十四条规定:"经供需见面和双向选择后,毕业生、用人单位和高等学校应当签订毕业生就业协议书,作为制定就业计划和派遣的依据。未经学校同意,毕业生擅自签订的协议无效。"若三方中有一方反悔的,即视为"违约",而且必须向另外两方承担违约责任。

大学生就业之三方协议

表9-2 三方协议

<table>
<tr><td rowspan="8">毕业生情况及意见</td><td>姓名</td><td></td><td>性别</td><td></td><td>民族</td><td></td><td>政治面貌</td><td></td></tr>
<tr><td>培养方式</td><td></td><td>学历</td><td></td><td>学制</td><td></td><td>毕业时间</td><td></td></tr>
<tr><td>专业</td><td></td><td colspan="3">身份证号</td><td colspan="3"></td></tr>
<tr><td>生源地</td><td></td><td colspan="3">联系方式</td><td colspan="3"></td></tr>
<tr><td>家庭地址</td><td colspan="7"></td></tr>
<tr><td>特长及其他</td><td colspan="7"></td></tr>
<tr><td colspan="8">本人意见:

毕业生签名:　　　　　　　年　　月　　日</td></tr>
</table>

<table>
<tr><td rowspan="10">用人单位情况及意见</td><td colspan="3">单位名称</td><td colspan="3">组织机构代码</td></tr>
<tr><td>联系人</td><td colspan="2">联系电话</td><td colspan="3">单位隶属部门</td></tr>
<tr><td colspan="3">通讯地址</td><td colspan="3">邮政编码</td></tr>
<tr><td>单位性质</td><td colspan="5">□党政机关　□科研设计单位　□高等教育单位　□中等初等教育单位
□医疗卫生单位　□国有企业　□三资企业　□民营企业　□部队　□城镇社区　□农村建制村　□其他</td></tr>
<tr><td colspan="3">组织关系接收单位</td><td colspan="3"></td></tr>
<tr><td colspan="3">档案转寄详细地址</td><td colspan="3"></td></tr>
<tr><td colspan="3">户口迁移详细地址</td><td colspan="3"></td></tr>
<tr><td colspan="6">用人单位意见:　　　　　　　　　　　　　主管部门意见:

　　　　　　　　　　　　签章　　　　　　　　　　　　　　　　　签章
　　　　　　　　年　月　日　　　　　　　　　　　　　　　　年　月　日</td></tr>
</table>

<table>
<tr><td rowspan="4">学校意见</td><td>学校联系人</td><td></td><td>联系电话</td><td></td><td>邮政编码</td><td></td></tr>
<tr><td colspan="5">协议书邮寄地址</td><td></td></tr>
<tr><td colspan="6">院（系、所）意见:　　　　　　　　　　学校毕业生就业主管部门意见:

　　　　　　　　　　签章　　　　　　　　　　　　　　　　　　签章
　　　　　　年　月　日　　　　　　　　　　　　　　　　年　月　日</td></tr>
</table>

学校作为大学毕业生和用人单位的见证方,一般不会涉及违约,事实上可能会出现违约问题的多是毕业生或用人单位。一般情况下,毕业生和用人单位会出现的违约状况大致可以分为以下几种。

1. 毕业生违约

(1) 同时与多家用人单位签约,视情况再定取舍。

(2) 先确定一个用人单位保底,一旦找到更理想的用人单位,便抛弃前者,选择后者。

(3) 向用人单位提供不真实的相关情况。

(4) 其他违约行为。如家庭发生意外情况、联系出国成功、考研录取、参军等,致使所签协议不能履行,构成违约。

2. 用人单位违约

(1) 拒收毕业生。

(2) 提供虚假材料,误导毕业生与之签约。

(3) 其他违约行为。如为约束毕业生而收取一些不合理费用;违反行政法规、规章;不执行有关规定;侵害毕业生的合法权益等。

《民法典》第五百七十七条规定,当事人一方不履行合同义务或者履行合同义务不符合约定的,应当承担继续履行、采取补救措施或者赔偿损失等违约责任。因此,就业协议书一经毕业生、用人单位、学校签署即具有法律效力,任何一方不得擅自解除,否则违约方应向权利受损方支付协议条款所规定的违约金。

在签订就业协议后,毕业生无正当理由或者无事先约定的原因不按期到用人单位报到,就应当认定为毕业生违约。在就业协议约定的期限之内,用人单位明确拒绝接收毕业生或者拒绝订立劳动合同,由于用人单位的过错使得就业协议书的目的不能实现,就应当承担违约责任。从实际情况来看,就业违约多为毕业生违约。如果毕业生违约,本人应当承担违约责任,主要是支付违约金,根据司法实践,违约金一般为5 000元,不同的用人单位可能有不同的违约金标准。此外,还会造成其他不良后果,包括用人单位、学校甚至是其他毕业生都会受到一定的不良影响。因此,希望毕业生在签署就业协议之前经过慎重的思考,完全明确自己签署协议后所负有的责任,然后再确定签署就业协议。

(二) 在签订劳动合同前违约

1. 用人单位违约

如果在毕业生报到之后,用人单位迟迟不与毕业生订立劳动合同,或者在劳动合同中任意规避法律的强制性规定,或者提出不适当条件等来刁难毕业生,就属于用人单位违约。具体来说有以下几种情况。

（1）刻意隐瞒劳动合同中对毕业生不利的条款

用人单位提供的劳动合同绝大多数都是格式合同，毕业生很少有机会在公平、自主的基础上进行协商。用人单位往往规避法律的强制性规定或者刻意隐瞒劳动合同中对毕业生不利的条款，如减少社会保险的种类、规定不合理的劳动期限、不适当的违约金等。

（2）提出苛刻条件，刁难毕业生

对于新招聘的毕业生，很多用人单位规定苛刻的条件刁难毕业生。例如，扣押毕业生的有关证件、巧立名目或者变相收取押金或者在试用期内无偿使用毕业生、规定很长的试用期等。

（3）其他违约情况

用人单位还可能通过其他手段构成违约。在此种情形下，毕业生就可认为用人单位存在过错，构成事实上的违约。毕业生可以拒绝签订劳动合同。

2. 毕业生违约

毕业生在签订就业协议后，又因其他原因不愿订立劳动合同，但其又不愿因违反就业协议而承担违约责任，便按期去与用人单位谈判签订劳动合同，但对劳动合同条款协商过程中找一些理由不签约，要求用人单位解除就业协议。此种情况实际上属于毕业生恶意履行订约义务的情况，应当承担违约责任。在此种情况下，用人单位可以通过协商、调解或者诉讼来维护自身的合法权益。

（三）劳动合同违约责任

当毕业生到用人单位报到后，三方协议即告终止，此时用人单位会与其签订一份正式的劳动合同，其中约定了劳动者在单位的试用期限、服务期限、工资待遇及其他各项福利等事宜，合同签订之后，双方即正式确定了劳动关系。

劳动合同，是指劳动者与用人单位之间确立劳动关系，明确双方权利和义务的协议。订立和变更劳动合同，应当遵循平等自愿、协商一致的原则，不得违反法律、行政法规的规定。劳动合同依法订立即具有法律约束力，当事人必须履行劳动合同规定的义务。

1. 试用期

劳动合同之中约定的试用期是工作的第一个阶段，需要熟悉、学习、适应的内容很多，因此这也是毕业生和用人单位双方最容易出现纠纷的阶段。

(1) 试用期时限

试用期是用人单位和劳动者建立劳动关系后为相互了解、选择而约定的不超过6个月的考察期。试用期包括在劳动合同期限中。

(2) 试用期辞职

《劳动法》第三十二条规定，劳动者在试用期内可以随时通知用人单位解除劳动合同（无需提前通知）。有些用人单位在劳动合同中约定劳动者在试用期解除合同需承担违约责任，这实际上限制了劳动者的解除权，因此，这种约定是侵害劳动者合法权利的行为，对于这种约定条律，法律一般确认为无效。

(3) 试用期辞退

《劳动合同法》第二十一条规定，劳动者在试用期间被证明不符合录用条件的；严重违反用人单位的规章制度的；劳动者患病或者非因工负伤，在规定的医疗期满后不能从事原工作，也不能从事由用人单位另行安排的工作的；劳动者因不能胜任工作，经过培训或者调整工作岗位，仍不能胜任工作的等，用人单位可以解除劳动合同。用人单位在试用期解除劳动合同的，应当向劳动者说明理由。这里毕业生应当明确，用人单位要求解除劳动合同时，举证责任在用人单位，劳动者无需提供相关证明。

2. 合同有效期间

(1) 劳动者违约

《劳动合同法》第二十二条规定，用人单位为劳动者提供专项培训费用，对其进行专业技术培训的，可以与该劳动者订立协议，约定服务期。劳动者违反服务期约定的，应当按照约定向用人单位支付违约金。违约金的数额不得超过用人单位提供的培训费用。用人单位要求劳动者支付的违约金不得超过服务期尚未履行部分所应分摊的培训费用。用人单位与劳动者约定服务期的，不影响按照正常的工资调整机制提高劳动者在服务期期间的劳动报酬。

《劳动合同法》第二十三条规定，用人单位与劳动者可以在劳动合同中约定保守用人单位的商业秘密和与知识产权相关的保密事项。对负有保密义务的劳动者，用人单位可以在劳动合同或者保密协议中与劳动者约定竞业限制条款，并约定在解除或者终止劳动合同后，在竞业限制期限内按月给予劳动者经济补偿。劳动者违反竞业限制约定的，应当按照约定向用人单位支付违约金。

劳动者违反《劳动合同法》规定，解除劳动合同，或者违反劳动合同中约定的保密义务或者竞业限制，给用人单位造成损失的，应当承担赔偿责任。

(2) 用人单位违约

《劳动合同法》第八十条规定，用人单位直接涉及劳动者切身利益的规章制度违反法律、法规规定的，由劳动行政部门责令改正，给予警告；给劳动者造成损害的，应当承担赔偿责任。

用人单位提供的劳动合同文本未载明《劳动合同法》规定的劳动合同必备条款或者用人单位未将劳动合同文本交付劳动者的，由劳动行政部门责令改正；给劳动者造成损害的，应当承担赔偿责任。

《劳动合同法》第八十二条规定，用人单位自用工之日起超过一个月不满一年未与劳动者订立书面劳动合同的，应当向劳动者每月支付二倍的工资。用人单位违反《劳动合同法》规定不与劳动者订立无固定期限劳动合同的，自应当订立无固定期限劳动合同之日起向劳动者每月支付二倍的工资。

《劳动合同法》第八十三条规定，用人单位违反《劳动合同法》规定与劳动者约定试用期的，由劳动行政部门责令改正；违法约定的试用期已经履行的，由用人单位以劳动者试用期满月工资为标准，按已经履行的超过法定试用期的期间向劳动者支付赔偿金。

《劳动合同法》第八十四条规定，用人单位违反《劳动合同法》规定，扣押劳动者居民身份证等证件的，由劳动行政部门责令限期退还劳动者本人，并依照有关法律规定给予处罚。

用人单位违反《劳动合同法》规定，以担保或者其他名义向劳动者收取财物的，由劳动行政部门责令限期退还劳动者本人，并以每人五百元以上二千元以下的标准处以罚款；给劳动者造成损害的，应当承担赔偿责任。劳动者依法解除或者终止劳动合同，用人单位扣押劳动者档案或者其他物品的，依照前款规定处罚。

《劳动合同法》第八十五条规定，用人单位有下列情形之一的，由劳动行政部门责令限期支付劳动报酬、加班费或者经济补偿；劳动报酬低于当地最低工资标准的，应当支付其差额部分；逾期不支付的，责令用人单位按应付金额百分之五十以上百分之一百以下的标准向劳动者加付赔偿金：

① 未按照劳动合同的约定或者国家规定及时足额支付劳动者劳动报酬的。
② 低于当地最低工资标准支付劳动者工资的。
③ 安排加班不支付加班费的。
④ 解除或者终止劳动合同，未依照本法规定向劳动者支付经济补偿的。

劳动合同依照《劳动合同法》规定，被确认无效，给对方造成损害的，有过错的一方应当承担赔偿责任。

用人单位违反《劳动合同法》规定，解除或者终止劳动合同的，应当依照《劳动合同法》规定的经济补偿标准的二倍向劳动者支付赔偿金。

用人单位有下列情形之一的,依法给予行政处罚;构成犯罪的,依法追究刑事责任;给劳动者造成损害的,应当承担赔偿责任:

① 以暴力、威胁或者非法限制人身自由的手段强迫劳动的。

② 违章指挥或者强令冒险作业危及劳动者人身安全的。

③ 侮辱、体罚、殴打、非法搜查或者拘禁劳动者的。

④ 劳动条件恶劣、环境污染严重,给劳动者身心健康造成严重损害的。

用人单位违反《劳动合同法》规定未向劳动者出具解除或者终止劳动合同的书面证明,由劳动行政部门责令改正;给劳动者造成损害的,应当承担赔偿责任。

 相关链接

• 企业单方调岗实务疑难热点 •

能否以"末位淘汰"证明不能胜任工作?

不能。末位淘汰制是实践中很多用人单位采取的一种管理手段,但是,《劳动合同法》实施以后,不论是在用人单位规章制度里还是劳动合同中,用人单位规定或者与员工约定以末位淘汰的结果对员工实施单方调岗,或解除劳动合同都是违法的,对双方不具有约束力。用人单位绩效考核中排名末位的员工并不一定是不胜任工作的,因此,用人单位想要单方调岗,还需要拿出充分的证据证明员工确实不能胜任工作。

部门取消能否成为企业单方调岗的合法理由?

不能。很多企业认为,部门取消所导致的岗位消失,应属于客观情况发生重大变化,企业不仅可以单方调岗还可以解除劳动合同,实际上却并非如此。首先,部门取消必须确认是企业由于外部情况发生重大变化而作出的调整决定,而非变相裁员的借口,对此,实务中一般从严掌握。其次,即便是对符合"客观情况发生重大变化"而导致的部门取消,用人单位要对员工进行调岗,也必须经过和员工协商并达成一致意见,否则,用人单位无权调岗。

员工岗位发生变更时,调岗可否同时调薪?

可以。如果劳动合同或规章制度中明确规定了"薪随岗变"的原则,且用人单位具有相应的岗位体系和薪酬对应标准,用人单位可以根据新岗位所对应的薪酬标准确定员工的薪资待遇;但是如果用人单位的规章制度和劳动合同中均无上述规定,则调岗后的薪酬标准就应当与员工协商确定,而不能由用人单位单方决定。

企业单方调岗后,劳动者未提出任何异议,在新岗位工作 2 个月后又要求调回原来的岗位,企业可以拒绝吗?

可以。此前《劳动合同法》对劳动合同变更的形式采取严格的书面变更制度,但《最高人民法院关于审理劳动争议案件适用法律若干问题的解释(四)》在这方面做了一定的变通,即"变更劳动合同未采用书面形式,但已经实际履行了口头变更的劳动合同超过一个月,且变更后的劳动合同内容不违反法律、行政法规、国家政策以及公序良俗,当事人以未采用书面形式为由主张劳动合同变更无效的,人民法院不予支持"。也就是说,虽然劳动合同的变更未采用书面形式,但变更后的合同实际履行超过 1 个月的,该变更即具有法律效力,一方反悔的,另一方可以拒绝。

 案例导读

电子邮件能否作证据

张某是某公司的出纳,2022 年 11 月,张某发现自己怀孕,经过检查,医生告诉张某由于其身体较弱,所以要注意保胎休息。之后张某经常请假,给工作造成了很大影响。2023 年 1 月 13 日,张某在家休息期间,公司人力资源经理向其邮箱发出了一封电子邮件,内容是"鉴于你 2022 年 11 月以来,多次请假,且擅自超假不归,已经严重违反了公司的规章制度,公司通知你,即日起解除与你的劳动合同,请你尽快到公司办理离职手续。"之后,张某未作出任何回复,也再未去公司。2023 年 11 月,张某向当地劳动争议仲裁委员会提起仲裁,要求公司支付其 2023 年 1 月到 2023 年 11 月的工资及报销生育费用。

庭审过程中,公司提交了 2023 年 1 月 13 日向张某发出的解除劳动关系的电子邮件,并出示了对该电子邮件的公证书。但张某表示,怀孕后其从不使用电脑和上网,所以从未收到过该公司发出的任何电子邮件,因此,双方劳动关系仍然存续,公司应当支付工资和生育保险待遇。

劳动争议仲裁委员会经审理认为,由于该公司通过电子邮件形式发出解除通知,无法证明张某确实收到该邮件并了解了相关内容。因此,仲裁委员会认定该公司的解除决定并未送达劳动者,双方劳动关系未依法解除,鉴于张某未实际提供劳动,裁决该公司按当地月最低工资标准的 80% 向其支付 2023 年 1 月至 2023 年 6 月的待岗工资,按其原工资标准支付 7 月至 11 月的产假工资,以及按相关规定支付其生育费用。

> 电子邮件能否作为证据以及其证明效力到底有多大,是不能一概而论的。由于电子邮件具有易被人为破坏、伪造和篡改等缺陷,因此,在作为证据使用时,其"客观性"受到了很大的挑战。目前实务中,仲裁委员会或法院会根据具体案情不同程度地采纳电子邮件证据,但一般需满足两个条件:一是已经通过技术手段获取,或者通过公证机关对电子邮件内容及源代码等进行公证取证;二是相关案件事实除电子邮件证据外,还有其他证据来佐证,并能形成完整的证据链。

二、劳动争议调解

当劳动者和用人单位发生纠纷时,为了保护双方合法权益,《劳动法》第七十七条规定,用人单位与劳动者发生劳动争议,当事人可以依法申请调解、仲裁、提起诉讼,也可以协商解决。调解原则适用于仲裁和诉讼程序。

(一) 协商

协商是指劳动者与用人单位就争议的问题直接进行协商,寻找纠纷解决的具体方案。与其他纠纷不同的是,劳动争议的当事人一方为单位,一方为单位职工,因双方已经发生一定的劳动关系而使彼此之间相互有所了解。双方发生纠纷后最好先协商,通过自愿达成协议来消除隔阂。但是,协商程序不是处理劳动争议的必经程序。双方可以协商,也可以不协商,完全出于自愿,任何人都不能强迫。

(二) 调解

调解程序是指劳动纠纷的一方当事人就已经发生的劳动纠纷向劳动争议调解委员会申请调解的程序。《劳动法》第八十条规定,在用人单位内,可以设立劳动争议调解委员会负责调解本单位的劳动争议。调解委员会委员由单位代表、职工代表和工会代表组成。他们一般应具有法律知识、政策水平和实际工作能力,又了解本单位具体情况,有利于解决纠纷。除因签订、履行集体劳动合同发生的争议外均可由本企业劳动争议调解委员会调解。但是,与协商程序一样,调解程序也由当事人自愿选择,且调解协议也不具有强制执行力,如果一方反悔,同样可以向仲裁机构申请仲裁。

(三) 仲裁

仲裁程序是劳动纠纷的一方当事人将纠纷提交劳动争议仲裁委员会进行处理

的程序。该程序既具有劳动争议调解灵活、快捷的特点，又具有强制执行的效力，是解决劳动纠纷的重要手段。劳动争议仲裁委员会是国家授权、依法独立处理劳动争议案件的专门机构。申请劳动仲裁是解决劳动争议的选择程序之一，也是提起诉讼的前置程序，即如果想提起诉讼打劳动官司，必须要经过仲裁程序，不能直接向人民法院起诉。

1. 仲裁时效

《劳动争议调解仲裁法》第二十七条规定，劳动争议申请仲裁的时效期间为一年。仲裁时效期间从当事人知道或者应当知道其权利被侵害之日起计算。

前款规定的仲裁时效，因当事人一方向对方当事人主张权利，或者向有关部门请求权利救助，或者对方当事人同意履行义务而中断。从中断时起，仲裁时效期间重新计算。

因不可抗力或者有其他正当理由，当事人不能在本条第一款规定的仲裁时效期间申请仲裁的，仲裁时效中止。从中止时效的原因消除之日起，仲裁时效期间继续计算。

劳动关系存续期间因拖欠劳动报酬发生争议的，劳动者申请仲裁不受本条第一款规定的仲裁时效期间的限制；但是，劳动关系终止的，应当自劳动关系终止之日起一年内提出。

2. 仲裁受理

《劳动争议调解仲裁法》第二十九条规定，劳动争议仲裁委员会收到仲裁申请之日起五日内，认为符合受理条件的，应当受理，并通知申请人；认为不符合受理条件的，应当书面通知申请人不予受理，并说明理由。对劳动争议仲裁委员会不予受理或者逾期未作出决定的，申请人可以就该劳动争议事项向人民法院提起诉讼。

劳动争议仲裁委员会受理仲裁申请后，应当在五日内将仲裁申请书副本送达被申请人。

被申请人收到仲裁申请书副本后，应当在十日内向劳动争议仲裁委员会提交答辩书。劳动争议仲裁委员会收到答辩书后，应当在五日内将答辩书副本送达申请人。被申请人未提交答辩书的，不影响仲裁程序的进行。

3. 劳动仲裁

《劳动争议调解仲裁法》第四十二条规定，仲裁庭在作出裁决前，应当先行调解。调解达成协议的，仲裁庭应当制作调解书。调解书应当写明仲裁请求和当事人协议的结果。调解书由仲裁员签名，加盖劳动争议仲裁委员会印章，送达双方当事人。

调解书经双方当事人签收后,发生法律效力。调解不成或者调解书送达前,一方当事人反悔的,仲裁庭应当及时作出裁决。

(四) 诉讼

司法是维护社会公平正义的最后一道防线。诉讼是国家专门机关在诉讼参与人的参加下,依据法定的权限和程序,解决具体案件的活动。诉讼程序即我们平常所说的打官司。诉讼程序的启动是由不服劳动争议仲裁委员会裁决的一方当事人向人民法院提起诉讼后启动的程序。诉讼程序具有较强的法律性、程序性,作出的判决也具有强制执行力。

我国《劳动法》第七十九条规定,劳动争议发生后,当事人可以向本单位劳动争议调解委员会申请调解;调解不成,当事人一方要求仲裁的,可以向劳动争议仲裁委员会申请仲裁。当事人一方也可以直接向劳动争议仲裁委员会申请仲裁。对仲裁裁决不服的,可以向人民法院提出诉讼。《劳动法》第八十三条还规定,劳动争议当事人对仲裁裁决不服的,可以自收到仲裁裁决书之日起15日内向人民法院提起诉讼。一方当事人在法定期限内不起诉又不履行仲裁裁决的,另一方当事人可以申请强制执行。

以上规定说明,仲裁程序是劳动争议案件的前置程序,未经仲裁,案件不能进入诉讼程序。

 相关链接

• **在劳动争议案件中,如何提交证据来维护自身合法权益** •

证据是指能够证明案件真实情况的事实资料。我国现行《中华人民共和国民事诉讼法》规定了8种证据,包括书证、物证、视听资料、电子数据、证人证言、当事人陈述、鉴定意见与勘验笔录。在此,将重点介绍每种证据的基本内容和提交规则。

1. 证据种类

书证是以文字、符号、图案所反映出来的思想内容来证明案件事实的证据。劳动争议案件中大部分的证据都是书证,如劳动合同、规章制度、解除劳动合同通知或辞职报告等。

物证是以物品本身所存在的物理性特征来证明案件事实的证据,比如被员工毁坏的公司物品。

视听资料是以录音、录像所反映的音响、图像等作为证明案件事实的证据。随着数码时代的到来，视听资料在实务中被广泛运用。劳动争议案件中，劳动者经常会拿出与企业协商劳动纠纷的对话录音或视频。

电子数据是指通过电子邮件、电子数据交换、网上聊天记录、博客、微博客、手机短信、电子签名、域名等形成或者存储在电子介质中的信息。劳动争议案件中，较为常见的是，劳动者或企业提交双方的往来电子邮件、手机短信，以及微信聊天记录或微信朋友圈发表的内容。

证人证言是证人所作的证明案件事实情况的陈述。根据法律规定，除法定情形外，证人必须出庭接受当事人的质证，否则该证人证言不得作为定案依据。劳动争议案件中最常见的是，劳动者为证明劳动关系的存在，请同事出具证言。

当事人陈述是当事人所作的关于案件事实情况的描述。当事人陈述，是庭审过程中很重要的一环，很多时候，当事人认真准备了其他证据，却往往忽略了对自己陈述的准备，导致在庭上无意中认可了对方提出的某些事实或请求，或作出与自己提交的证据相左的陈述。因此，庭审过程中一定要谨慎发言，避免受到其他人的干扰或误导。劳动争议案件中，当事人陈述的表现形式，除了双方提交的仲裁申请书、起诉状、答辩状等，主要就是庭审笔录。当事人的每一句发言都会写入庭审笔录，庭审结束后，由双方当事人在庭审笔录上签字。当事人如果认为对自己陈述的记录有遗漏或者差错的，应及时申请补正。

鉴定意见是鉴定机构对案件中需要解决的专门性问题进行鉴定后作出的结论性意见。劳动争议案件中使用较多的主要是文书司法鉴定，包括笔迹鉴定、伪造、变造文书鉴定，打印、复印、印刷文书鉴定，文书物质材料鉴定和文书制作时间鉴定等。

勘验笔录是仲裁委员会或人民法院指派的勘验人员对案件的诉讼标的物和有关证据，经过现场勘验、调查所做的记录。

2. 证据提交规则

在向劳动争议仲裁委员会或人民法院提交证据时，应遵守以下基本规则。

（1）在举证期限内提交证据或举证申请，具体规定参考《中华人民共和国民事诉讼法》"举证期限"的内容。

（2）须提交证据原件，实务中，立案时或开庭前一般可提供与原件核对无异的复印件，开庭时须出具原件以供质证。如果提供物证的，可以提交对物进行拍摄的照片；如果提供视听资料证据的，应当提交拷贝件及完整的书面对话记录。

（3）以外文书证或者外文说明资料作为证据的，应当附有中文译本，中文译本应是由有关机构认可的有翻译资质的单位翻译，并加盖该翻译机构的公章。

（4）提供的证据如果是在境外形成的，则该证据应当经所在国公证机关予以证明，并经中国驻该国使领馆予以认证，或者履行中华人民共和国与该所在国订立的有关条约中规定的证明手续。

（5）应提供证据目录，劳动者应对提交的证据逐一分类编号，写明证据材料的来源、证明对象和内容以及提交日期和页码等。

【思考题】

1. 员工在入职时未签订劳动合同，应当如何认定劳动关系？
2. 灵活用工协议与劳务合同的差别是什么？
3. 企业没有给员工缴纳社会保险费，或缴费基数较低，员工是否可以在离职时要求企业将社会保险费补偿给员工个人？
4. 俗话说，"打官司就是打证据"，尤其是劳动争议案件中，证据不充足，常常成为当事人最终败诉的主要原因。举证责任分配最基本的原则是"谁主张、谁举证"，对此，请谈谈你的理解。

后记
AFTERWORD

  大学阶段是大学生人生黄金成长期，决定着大学生未来的发展方向。大学阶段不仅对大学生的生涯发展有着举足轻重的影响，而且对家庭、社会、民族、国家的未来也具有非常重要的意义。为进一步提升大学生职业素质与就业能力，帮助大学生获得职业生涯的良好开端并顺利就业与成功执业，本册书以教育部《大学生职业发展与就业指导课程教学要求》及当前国家相关政策法规为指导，以大学生职业生涯发展为出发点，结合国内大学生职业生涯发展的成功实践，梳理和研究国内外最新研究成果，并听取多位高校一线专家、社会各界人士与大学生的建议，聚焦大学生求职择业的核心环节，重点阐述与探讨了从择业准备到成为职场新人这段关键生涯历程中的素养要求和应对技巧。希望本册书能够帮助大学生找准生涯发展的定位，引导大学生有效规划学业与职业，形成稳定的职业生涯发展心理素质，规避生涯发展风险，从而顺利实现自己的职业生涯理想。

  本书由张惠元教授策划，负责全书整体框架结构的设计，并对书稿进行修改、审定。具体分工如下：第一章由张惠元、杜智萍、高江川、张红娟执笔；第二章由邵沁妍、宋燕、刘晖、高江川执笔；第三章由丛玉燕执笔；第四章由程永强、陈庆彬、刘惠珍执笔；第五章由郭菲、李月娥执笔；第六章由黄永胜、李月娥、张媛执笔；第七章由刘向军、李海星、张庆超、武佐君执笔；第八章由穆晓芳、张庆超、陈井超执笔；第九章由郝根彦、张庆超、周童童、丁娟执笔。本册书是奋战在高校教育管理、教学实践一线的教师、专职辅导员和干部的智慧结晶，可作为高等学校各专业职业发展与就业指导课程的教材。最后，恳请使用此教材的高校专职辅导员、专职组织员、思政课教师、党政干部、团学干部等高校教育工作者提出宝贵意见，以期教材逐步完善。

  在本册书的编写过程中，华东师范大学出版社给予我们大力支持和帮助，为本册书的出版做了大量工作，付出了辛勤的劳动。谨向出版社各位领导和编辑表示衷心的感谢！

  本册书的编写参考了大量国内外专家、学者的最新研究成果。在此，我们一并表示诚挚的谢意！

编者
2024 年 6 月 28 日